JN333381

体育で学校を変えたい

小山吉明

～中学校保健体育授業の創造～

創文企画

体育で学校を変えたい
～中学校保健体育授業の創造～

【目次】

序章　体育で学校を変えたい　5

第1章　教育課程　11

1. 体育で学校を変える—その手がかり—　12
2. 中学生の発達と教育課程を考える　21
3. 学習指導要領と教育課程—現勤務校での実践—　28
4. スポーツ賛美の「知」でよいのか？　38
5. 生徒会・スポーツ大会で自治を学ばせる　42
　　—中学生には、何を、どこまで決めさせることができるのか—
6. オリンピック運動と教育課程—長野冬季五輪の教訓から—　51

第2章　体力科学の学習　57

1. 体力に関する科学の学習を（扉）　58
2. 柔軟性の学習（中学1年生）　61
3. 持久力の学習（中学2年生）　64
4. 筋力・瞬発力の学習—カール・ルイスの目覚め—　71

第3章　陸上競技　81

1. 公式レースの醍醐味—4×50mリレー（1年生）　82
2. 「より遠くへ」、三段跳びの学習（1年生）　87
3. 50m走を追及する（3年生）　92
　　—日本人9秒台の夢と授業グラウンドをつなぐ—

第4章　マット運動　103

1. 側転を含む連続技の表現　104

2　ひとり一人が輝く集団マット（2年生）　112

第5章　水泳　119

1　水と人体の関係を学ぶ水泳学習　120
2　水中でも呼吸がしたい！―人類の永遠の願いを叶える授業―　128

第6章　バレーボール、バスケットボール　133

1　3年間を見通したバレーボールの指導①―中学1年生の指導―　134
2　3年間を見通したバレーボールの指導②―中学2年生の指導―　147
3　3年間を見通したバレーボールの指導③―中学3年生の指導―　154
4　3年間を見通したバスケットボールの指導過程　159

第7章　武道　169

1　武道の必修化にどう向き合うべきか　170
2　剣道で武道文化を学ぶ　175
3　授業実践「剣術から剣道、そしてKENDOへ」　179
4　体育理論「武道とは何か」　188

第8章　体育理論　193

1　体育理論の内容構成　194
2　ボールの授業　197
3　ゴールの授業　201
4　オリンピックの歴史と精神　205
5　スポーツと「国」の問題　213
6　運動のエネルギー・栄養・ダイエット　218

第9章　保健の授業づくり　223

1　「水の思想」を学ぶ　224
2　放射能汚染問題の授業づくり　229

あとがき　236
初出一覧　238
著者紹介　240

序章

体育で学校を変えたい

はじめに

　「体育で学校を変えたい」、そう願っている体育教師や体育教師を志す学生は多いのではないだろうか。私もそうした願いをもつ体育教師の１人である。世の中には体育系熱血教師と評される素晴らしい先生方がたくさんいるが、私にはそんな力量はない。しかし、こういう考え方で研究・実践を進めていけば体育で学校を変えていくことが可能だという方向性が見えてきた。この本は、これまで私が書き綴ってきた実践レポートや研究論文を整理したものである。

　「体育で学校を変えたい」という場合、どういう学校に変えたいのかがまず問われるだろう。私はそれを簡単に「体育やスポーツでみんなが仲良くなる学校」と表現したい。思春期まっただ中の中学生は簡単には仲良くならない。生徒たちは学力競争やスポーツによる能力主義的競争によって差別、選別され、いじめが生まれかねない土壌の中で日々生活している。レクリエーション的な体育授業や躾だけでは簡単には仲良くなれないのである。３年間を見通して系統的に運動文化を学ぶ保健体育の授業があり、それを生徒たちの日々のスポーツ遊びや部活動などとどう関連させていくかが大事になってくる。

　数ある中学校の中には、「部活学校」と呼ばれている学校があるようだ。部活動に力を入れ、部活動による生徒指導を通して学校が活性化されているという学校である。私はこうした方向は目指さない。部活動の意義は重視するが、本来スポーツ活動は強制されるものではないからだ。学校全体が部活動に力を入れることによって生徒たちは疲れ、本務である授業で手を抜く姿を私はたくさん見てきた。それは体育の授業において最も顕著に見られた。そして運動部に所属していない運動の苦手な生徒たちは、スポーツの楽しさや喜びを権利として享受することよりも、自己の能力に応じてスポーツに親しむ態度だけが躾けられていく。私は部活動によって学校を変えるのではなく、逆に体育の授業によって部活動を含めた日々のスポーツ活動の在り方を変えていく生徒たちを育てていきたいと考える。そうした魅力ある授業を体育教師は創造していかなければならない。

　どの中学校でも学校生活の優先順位は、第一が授業であり、次が学級の活動や生徒会活動など、そして部活動の優先順位は一番最後である。部活動は、授業や宿題、そして学級の係の仕事や生徒会活動を責任もってやった上で許可されている希望者による活動なのである。その線が崩されたとき、強制される部活動の中

で体罰やいじめが生まれる。教師にとってもその優先順位は同じはずだ。私の学生時代の多くの仲間が部活指導を夢見て高校の体育教師となっていったのに対して、私は大学院まで出てあえて中学校の体育教師を目指した。高校の体育教師になれば私自身の日々の生活が部活動漬けになることは分かりきっていた。私は体育教師にとって最優先すべき体育の授業を大事にしたいと考えてきた。

　しかし、「体育の授業が最優先」といいながら、この本の中には部活動や生徒会活動のことがよく出てくる。それは日々の学校生活における余暇時間にスポーツや遊びが十分に保証されている条件の中でこそ、必修としての体育の授業の位置づけが明確になると考えるからである。

魅力ある体育授業の創造

　魅力ある体育授業とは、どのようにして創造されていくのだろうか。授業研究と言えば多くの先生方に見ていただく研究授業がある。今から30年ほど前、新卒2年目に私もこの研究授業を初体験した。当時は校内暴力と教師による体罰が横行し、学校は荒れていた。私の担当するクラスにも問題を抱えた生徒が何人かいた。彼らは私の目を意識しながら校庭に並べられたハードルをわざと端から倒していった。力量がなく、体罰もしない若い教師への授業妨害である。そんな生徒たちに12時間単元のマット運動の研究授業を行う機会を得た。発表授業は8時間目。この時間を迎えるまでの授業は惨憺たるものだった。マットの上ではプロレスごっこが始まる。一方で疲れている者は1時間中寝転がっていた。そうして迎えた8時間目。多くの先生方が見守る中で、生徒たちは汗びっしょりになって動き回った。関心・意欲・態度はまさに「A」だった。指導主事や参観した先生方は、私の指導上の課題をいくつか指摘したものの、問題を抱えた生徒たちがこれだけ一生懸命に取り組んだのは素晴らしいと評価した。私も過去のことは忘れ、彼らの頑張る姿に期待した。しかし、それはその1時間だけだった。

　翌日の授業になると、彼らは「昨日は頑張りすぎて疲れた」と言って再びマットの上に寝転がっていた。それ以降もほとんど変化がなかった。私は自分の力のなさを痛感しつつ、こんな研究授業をしても意味がないと思った。日々の授業は教師1人対多数の生徒たちで行われている。荒れた学級でも教師1人で対峙する力量をつけていく研究をしなければならないと感じた。その頃、すでに私は実践記録を書くという取り組みを始めていた。それは日々の授業の様子を綴る私自

身の反省文である。そして次の時間をどうするか、課題と構想を綴っていった。単元を終えると冊子ができた。そこには、来年はこの単元ではこんなふうに展開すればいいのではないかという構想も綴られていた。それを私の所属する体育研究サークル、学校体育研究同志会の先輩仲間に読んでもらい討議した。また、教職員組合の教育研究集会には毎年実践レポートとして提出し、これまでに何度か全国教研にも参加させていただいた。30代後半になると体育関係雑誌にも原稿を書くようになった。この本に収録されているものは、こうした実践レポートや体育関係雑誌等の原稿にさせていただいたものを再構成している。

学習指導要領からの自由

　創造的な授業研究のためには、学習指導要領に縛られない自由な発想が必要である。教師はスポーツ文化研究を行い、目の前の子どもの発達の実態と照らし合わせて学習目標を設定し、授業を構想していく。そのために学習指導要領は参考にするものの、それに縛られていては実践の幅は広がっていかない。特に私が教員になった1980年代は、「楽しい体育」における「めあて学習」が学習指導要領の考え方として急速に広められた時期だった。「技術を教えることが運動嫌いを作ってきた」、「個々のめあてにあった個別学習を進めるべきだ」、ということがまことしやかに宣伝され、一斉指導や技術指導の系統性研究は公的な研究会の場ではことごとく否定されていった時代である。「指導」という言葉が指導案から消え、体育の授業は子どもたちの個々のめあてに沿った遊びの場となっていった。教師はその遊び場を提供し、支援していくのだという。現在の学習指導要領しか知らない若い世代の人たちには考えられない状況が教育現場で起きてきていたのである。
　私はこうした方向に猛反発した。「個性化」の名のもと、ひとりひとりがばらばらに活動している状況では個々の学習活動を教師が把握することさえできず、指導にならない。技能も向上しない。ところが、多くの先生方が見守る研究授業の場では子どもたちは自分のめあてに沿って一生懸命学習活動を展開する。しかし、教師1人では指導の手が入らないこうした授業が長続きしないのは当然だった。私はこういう方向では授業はできないと感じていた。子どもの実態を見据え、学習指導要領にとらわれずに自由な発想で思考していくことが、特に体育の授業では求められていると感じている。

本書の中に出てくる剣道の授業では、剣道の歴史を追体験させている。防具がまだ開発されていない時代を想定し、木刀による形の稽古から授業が始まる。この実践は今からもう20年以上前、授業中にヘアーブラシを持参して髪の毛を整えている不謹慎な女子生徒がいたことから始まったものである。彼女らは古くて臭い防具を絶対に身につけなかった。私は彼女らにどうしたら剣道を学ばせることができるのかと思案した。そして、防具をつけない時代があったのだからそれをやればよいのではないかと思いついた。私は剣道の歴史を一生懸命勉強した。現在では木刀による形の時代をしっかり学習させていくと、防具の開発に生徒たちは感謝し、喜んで防具をつけるようになる。学習指導要領や一般の指導書にとらわれていれば生まれることのない実践である。

水泳における水中体重の測定や水中呼吸の授業も自由な発想から生まれた。ホースをくわえてプールに潜っても30cmも潜ればもう息ができない。私はスポーツ大辞典に書かれていたこの一行に疑問をもち、夕方誰もいなくなったプールでひとりホースをくわえて潜ってみた。知的好奇心と遊び心から生まれた実践である。

2020年に向けて

そして最後に、この本を2020年の東京オリンピック・パラリンピック前に出版することに意義があると考えている。1998年には私の地元長野で冬季オリンピック・パラリンピックが開催された。その機会にオリンピック運動とは何かを学び、体育授業や子どもたちのスポーツ活動とオリンピック運動との関わりについて研究・実践することができた。その成果や課題がこの本に収められている。2020年に向けて、現在では新国立競技場建設問題や運営面での問題など、オリンピックというビッグイベントをどう成功させるかばかりが大きな関心事となってしまっている。招致の頃に盛んに言われた「オリンピック運動」とは何であり、それをこれからどうしていくべきなのだろうか。体育教師として、子どもたちの日々のスポーツ活動や体育授業が2020年の東京オリンピックとどうつながっていくのか、そして課題は何なのかを示したつもりである。

第1章

教育課程

1

体育で学校を変える
―その手がかり―

1．初めての転任

　1995年の春、教員になって12年を過ごした初任校を後にし、次の中学校への転任が決まった。まずは転任先（前任校）での実践を紹介したい。郡内で最も大きな中学校であり、各学年5クラス、全校生徒は550名を越える。私より若い先生方が多く、私は学級担任をせずに保健体育の教科主任、部活動の主任、生徒会体育委員会の顧問と、体育関係の仕事を一手に任されることになった。保健体育の授業では全校生徒の半数近くを受け持つことになった。体育の教科関係に使ってよい予算は年に70万円を越え、これに部活動やプール関係の予算を加えると、年に200万円近い予算を私の判断で体育・スポーツのために使うことができる。教員になって10年以上が過ぎ、自分なりに体育の授業や部活動はこうやりたいというものが見え始めてきた時期であった。

　転任以前から、学校の様子を前体育主任から研究会などの折に聞かされていた。文科省の武道教育指定研究校として数年間の研究や発表を行い、また、選択制を多く取り入れて先進的な授業を展開しているらしい。部活動は郡内で最も盛んであり、学校に不適応を起こしている生徒を部活動を通して立ち直らせた例などの話を何度か耳にした覚えがある。

　不安と期待で新しい学校生活が始まった。そこで私が体育の授業や部活動で感じたことは、子どもたちが純真で前向きであるにも関わらず、躾や自己責任ばかりが強調され、科学やロマンが感じられない昔ながらの体育授業が行われていることであった。当時の体育授業ではスポーツ種目の選択制が盛んに導入されていた時期であり、私は様々な機会に選択制の問題点を指摘し、前任校では選択制の導入を拒否し続けてきた。それには後述する理由があった。一方で選択制を取り入れている学校の教師たちからは、選択制によって子どもたちが生き生きと活動している姿がたびたび報告されていた。はたして現実はどうなのか、その現実の

姿を私は目の当たりにすることとなった。

2．選択制授業の現実

　赴任した4月にはすでにその年の時間割ができており、担当学級や学年もすでに決まっている。新任職員の1年目はそれに従うしかない。選択制を行うために2クラスを合同にし、2人の教師が担当するように時間割が組まれている。そしてその2クラスを男女別にし、選択制をとらない単元の時は、男子をA教師、女子をB教師が受け持つというようにしてある。つまり、原則男女別習授業なのだ。

　これがまず大きな問題だった。わざわざ2クラス一緒に時間を組んであるから、冬期など、体育館は2クラスでひしめき合っており、一方で体育館が空いている時間帯もある。体育施設の使用効率が非常に悪く、落ち着いた授業が展開できない。バスケットボールでは簡単なボール操作の練習をするだけで、ほとんど試合を流しているだけで終わっている。

　この体制をとる理由が別にあった。それは、年度当初に躾だけをしっかりやっておけば、その後は生徒に活動させるだけの授業なら教師1人でもできるということ。もう1人は気兼ねせずに休んだり、部活動の大会準備などのために出張ができる。授業よりも部活動を優先する体育教師にとっては不可欠の体制なのである。

　種目選択の単元は各10時間程度で終わり、その都度生徒が入れ替わっていた。生徒の顔がなかなか覚えられず、評価も十分にできないうちに去っていく生徒もいる。私は全校生徒の半分程度の生徒を受け持てばよいのではなく、種目選択を取り入れている学年の場合は全ての生徒を知っていなければならないということが分かってきた。

　そして、最もショックだったのは水泳とマット運動の選択。女子では水泳の嫌いな生徒がマット運動を選択している。しかも3年生だというのに、前転や後転しかできない。その一方でバック転などの高度な技に挑戦したがる男子がいる。私はこの両極端の子どもたちを一緒の授業で見なければならなくなった。こんな状態では私の目指す授業はできないと思った。この生徒たちは1～2年生の時にいったい何を学んできたのだろうかと思いつつ、マット運動を選択しながら体育館の隅で座り込んでいる女子たちを見るとかわいそうに思えてきた。彼らは学

習指導要領通りに1年生の時に様々な種目を一通り経験させられているはずだ。しかし、マット運動でもせいぜい10時間足らずだろう。この程度でマット運動の魅力や学び合いの学習習慣を身につけるのは不可能に近い。そして2年生からは選択制となり（当時の学習指導要領による）、運動のできないことは自己責任として処理されていく。その結果が3年生で水泳よりはましなマットを選択し、前転や後転しかできずに座り込んでいる姿である。

　もうひとつ、彼らの体育・スポーツ観を垣間見る瞬間があった。私は前任校から始めていた昼休みを使ったスポーツ行事を1年目から取り入れ始めた。有志による昼休みのバスケットボール大会である。生徒会の主催だから当然審判は生徒たちがやることになった。たかが昼休みの10分ほどを使って行うゲームである。ところが、試合が殺気立っている。参加している3年生の男子から審判へ罵声が浴びせられる。たぶんバスケットボール部員だろう。彼らは仲間たちと試合を楽しむということを知らない。試合は勝たなければ意味がないと思いこんでいるようだ。

　体育・スポーツ観は体育の授業だけで育つものではない。中学校で主要な体育・スポーツ活動としての部活動、生徒会活動、そして授業の三本柱の責任者を私は幸運にも任された。中堅教師として改革に向けてエネルギーを燃やし始めた。

3．初年度の取り組み　──部活動の条件整備──

　冬期は積雪のため自転車通学ができない。冬日課となる11月半ばから2月下旬まで、午後は遠距離のバス通学生に合わせて午後3時過ぎには下校になっていた。この時期は、放課後の部活動や遊ぶ時間が設定されていない。「スポーツをしたい者にはその条件をできるだけ整えてあげる」、これが着任した年の私の大きな仕事になった。本校創立以来のこの冬期の下校時間はそう簡単には変わりそうにない。多くの先生たちも部活動はさせたいようだったが、私の「何とかしようよ」という働きかけにも、「今までも言ってきたんだよ。でもあの校長がいる限り絶対無理だよ」というあきらめの声が多かった。

　私は寒さが身にしみてきた11月下旬、作戦を開始した。保健室から借りてきた照度計で日没後の照度を測る。晴天の日に日没時刻を目で確認し、その後5分おきに外の照度を記録していった。何日かこれを繰り返し、日没後の時間経過と照度との関係をグラフにした。照度だけでは明るさがわかりにくいので、180

ルクスで街灯がつき始めたこと、100 ルクスで自動車がスモールランプをつけ始めたこと、80 ルクスで自転車がライトをつけ始めたことなどをメモしていった。その結果、日没後は約 1 時間で真っ暗になること、従って日没に合わせて生徒たちを下校させれば真っ暗になる前にはほぼ全員帰宅できることがわかった。また、理科年表にある長野市の年間日没時刻変化と比べると、この地域は山間地なので約 20 分ほど日没が早いことがわかった。これをもとにこの地域の年間日没時刻のグラフを作成した。その結果、これまでの本校の部活動終了時刻は日没時刻に合っておらず、夏場にはやりすぎている面もあることがわかった。そして冬期間はすべて活動停止にする必要はなく、日が長くなる 1 月下旬からは、バス通学の生徒もバスをひとつ遅らせて部活動ができるという結論を出した。

こうした「研究？」結果をレポートにまとめ「日没時刻と部活動の終了時刻に関する提案」と題して全職員に配布した。この提案を読んだ校長・教頭はビックリ。都合のいいことに保護者たちも校長室へ「冬でも部活をさせてほしい」と談判に来た。こうしてようやく歴史は動き始めたのである。「冬でも学校で部活ができる！」、管理職の渋い顔をよそに、生徒や職員室からは喜びの声があがった。

4．自由に参加し、見て楽しむ生徒会企画

　中学校では、「全校参加の生徒会」という言葉が理想的なものとしてよく使われる。しかし、生徒会を「生徒の要求実現の場」ととらえれば要求は様々であり、生徒会行事に必ずしも全員が参加する必要はない。特にスポーツは、「する自由」を保障しつつ、「しない自由」もある。「観戦のほうがいい」、という生徒もいる。こうして昼休みや放課後などの自由時間を使って生徒会によるミニスポーツ大会を開始した。
- リレー大会（昼休み、50m × 4 人、5 月）
- 水球大会（放課後、7 〜 8 月）
- 駅伝大会（放課後、12 月）
- バスケットボール大会（昼休み、1 月）
- 雪中サッカー大会（放課後、2 月）など

生徒の体育委員会が開催要項を作成し、代議員会で承認を受けてから参加者を募集する。生徒たちは大会要項に従って自由にチームを作り、申し込みをしていく。

昼休みのリレー大会は毎日3レースずつ、時間は10分程で済む。レース日程と出場者名が廊下に貼り出され、レースは2週間以上に渡って続く。学年別、男女別の予選から準決勝、そして決勝へと日程が進んでいった。こういうところは男女別。生徒たちの要望で決まる。この期間は昼休みになると、出場者だけでなく観客が続々と校庭に集まってくる。うれしいのは先生方もチームを作って参加してくれることだ。1人50mくらいなら先生方も走ってくれる。1年生相手ならいい勝負になるし、勝負にならないと分かっていても出てくれることがありがたい。人気のある女性の先生がだいぶ遅れてゴールした時は、生徒が気をきかせてわざわざゴールテープを張り直して拍手で迎えていた。
　夏の水球大会も、徐々に盛り上がりを見せてきた。プールの両サイドに自家製のミニゴールを置く。この暑い時期に水遊びの大好きな連中がいる。こういう生徒たちは水泳の授業の時によく「遊ばせてよ」と言ってくる。これには私も他の先生も応じない。授業の中では泳ぐことをしっかり教える。「プールで遊ばせてよ」という声に答える教師側の言葉は、「放課後に遊ばせてあげるよ。水球大会で」。体育の学習を成立させるためにも、課外でのスポーツや遊びの時間を保障することが不可欠と考える。体育授業ではプレイ論による「楽しい体育」が主張されていた時代であり、その頃は水遊びをさせているだけの水泳授業が増えていると聞いていた。私たちは遊びと学習としての水泳授業をきちんと区別する。
　冬は昼休みのバスケットボール大会。ハーフコートで7分ずつの2試合が毎日続く。やはり先生方がチームを組んで出てくれた。昼休みの企画では今日の対戦相手が昼の放送で流される。これを聞いて観客や応援団が続々と体育館に集まってくる。担任の先生も応援に来る。昼休みの楽しいひとときである。どのクラスにも運動好きの目立ちたがり屋がいるものだ。体育の授業ではこういう生徒に手を焼くことも多いが、生徒会のこの企画ではこうした生徒たちにこそ思う存分活躍させる。そういう場面を学校生活の中に作ってあげて、自分を押さえるべき授業などの場面では、大事なことをしっかり学習させていく。
　数年かけて定着させてきたのが冬の放課後の駅伝大会。「部活対抗レース」と「エンジョイ・レース」に分け、合計20チーム以上参加する年もあった。1チーム6人で、補欠を含めれば選手だけでも全校生徒の約3分の1程度になる。観衆や役員の体育委員を合わせると、全校生徒の半分以上が放課後学校に残り、駅伝大会を楽しんでいた。やりたい者が勝手にやっているだけの企画。職員会で提案するほどの教育的行事でもない。だけど実際には多くの生徒が関わっている。先

生方といえば、勤務終了で帰る人もいるが、残って写真をとったり、生徒と一緒に楽しんだりしている。

　私はこうしたスポーツ企画のヒントをどこから得たのか？　それは教員になりたての頃に映画館で見た「炎のランナー」だったように思う。1924年のパリ・オリンピック100mで活躍することになる青年ハロルド・エーブラハスをとりまく当時の状況を描いたイギリス映画でアカデミー賞も受賞している。エーブラハスが大学に入学した時のシーンがある。様々なクラブに勧誘されながら、学内の回廊の歴史あるタイムレースに挑戦する。そこでは挑戦する者、見る者、そして行われている時間帯がすべてが自由だ。好きな者が勝手にやっている。しかしながらそこには秩序があり、感動があり、人々は価値を感じている。スポーツ文化の原点がここにあると思った。そうした世界は現在の学校にも必要なのだ。

5．「みんな」を大切にする体育の授業

（1）選択制の廃止、学級単位、男女共習の授業へ

　生徒会や部活動は、スポーツをしたい人にその機会を保障するもの。そして体育授業こそが「みんな」を大切にし、「みんながうまくなる」ことを保障するものと考える。これが「体育で学校を変える」、つまり「体育でみんなが仲良くなる」前提である。

　赴任した年は、選択制、男女別という我慢ならない1年間を過ごした。そして次の年のカリキュラムを提案する2月になった。思い切って学級単位の男女混合で進めることを教科会で提案した。体育施設の有効利用という点から、週3時間の体育のうち、最低1時間は体育館を単独クラスで使用できるように時間割を組む。こうしておいて3学期は週1時間を教室での保健や体育理論の時間にすると、工夫次第で残りの2時間は体育館を単独クラスで使用できるようになる。

　年間の教材配列は4種類作成し、どれかを選んでもらえるようにした。選択制を最初から否定しているわけではない。選択をさせたければ学級単位の授業の中で選択授業をすればよいとした。ただし、学校体制として、他の先生の授業を拘束するような選択制を前提とした時間割は作らないということである。学級単位の授業にすれば、実質的にはわざわざその中で選択制の授業をする教師はほとんどいないだろう。私の提案は意外にもすんなり通り、次年度から学級単位の授

業が実現することになった。しかし、バレーボールやバスケットボールではクラスマッチ形式の学年別大会があり、これらについてはすぐに男女混合のチームにすることはできなかった。

　バレーボールでは新1年生から段階的に男女混合チームにしていった。従って私が赴任した年の1年生だった学年は男女別チームで3年間通した。その下の学年からは男女混合チームになった。その違いは3年生になった時に歴然としていた。男女別チームの場合、男子チームは1年生の頃からゲームの中にアタックが出るようになり、2年生になればアタックの応酬で見応えのあるチームになった。しかし、女子のチームでは3年間かけて丁寧に教えたにもかかわらず、クラスマッチで勝ち負けがかかってくると、結局「返せ！　返せ！」でバレーボールらしい攻めが出てこずに終わってしまった。

　男女混合チームではどうだろう。後で述べる指導により、3年間かけると全員アタックが当たり前になった。けっして強いアタックでなくても、それがフェイントのように決まることが多い。男子の強いアタックは危険ではないか、という指摘も当初はあった。しかし、そんな心配は無用だった。いろいろな仲間がいるチームに対してどんなアタックの打ち方をすればよいのかということは、生徒たちは自然に心得ていった。三段攻撃を中心にすえたバレーボールをみんなで楽しめるようになっていったのである。

（2）バスケットボールの授業では

　バスケットボールでは学級単位の授業といえども、チームは男女別にしばらく行っていた。バスケットだけは男女混合は無理だろうという気持ちがあった。生徒の気持ちを無視して強制的に進める訳にもいかない。ところが数年たった頃、もう一人の体育の先生のクラスから「バスケットもいろいろな仲間と一緒にチームを組んでやりたい」という要望が出てきた。まず、このクラスから男女混合バスケットが始まった。そこで全クラスに聞いてみた。クラスによって男女混合賛成派が多かったり、少数でも合意が得られたクラスは混合で授業を進めてみることになった。この輪が広がり、生徒の要望を聞きながら徐々に男女混合のバスケットが広まっていった。

　ある授業の様子である。3年生のA君の身長は180㎝。同じチームにいる発育障害のあるB子さんの身長は120㎝程しかない。体は小さいが体育では活発に動く元気で明るい女の子。この班はB子さんにどうやったらシュートさせられる

かということが課題となった。相手チームとの身長差も歴然としており、しかも男女混合のチーム。でも私から見れば「『五体不満足』の著者、乙武さんだってみんなといっしょにバスケットをやってたんだから…」という思いが浮かんできていた。

　班の練習では、Ａ君がゴール近くで右にディフェンスを引きつけ、そのすきにＢ子さんが逆サイドに入り込んでシュートするという練習をしていた。しかし試合になると、Ａ君がいかにディフェンスを引きつけてＢ子さんにパスを出しても、Ｂ子さんがキャッチしてシュートの構えをするまでにＢ子さんの前に素速い男子がディフェンスとして動き、覆いかぶさるようにガードしてしまう。Ｂ子さんはシュートしようとしても身動きできない。よく観察していると、Ａ君はＢ子さんにパスを出しただけで後は何もしない。これが彼の問題点だった。シュートできないのはＢ子さんのせいではない。Ａ君にはもっとやるべきことがある。私はＡ君に指示を出した。Ｂ子さんにパスを出すと同時に、引きつけたディフェンスとＢ子さんの間に入って、ディフェンスをガードするように動くこと。こうしてディフェンスよりも素速くガードに動くＡ君の動きが要求されることになり、Ｂ子さんのシュートも可能になってきた。これが試合でできたＡ君は満足。シュートできたＢ子さんも大喜びだった。

　こうした学習を進めるには、各班１個のゴールがほしい。体育館にはゴールは６個しかない。バスケットでは４〜５人の班で８班作っているので８個ほしかった。新しくゴールを２個作れば授業が変わる。私は体育館の倉庫にかつて体育館を改修した際にいらなくなったリングだけが残されていることを知っていた。ボードはどうするのか、自作するとしてもギャラリーに設置して落下の危険はないのか、などを詳細に検討した。そして設計図を書き、必要な材料を決めて、１人で作り始めた。何日かかけて完成し、ペンキも塗った。

　１つ作るとまた１つ作りたくなり、合計５個も作ってしまった。従って体育館には合計11個のゴールができた。体育館を１クラスで使う時には各班１個のゴールがあり、班で計画した練習が自由にできるようになった。体育館に２クラス入る場合でも、２班で１個のゴールはあるので、左右のサイドから使えば班毎の練習ができるし、ゴール下で２班での攻防練習もできる。ゴールが空くのを待っているという無駄な時間がなくなり、計画した練習が班ごとにできることでバスケットボールの指導が一気に楽しくなってきた。

（3）楽しみなバレー大会、バスケット大会

　球技の授業のまとめとして、10月末のバレーボール大会、3月のバスケットボール大会がクラスマッチ形式で学年毎に1日かけて行われる。バレーボール大会における「返せ！　返せ！」コール、そしてバスケットボール大会での、得意な者の強引な速攻ドリブルとそれを必死で追いかけ合う殺伐とした姿はもう見られなくなった。チームのリーダーたちは、自分が活躍する場面はちゃんと確保しつつ、運動の苦手な仲間をいかに活躍させてアタックを打たせるか、シュートを決めさせるかという難しい課題に取り組むようになった。そしてそれが成功した時の喜びをみんなで分かち合う集団になっていった。学校が変わり始めた。

2

中学生の発達と教育課程を考える

　2009年11月3日に行われたサッカー、ヤマザキナビスコ・カップ決勝後の表彰式では、負けた川崎フロンターレの選手の一部はガムを噛み、メダルを外して握手をしないなどの醜態を見せてしまった。このことが問題となり、川崎は準優勝賞金の5000万円を自主返還することになった（最終的には社会貢献活動に使うことで落着）。

　スポーツの商業主義化問題が言われて久しい。この事件は、スポーツの在り方が問われるとともに、スポーツマンシップを含めた準優勝が、5000万円の商品価値をもって取引されているという事実に気づかされる。彼らは自らのスポーツ活動能力を商品として売っている労働者である。スポーツの使用価値を忘れ、膨大な価格につり上がった交換価値の中で、人間性や人格の疎外が起きている[1]。人間性とは動物との違いであり、人間独自の労働によって形成される「生活過程、生産過程の全過程、またそれらの諸関係の総体」とされる。そしてそれらの発現過程における担い手がひとりひとりの人格である[2]。これに「スポーツ活動における人間性」をあてはめてみれば、「スポーツに関わる生活過程、スポーツの欲求・組織・技術・技能・価値等の生産過程の全過程、またそれらの諸関係の総体」であり、それらの発現過程における担い手としてのひとりひとりの行動や考え方に人格を見ることができる。

1．商品としてのスポーツ活動

　スポーツが商品化されている社会における人間性や人格の疎外は、子どもたち、そしてその保護者や私たち教師の意識の中にも生まれてきている。直接生産労働に参加していない子どもたちにとっては、日々の教育・学習活動が人間性や人格を形成させる重要な労働活動といえる。我が子の心身の発達や社会性の発達状況からみて、そのスポーツ活動がどんな使用価値をもっているかを吟味すべきなのに、コマーシャルに踊らされて目先の商品を買い込むのと同様に、競技レベルや勝敗、人気といった交換価値に目を奪われ、子どもをスポーツの世界に預けてお

けば健やかな発達が保障されると思い込んでしまっている。

　従来の子どもたちの遊び・スポーツ活動は、主に自然環境の中で子どもの発達課題に合った内容の活動を子どもたち自らが選択、あるいは創造することによって成り立ち、人間性や人格の形成におおいに役立っていた。しかし、現代では幼少期から義務教育を終了するまで、大人が細かく仕組んだスポーツ塾・クラブ・教室・部活動等の中で、前述の「スポーツの全過程」を子どもたち自身の手で統括することはできず、高められる交換価値の中でスポーツに関わる人間性や人格の疎外、つまり歪んだ発達さえ示すようになってきてしまっている。私の身の回りでも日常的に起きている具体的な例を示そう。

2．中学生の歪んだ発達

　ある年の6月、地域の陸上競技協会の大人たちが、小中学生の駅伝大会を学区内で開催してくれた。陸上部顧問の私は、部員たちに次のように提案した。「地元の大会だから、まず部員全員で1500mの記録会を行い、それをもとにできるだけたくさんのチームを作ってみんなで参加しよう」。ところがこの提案に賛成の手を挙げたのは数名しかいなかった。部員の中には、地域の陸上クラブで小学校の頃から長距離の指導を受けてきている生徒もいる。その生徒たちがやりたいと言わない。専門的な指導を受けてきていても、自らの意志では、みんなと一緒に競い合って駅伝を楽しむ方向へと踏み出せないのである。私は対外試合はあくまで自主参加と考えている。否決されたものを強制させるつもりはない。彼らの発達を考え、別の提案をした（後述）。

　別の例を示そう。生徒会の体育委員会では放課後の校内駅伝大会を計画した（現勤務校へ着任して最初の頃）。自分たちで自主的に自由にチームを作って楽しむ企画である。校庭をひとり1km余り走り、全体で30分程度で終わる企画。そこに最初の年は13チームが参加、選手、役員、観戦を合わせると全校の3分の1の生徒が関わる盛り上がりをみせた。運動部の生徒にとってみれば、放課後30分ほど駅伝大会を楽しんでから自分の部活動に行けばよい話である。しかし、その30分の楽しみを共有できない生徒たちもまたいるのである。サッカー部は顧問が申込みをしてくれていたが、当日になって体調不良、早退が続出したとかで棄権。「あいつらは駅伝がいやだから授業までサボって帰った」という噂が耳に入ってきた。他のサッカー部員も、校庭が空くまでただ待っていた。日々の生活

を潤す身近なスポーツ大会、そして運動部員にとっては基礎体力作りにもなるという使用価値に気づかず、自分の部活以外の活動は邪魔なものとしか映っていない。（※現在ではこの状態は克服され、みんなで駅伝を楽しむ校風ができている）

　近年、体育の授業を進める上でバレー部員、バスケット部員のいるチームの指導に苦労することがある。それは技能差の問題ではない。彼らは一般の生徒たちとスポーツを楽しむ方法が分かっていない。だから授業の意味があるのだが、日々うんざりするほど練習しているので、学習意欲がないのである。班のリーダーになっても仲間と関われず、かといって別の生徒がリーダーになると部員に遠慮して力を発揮できない。しらけたチームになってしまう。ある年の事例では、バレー部員が1人ずついる2チームで試合をさせたところ、6対6の試合なのに、バレー部員が1回で返し合う実質1対1の勝負で盛り上がってしまっていた。

3．学力と教養

　こうした中学生に対して、日々の生活や発達課題に合ったスポーツ要求から出発し、それらを人類が長い年月をかけて生みだし、発展させてきたスポーツ文化へとつなげつつ、主体的にスポーツ活動に関わっていける生徒に育てていきたい。そのためには、中学生の身近なスポーツ活動としての、部活動、生徒会活動、そして体育授業をどのような関連性をもって指導していくかがポイントになってくる。

　中学校終了までにつけさせたい学力と教養を次のように考えてみた。

〈学力〉
　①いくつかの運動種目の魅力や特質を体験を通して理解している。
　②だれもがうまくなる道筋や練習方法、及びその考え方について体験を通して理解している。
　③だれとでも仲間を作り、練習や試合が楽しめる。
　④生活の中で必要とされるスポーツ活動を企画したり、参加、運営ができる。

〈教養〉
　①スポーツが人類の歴史の中で生まれ、時代と共に変化してきていること。
　②スポーツの変遷は先人たちの苦労、工夫の結果であり、自分たちもそれを継承・発展させていくべきこと。
　③ルールや勝敗に対する考え方。

4．スポーツ要求を掘り起こす

　中学校では、部活がらみで生徒指導の問題が起こることが度々ある。活動内容が部員の生活実態や要求に合っていない状況の中で人間関係のトラブルやいじめが起こるのである。前述の私の陸上部の話に戻そう。地区の駅伝大会参加を否決した部員たちに対して私は、やや嫌みたらしく次のように言った。「君たちは本当は走ることが好きではないんだ。自分の種目では県大会を勝ち抜きたいなんて言ってる人もいるけど、とてもそんなレベルではない。無理だよ」と。そして次のように指示した。「今度体育委員会では放課後のバレーボール大会を計画している。そこには陸上部として全員参加してもらう」。私に叱られて神妙な顔をしていた部員たちだが、最後の一言を聞いた直後、「わぁ〜い！」という歓声を上げた。この反応が生徒たちの正直な気持ちだろう。そんな実態をふまえ、陸上部の練習では週に一度は球技を取り入れている。部員たちは意欲的にバレーボールの練習を始めた。

　子どもたちは本当はスポーツ遊びをしたがっている。遊びの中で育つはずの社会性や運動欲求を抜きにして、専門的なスポーツ活動における社会性や運動欲求は育たない。思春期までには様々なスポーツや遊びを経験することが必要で、それぞれの良さに気づく過程を経ながら、自分が本当に追究したいものに出会っていくことが大切だろう。

5．要求実現の民主的過程を学ばせる

　本校では文化祭の中に2時間ほどの体育祭がある。生徒会主催で体育委員会が運営する。これまでは伝統種目と称して、たいした審議もせずに○人□脚、大縄跳び、綱引き、全員リレーが行われていた。私が体育委員会の顧問となった年からは全校アンケートをとり、その年の種目と進め方を提案させていった。私が仕掛けたことであるが、その年（2009年）は大玉送りが目玉となった。全校で発泡スチロールを集めて布に入れ、大玉を作る。その年の生徒会全体のスローガンは、「絆〜全校参加100％の生徒会〜」である。それを受けて、回収率100％で大玉を完成させようという提案が代議員会を通過した。

　本来、要求実現の過程を学ばせる生徒会であるから、安易に全員参加の100

％を提案することを私はあまりさせたくないと考えている。要求は様々であり、100％一致することはまずないからだ。しかし今回は生徒が提案してしまった。これを指導のチャンスと考え、決めてしまった自分たちの責任にして考えさせていく方向で進めた。案の定、締め切り日を過ぎても全校の30％しか発泡スチロールをもってこなかった。納豆の空パック一つでも持ってくればよいことなのだが、その気がないから集まらないし、集めようともしない。夏休みに苦労して体育委員が縫った大玉の袋はつぶれたままである。

　私は体育委員会と代議員会を招集、やや厳しく活を入れた。「できもしない100％をなぜ提案して賛成したの？ 修正案を出して70％くらいにしてもよかったんだよ。それなら残りの集め方も別にまた考えられたかもしれない。このままでは大玉は完成しない。君たちの責任だよ。もし集められなかったら、町へ出て集めてくることも考えなくては…」。厳しく言っただけでは今の生徒は動き方が分からない。何度言っても持ってきそうにない友だちにはどんな言い方をしたらよいのか、不登校生の分はどうやって集めるのかなど、細かく指導の手を入れた。大玉の種目責任者は毎日遅くまで残って全校名簿をひとりひとりチェックし、回収率を電卓で出して全校に呼びかけていった。その取り組みは全校の動きとなり、見事に100％を達成することができた。

　民主主義は簡単には実現しない。無理なことは決めさせない。修正案を出したり、否決することも学ばせていくことが大切だ。そして決まったことは責任持ってやりとげさせ、その喜びを体験させていきたい。

6．必修としての体育授業の創造

　部活動は、やりたい者だけがやればよいものである。無理にやらされ、しごかれるから本来の活動の意義がわからなくなり、いじめや疎外がおこる。生徒会活動では集団生活に潤いを与えてくれるスポーツ活動を対象とし、スポーツ要求実現の民主的方法や楽しみ方を学ばせる。そして、全ての生徒たちを対象としてい

る必修の体育授業では、文化的教養としてスポーツとは何かを学ぶのである。

　スポーツ教室やスポーツクラブ、部活動は、そこへ参加する人たち（消費者）の要求に合った商品としての性格を持つ。スイミングスクールは、「泳ぎたい」という消費者の要求を実現させるためのものであり、そこでは水泳文化の全てを学ぶことはできない。私たち教師は、スイミングスクールでは教えてもらえない、体育授業としての独自の学習内容を用意すべきだと考える。バレーボール部員がバレーボールの授業で学ぶ内容、あるいは剣道部員が剣道の授業で学ぶ内容などについても同様である。それは「運動文化をトータルに教える」ということでもある。

　中学校の学習指導要領では、武道とダンスが必修となった。しかし、武道連盟の有段者やダンス教室の講師を呼んできて授業をしてもらうようでは、必修の意味はなくなる。なぜなら、これらの教室に通ってきた生徒にとっては必要のない授業になるからだ。スポーツ教室や部活動では学べない内容、それを体育の授業で用意できるならば、全ての生徒たちにとって学び甲斐のある授業となり、その種目を部活動等で経験してきた生徒にとっては、自らの経験をふり返り、学びを深める機会となるだろう。スポーツ活動が商品としての性格を持つ現代においては、賢い消費者を育てることにもつながる。

　スポーツの歴史や文化をトータルに学び、教養を深めてきたスポーツマンであれば、先のヤマザキナビスコ・カップ事件のようなことは起こらないだろうと考える。

【引用参考文献】
1)　カール・マルクス（1968）『資本論』第 1 巻 1、大月書店。
2)　芝田進午（1979）『人間性と人格の理論』、青木書店。

全校生徒の協力で作った大玉

　体育祭の種目アンケートをとると、様々な種目の要望が出てくる。小学校の運動会ではよく大玉送りがあるが、中学ではあまり行われていないので中学校には大玉がない。そこで全校生徒による協力で体育祭で使う大玉を作ることになった。
　大玉は正五角形の布 12 枚を縫い合わせて袋を作り、その中に細かくした発泡

スチロールを入れる。つまり正12面体を布で作るのだ。作りたい大玉の大きさから、正五角形の一辺の長さを算出する。通常の大きさなら、1m四方の布に入る程度の大きさの正五角形でよい。布の値段は1mで500円程度。これが12m必要になるので、布代は大玉1個分で6000円程。紅白2個作ると12000円。中学校ならこの程度のお金は生徒会費で何とかなる。中学3年生ともなれば、家庭科室で布を裁断し、ミシンを使って縫うことができる。これまで家庭科で習ってきた力が発揮される。縫い合わせていった最後の一辺に長めのファスナーをつけておき、そこから発泡スチロールを入れていくとよい。

　発泡スチロールは魚や肉の食品トレイ、納豆のパックなどでもOK。電気製品の箱には緩衝用の発泡スチロールがついている。これらを細かくちぎって入れていく。発泡スチロールが満杯になったところで、布を裁断した時に出た端布を糊で大玉の縫い目辺りに貼っていくと補強になる。大量の発泡スチロールが必要だが、全校生徒の協力があればこそ可能になる。できあがりは饅頭のようにややつぶれた形になっているが、大勢の手の上を転がしている時はきれいな球形になる。

　この大玉のよいところは、布がだぶついているので手でつかむこともできること。欠点は泥や水で汚れやすいので、濡らさないようにすること。

3

学習指導要領と教育課程
―現勤務校での実践―

1．教育課程の編成権は学校にある

　長野県では毎年10月頃に、1日学校を休みにして「教育課程研究協議会」という県教委主催の授業研究会が行われている。郡市ごとに当番校及び教科が指定され、その地域の先生方が教科別に会場校へ集まる。午前中は当番校の研究授業、午後は県の指導主事による指導要領の説明と各校から持ち寄られた課題について協議を行う。当番校の管理職やその意を汲んだ先生方にとっては一大行事であり、ここで指導要領に沿ったよい授業を見せるために、担当指導主事と連絡をとって事前研究授業を行ったり、時には深夜に及ぶ研究会が行われたりしている。
　多くの先生方はこの1時間の研究授業に関心を向けるが、「教育課程研究協議会」という会の名称の通り、県教委にとっては指導要領の考え方を広める機会であり、私たち現場教師にとっては、指導要領の問題点を公の場で話題にできるチャンスでもある。県教委は学習指導要領が変わる度にその説明に力を注ぐ。
　現在の中学校の学習指導要領へと改訂された際、スポーツ種目の選択制がこれまで2年生からであったものを3年生からに引き上げた。問題が多く、批判され続けてきた選択制が一歩縮小の方向へ改善された。私の勤務する地区でこの改訂期に行われた教育課程研究協議会でのことだった。県教委の指導主事が選択制の問題について、「まだ十分に選択能力のついていない段階で選択させている」と説明した。改訂の理由を選択制を進めてきた現場の先生方のせいにしているような説明に対し、私は憤りを感じて発言した。「2年生から選択させることの問題は以前から指摘されてきていた。それにも関わらず文科省や県教委がそれを進めてきたのであり、その責任は県教委や文科省にある。文科省はその責任をどう考えているのか教えてほしい」と質問した。これに対して主事は回答を一時保留にし、休憩時間に文科省へ直接電話して聞いたようだった。その後に答えが返ってきた。何と「文科省や教育員会に責任はない。学校にある」だった。なぜなら

学習指導要領の最初に「教育課程編成の一般方針」として、「各学校においては、……適切な教育課程を編成するものとし…」とあり、教育課程の編成は文科省や教育委員会が行うものではなく、「各学校が」行うと述べられているからだという。

　学習指導要領に従って授業を行っても、その失敗の責任は文科省や教育委員会は取らないということがはっきりした。指導要領の考えを忠実に広めている主事たちは数年経てば管理職となり、指導要領の問題が明らかになって改訂される頃には退職している。残された私たち教職員がその責任を取らなければならないのである。

2．最初に学習指導要領ありきではなく

　私たちが教育課程を編成したり授業計画を立てたりする際には、発達状況を含めた子どもの実態と教えるべき中身（文化的内容）から考えていくべきだろう。それは当たり前のことのように思われるかもしれないが、実は多くの研究会、および学校ではそうしていないということを自覚したい。実際に多くの学校では、発達状況を含めた子どもの実態と学習指導要領から計画を立てているのであり、学習指導要領に無理がある場合には、子どもの実態のとらえを歪めてでも指導要領に合わせようとする傾向がある。だからどの研究授業を参観に行っても、単元設定の理由や子どもの実態についての説明は似通っていた。特に「楽しい体育」が推進された頃の学習指導要領の下では、器械運動や水泳などにおいて「できない技を教師側が教えようとするから、体育嫌いになってしまう」「できることから、各自のめあてに沿って個別に進めるべきである」「教師主導の一斉指導はいけない」となっていた。このことは、当時の学習指導要領に示されていた「自己の能力に適した課題をもって次の運動を行い…」から来ており、その指導パターンが「ねらい1、ねらい2」であった。

　これは本当に子どもの実態や願いから出発していたものではなく、学習指導要領を支えていた「楽しい体育」「めあて学習」という指導理論へとつなげるためのこじつけであったと言える。研究会の場で私たちが、繰り返し「教えるべきことを教えてうまくさせなければ楽しくはならない」と主張しても、当時は受け入れられなかった。

　現在の学習指導要領では身につけさせる技能的中身が詳しく述べられている。その学習指導要領を正当化させるために、今度は、「教えるべきことを教えてで

きるようにさせないと、体育嫌いを作ることになる」などと、これまでとは180度違ったことが言われていく。なぜなら、学習指導要領から「自己の能力に適した課題をもって」という文言が消え、その代わりに「次の運動について、技ができる楽しさや喜びを味わい、その技がよりよくできるようにする」と示されるようになったからである。そして「なぜその種目をその学年でやるのか」と問われれば、それは「学習指導要領にあるから」ということになってくる。それは、本当に子どもの実態から出発しているのではなく、学習指導要領に忠実に従っているからに過ぎない。子どもの実態と学習指導要領を結びつけて教育課程を編成するのか、子どもの実態と運動文化研究を結びつけて教育課程を編成するのか、その違いを大事に考えていきたい。

　何年か体育教師をやっていると、この単元なら何時間くらいで、こんなことが教えられる、こういうやり方をすれば子どもは乗ってくる、あるいは乗らないということが分かってくる。子どもの生活実態はどうだろう。スポーツ活動の二極化現象が広まっている。技能面では、「できない」「経験したことがない」などということが「運動の楽しさを知らない」ということにもつながっている。部活動や地域のスポーツ教室へ参加したり、テレビでスポーツを見る機会を通して、勝敗等への価値観が形成され、子どもたちから発せられる言葉からもそうした価値観を読み取ることができる。できる子とできない子、スポーツが好きな子と嫌いな子との人間関係にも注目しなければならない。こうした子どもとスポーツとの関係から、スポーツに関わってどんな学習をさせたいのか、その課題が見えてくる。中学校では、小学校までにどんな体育の授業を受けてきたのかも大きな検討材料になる。1年間の授業時数は限られている。学習指導要領はあくまで参考として考えるべきだ。

　中学校では1年生と2年生、そして3年生では心も体もそして価値観も大きく変化する。その実態や子どもたちの願いに沿った学年別の目標や学習内容が必要になってくる。その観点から見ると、現在の学習指導要領はどうだろうか。

　現在の中学校学習指導要領では体育分野の第1学年および第2学年目標が次のように述べられている。

〈体育分野〉
1．目標
（1）運動の合理的な実践を通して、運動の楽しさや喜びを味わうことがで

きるようにするとともに、知識や技能を身につけ（3年は「高め」）、（3年は「生涯にわたって」）運動を豊かに実践することができるようにする。
（2）運動を適切に行うことによって、体力を高め（3年は「自己の状況に応じて体力の向上を図る能力を育て」）、心身の調和的発達を図る。
（3）運動における競争や協同の経験を通して、公正に取り組む、互いに協力する、自己の役割を果たす（3年「自己の責任を果たす、参画する」）などの意欲を育てるとともに、健康・安全に留意し（3年「健康・安全を確保し」）、自己の最善を尽くして運動する（3年「生涯にわたって運動に親しむ」）態度を育てる。

（　）内は3学年の目標として付け加えられたり、変えられたりしている部分である。1、2年と比べ、3学年ではやや発展的な表現になっているに過ぎない。目標の次に示されている具体的な各運動種目についての内容も、1、2学年と3学年では表現がやや変わっている。例えば器械運動で「その技がよりよくできるようにする」（1、2学年）は、3学年になると「自己に適した技で演技することができるようにする」となる。3年生は選択を意識して「自己に適した技」としたのだろうが、地域や学校の実情、子どもの実態が様々であることを考えれば、その区別はあまり意味がないように思える。

このように考えると、学習指導要領はあくまで参考としてのものであり、それに縛られる必要はない。私たち自身で自校の目標を設定していくことの方が大切である。研究会等で各校の体育科の目標が持ち寄られることがあるが、学習指導要領に示されている目標がそのまま自校の体育科目標となっている学校は少なくない。こうした状況を考えるにつけ、もっと分かりやすく生徒の実態や発達課題を明らかにし、各学年に合った学習内容・目標が具体的に提示されるべきだろうし、そこからどんな運動種目（教材）で何を学ばせることがよいのかを考えていきたい。

3．自前の教育課程作り

体育科のカリキュラム編成の際に重要な視点がある。それは教科内容と教材の峻別という視点である。よく研究会などで各校の体育科のカリキュラムを持ち寄って検討しあうことがあるが、多くの学校のカリキュラムはスポーツ種目（教材）

の配列だけであり、その教材を使って何を教えるのかということが示されていない。そのために教材配列を紹介し合うだけの研究会に留まり、議論が深まっていかない。本来なら生徒の実態や文化内容からその学年の体育の授業で何を学ばせたいのかという教科内容が示され、その内容を学ばせるために教材（スポーツ種目や体育理論の題材）が示されていくべきだろう。

　かつて出原泰明氏は、「新しい教科内容の検討と教育課程試案」として、中学校３年間の体育で学ばせたい９つの教科内容を示し、それを水泳という教材だけで学ばせることも可能だという例を示した[1]。出原氏自身はそれを「ひとつの極端なモデル」としているものの、こうした考え方をとることによって教科内容と教材が峻別され、「その教科内容なら、私は水泳ではなくて〇〇で教えた方が生徒は学びやすいと思う」といった議論へと深めていくことができる。

　こうした考え方を学んで私が思いついたのが、学年毎にテーマ（学習内容に関わる課題・目標）を決めた体育学習である。入学してくる１年生の実態や体育観を考察し、卒業までに育てたい力を明らかにする。そしてそのために、学年毎に学習テーマを決め、それを実技と体育理論の両面から学習していく「スポーツ文化を学ぶ時間」とするのである。中学に入学してくる生徒たちは体育の時間を「運動ができる楽しい時間」「半分遊び感覚の時間」「運動の得意な子が活躍し、苦手な子が嫌な思いをする時間」と思っている。「たかが体育」と思っている生徒たちを奥深いスポーツ文化の世界へと導いていく。本校で毎年４月の最初の授業で生徒たちに配布しているプリントには次のように示している。

保健体育授業のスタートにあたって

　　　　　　　　　　　　　　　　　常盤中学校保健体育科

１．保健体育の授業で学んでほしいこと

①運動技術や体のしくみについて調べ、考え、頭でわかり、体を動かしてできるようにしよう。

②自分はもちろん、みんながうまくなることを目指して教え合い、支え合っていこう。

③スポーツや健康についての基礎的な知識を身につけ、スポーツや健康問題について自分なりの考えがもてるようにしよう。

> 1年生の目標
> 「運動の仕組みを調べ、分かることで、だれもがうまくなることを学ぼう」
> 2年生の目標
> 「仲間や集団の中で、何を大切にして練習や試合をしていくのか考えよう」
> 3年生の目標
> 「生涯スポーツを目指し、練習や試合を自分たちで計画して進めていこう」

（1）中学校1学年

　小学校から中学へ入学し、教科ごとに専門の先生から授業を受けることになる。現実問題として、小学校の体育では周到に準備された授業を系統的に受けてきた生徒は少なく、遊び感覚でスポーツが行われていただけで、教え合いの中でみんなが上手くなる経験をしてきていない生徒は多い。そうした実態から考えると、「中学校の体育はさすがに違う」「系統的にきちんと学べばみんながうまくなるんだ」ということを学ばせていく1年間としたい。そこで1年生の学習テーマを「スポーツ文化への目覚め。仕組みを調べ、分かってみんなができる」とした。運動種目の多くは小学校で経験してきたものになるが、それを中学1年生版にアレンジしていく。例えば短距離走やリレーで速くなる仕組みを調べ、タイムを大幅に更新する。水泳のドル平で浮力の学習をさせ、その原理を小学校で習ってきたはずの平泳ぎやクロールに生かし、だれもが楽に長く泳げるようになる。マット運動では側転のできる生徒とできない生徒との関係の中でその仕組みを学び、教え合いを通してみんなができるようにする。そこにスポーツの歴史や科学というエッセンスを加え、運動文化の魅力に触れていくというカリキュラムにしていくのである。

　ある年度末、1年生に、「中学校の体育の授業は小学校の時と比べてどんな違いがありますか？　あなたの考えや感想をまとめてください」という課題を出した。その一例である。

> 「小学校の体育では、中学校の体育のように、この技はどうやってできるのか、どのような仕組みでできる技なのかとか、どうすればリレーで速くなるのかという詳しい説明はなく、やり方などを教えてもらったり、アドバイスされることはあまりなかったし、できない人ややってない人に言葉をかけることもあまりなかった。中学の体育はさすがに体育の先生に教えていただ

> くこともあって説明がていねいで、仕組みや練習方法などがはっきりしていてわかりやすく、上達も小学校の時に比べて早い。小学校の体育も嫌いではないけれど、中学校の、友だちや先生と仕組みを考えながら進めていく体育の方が面白くて楽しいと思います。」

（2） 2学年

　中学2年生になると、部活動で対外試合に参加する生徒も増えてくる。運動部に入っている生徒とそうでない生徒との運動経験の差が大きくなり、男女差も顕著になってくる。こうした状況における様々なスポーツ経験の中で、何を求めてスポーツを行っていくのか、ということに考えを巡らせる時期であり、スポーツに対する自分なりの価値観が芽生えてくる。従って2年生の体育学習のテーマを「スポーツのあり方を考え、集団の中で生きる」とした。

　具体的には、1学期に集団マットを行い、協同で表現する。ひとりひとりの良さを生かしながら全体としてどのような作品に仕上げられるかを考えていく。

　バレーボールでは6人制で一応試合ができるので、勝ち負けの結果と中身、競争のあり方について考えさせていく。勝ち負けという結果の一方で、どんな競争を楽しみたいのか（ラリーやパス、スパイクの状況）を考えさせていく。6人制の平等の精神、「みんながトス、みんながアタック」みんなで楽しむバレーボールのあり方を学ぶ。

　武道（剣道）の学習をここに位置づける。武道の元になった武術は本来は暴力行為であったこと、そしてそれが平和な社会における文化として生き残っていくために、武道として生まれ変わってきた過程や歴史を学ばせる。相手を痛めつければよいと考えがちな生徒たちもいる中で、相手の尊重、きれいな気持ちよい一本というものについて考えさせていく。「武道とは何か」というテーマでの体育理論の授業もこの単元の中で扱う（後述）。

（3） 3学年

　義務教育修了の学年である。1年生でスポーツの奥の深さや魅力、原理を理解すればみんながうまくなることを学び、2年生では集団の中で生きること、そしてスポーツのあり方について考えてきた。その上に立って、3年生では生涯スポーツに向けて自ら考え、計画し、行動していくための学習を進める。また、夏には部活動を「引退」し、運動不足や受験に向けてのストレスも出てくる。日常の

生活の中にどのようにスポーツを取り入れていったらよいか、その理論と方法、実践についても学習しておく必要がある。そこで3学年の学習テーマを「生涯スポーツへ向けて、計画・運営を自分たちの手で」とした。3年生になって初めて扱う運動種目については、その種目を追究することによる奥の深さについて学ばせ、1、2年生でも学習してきた水泳、バレーボール、バスケットボールについては、最初の単元計画作りを含めて全て自分たちで計画を立案していくようにさせる。

　現在の学習指導要領では、中学校1、2年までに一通り運動種目を経験させ、3年生になってからスポーツ種目の選択制を導入している。しかしながら、1、2年生で一つの単元にじっくりと時間をかけて学習を進めていくと、経験してきたスポーツ種目の数は限られてくる。そうした状況を考えると、3年生で未経験のスポーツ種目を含めて選択させるのではなく、これまで1、2年生で行ってきたスポーツ種目について、今度はそれを自分たちで計画し、進めさせていくことの方が生涯スポーツへとつなげやすいのではないかと考える。

4．体育的行事などとの関係

　生徒たちがスポーツに関する活動をするのは体育の授業だけではない。本校では、体育の授業の発展として企画されている体育的行事としてのクラスマッチがある。また、日常的には生徒の自治活動としての生徒会が組織されており、生徒のスポーツに関する要望を実現していくために体育委員会が日々活動している。また、部活動に参加している生徒、野球やサッカーなど、地域のスポーツクラブに通っている生徒もいる。学級のレクとして学級活動の時間にクラスでスポーツ活動を企画することもある。これら様々な立場からのスポーツ活動を通して生徒が育ってきているのであり、その関連を図りながら教育課程を考えていく必要がある。

（1）体育的行事としてのクラスマッチ

　体育学習のまとめ、発展としてのスポーツ行事として位置づけている。秋のバレーボール単元のまとめとして、11月のバレーボールクラスマッチ、3学期のバスケットボール単元のまとめとして、3月にバスケットボールクラスマッチを行う。この日は1日授業がなく、学年ごとにクラス対抗で試合が行われる。体育授業のまとめなので、教師主導で計画を立てるが、運営は生徒会体育委員会を

中心に審判も含めてすべて生徒が進める。他校から転任してきて1年目の先生がこの行事を見て、1年生から審判や係を全て生徒が行っているということに驚くようだ。他校でもクラスマッチ形式の球技大会が行われているが、1年生などは先生方が審判を行っている学校が多いと聞く。

「生徒ではなかなか笛が吹けない」＝反則をとれない。確かにそうではあるが、私は授業の中でも自分からはほとんど笛を吹かない。審判は生徒たちに行わせている。それが可能になったのは、笛の改良によるところが大きい。人の吹いた笛を口にするのは衛生上も抵抗がある。アルコール綿も用意したが、費用もかかり、準備が面倒だった。そこで試行錯誤の上に思いついたのがストローを切って笛に装着する方法。スーパーで100本入り100円程度で売っている普通のストローを3分の1程度の長さにはさみで切る。それを笛の先に差し込んで吹くとちゃんと吹けるのである。ストローは使い捨て。100円で1単元は十分に持つ。生徒たちは本来は審判などの仕事をして自分が試合を仕切ってみたいのである。ストロー笛の開発により、ふだんの授業の中で生徒たちは抵抗なく進んで審判をしてくれるようになってきた。ホイッスルで審判を自主的に「ハイッ、する！」と言うので「ハイッスル」と命名した。

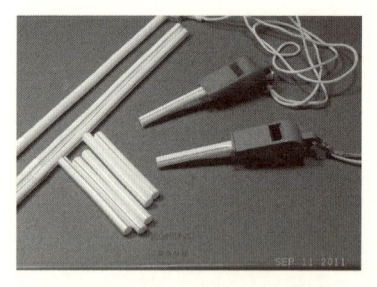

（2）生徒会行事

体育の授業や授業時間を使ってのクラスマッチが教師サイドで進められているのに対して、生徒会体育委員会の主催で計画から実施まですべて生徒会が決めていくのが放課後や昼休みのミニスポーツ行事である。秋の文化祭の中で行われる体育祭だけは全校参加となるが、それ以外の放課後や昼休みに行われる様々な企画への参加は自由である。観戦の楽しさもある。本校で恒例化してきていて人気の高いものには、放課後に行われる駅伝大会、バレーボール大会、水球大会などがある。

最近では、これに加えてミニ登山を企画した。本校の真正面に鎌田山という里山がある。カモシカも出没し、授業の50分間あれば登って降りて来られる身近な里山である。かつて卒業させた私のクラスで、総合的な学習の時間に、「鎌田山に登りたい」という意見が出てきた。体育館の裏から登るルートがあるものの、

その道は中腹にある送電線の鉄塔までしかないことがわかった。そこからは遠回りしないと頂上へいけないため、「新ルート」としての近道を開拓し、その新ルートを整備したり測量して道しるべを作ることを総合的な学習として行った。大正時代、本校の敷地を含むこの鎌田山一帯は、日比谷公園を設計した「日本の公園の父」といわれる本多静六博士が、須坂市の依頼を受けて、市の臥竜公園とともに「鎌田山公園構想」としてまとめた場所でもある。しかしながら十分に整備されずに現在に至っている。このことを学習した生徒たちは、卒業前に「わたしの鎌田山公園構想」としての文集を後輩たちのために残してくれた。そこには、「頂上に展望台を作りたい」「途中に休息するベンチを設置したい」「登山道に花を植えたい」などといった願いが数多く書かれている。

　だれに引き継がせようか、いろいろと考えを巡らせているうちに時間が過ぎてしまった。学級や生徒会などいろいろな立場からアプローチしてもらおうと考えたがなかなか引き継ぎ手がない。ある時、登山もスポーツと考えれば私の体育委員会でも取り組めるではないかと思いついた。私の提案に体育委員長も賛同し、5月に「春の鎌田山登山」を体育委員会として企画した。事前に登山希望者を募っておき、放課後に集合してみんなで登るだけの企画である。現在では恒例行事となり、春と秋の定期テストの放課後、ストレス発散企画として実施するようになった。全校の半分以上の生徒たちが自主的に参加する。

【引用参考文献】
1）学校体育研究同志会編（1993）『体育実践に新しい風を』、大修館書店。

4

スポーツ賛美の「知」でよいのか？

　中学校の学習指導要領には「体育理論」が登場してきた。体育学習における「知」が、実技面でも理論学習の面からも重視され始めてきている。なぜこのような変化が起きているのだろうか。それは、これまでの体育・スポーツに対する考え方の変化であり、旧学習指導要領を支えてきたかつての「楽しい体育」路線からの脱却を意味している。

　「楽しい体育」路線は、J・ホイジンガやR・カイヨワの「遊び」の理論を日本の体育・スポーツ界に導入したプレイ論的スポーツ論にあった。高津勝氏は次のように述べている[1]。「この理論が日本の体育・スポーツ界に導入されるとき、『遊び』は『生活様式』や『社会構造』としてではなく、もっぱら個人の『行動』や『行為』として、あるいは『スポーツ』に内在する特性、ないしエレメントとして考察されることになった」。従ってそこにおいて必要な「知」は、個人のスポーツ行動・行為に必要な「知」だけでよかったのである。高津氏は、「時代の要請は、ホイジンガやカイヨワの再浮上ではすまされない段階を迎えて」いるとし、「スポーツの現在をどうとらえ、そこから理論的に問題をどう抽出し、未来をどう描くかが、いま、問われている」という。

　こうしたスポーツ認識・時代認識に立てば、体育科教育の役割は、スポーツの生活化のための知識のみを与えればよいのではなく、スポーツを歴史の中で変化しつつある文化ととらえ、その継承と発展を担っていくための基礎的な知識や技能を習得させていくことにあると考える。中学校学習指導要領の体育理論に「文化としてのスポーツの意義」が登場していることもそのように考えたいが、文科省が示した内容や扱い方でよいのかどうかは、今後検討していくべきだろう。

1．「スポーツの禁止・制限」を教える

　私はこれまで行ってきたいくつかの体育理論の授業の中で、スポーツや運動が禁止、制限あるいは否定された過去の歴史を意図的に取り上げてきている。具体的には次の例がある。

1．14〜18世紀にかけてのイギリスにおけるフットボール禁止令。
2．戦後日本の一時期に武道が禁止されたこと。現代では、武道部員による暴力事件により、大学の武道部が廃部になった例。
3．古代オリンピックの終わり。
4．クーベルタンの晩年の予言「もし私が百年後に再び生を受けることになるなら、私が築き上げてきたオリンピックを破壊することに努めるかも知れない」。
5．メキシコオリンピック大会の表彰台で黒人差別反対のアピールをしたとして永久追放となった選手。
6．1980年のモスクワオリンピック、ボイコット事件。
7．オリンピックに対する反対運動。

スポーツを人間にとってよりよい文化として継承、発展させていくための基礎的知識として、過去においてスポーツが禁止、制限、あるいは否定されてきた歴史と、それをどのように乗り越えて現在に至っているのかということを学ばせていくことはとても重要に思われる。

学習指導要領、中学3年生の体育理論の内容には次の3項目がある。

ア．スポーツは文化的な生活を営み、よりよく生きていくために重要であること。
イ．オリンピックや国際的なスポーツ大会などは、国際親善や世界平和に大きな役割を果たしていること。
ウ．スポーツは、民族や国、人権や性、障害の違いなどを超えて人々を結び付けていること。

ここに示された内容は、スポーツや国際大会の理想であり、現実が全てそうなっていると教えることは正しくないだろう。スポーツによって自分の生き方を見失いかけた人の数は少なくないし、オリンピックや国際大会は国家間の競争に利用され、対立を激化させてきた歴史がある。人種差別や人権侵害はスポーツの場面においてもしばしば起きている。

現代の小中学校では、運動能力の差がいじめに発展する例がよくある。こうした歴史や事例をきちんと子どもたちに示し、それを当事者たちはどのように乗り

越えてきたのかを学ばせ、あるいはこれからどう乗り越えていったらよいのかを考えさせていく授業を構想したい。

2．発達課題としてのスポーツの制限

　こうした学習は、人類の未来におけるスポーツの在り方を考えていく上で必要なだけでなく、青少年がスポーツ活動を通して自分自身の心身の成長を促し、自己を確立していくためにも不可欠であると考えている。高校や大学の運動部員による不祥事により、大会出場を停止・自粛するといったニュースは絶えない。その処遇の是非は別として、スポーツは何のためにあるのか、なぜ奨励されているのかということを自覚させていくことは必要である。
　地域のスポーツクラブの普及により、小学校時代から専門的なスポーツ指導を受け、中学校の運動部に入部してくる生徒も少なくない。小さいときからスポーツは素晴らしいものとして、時には強制され、手取り足取りのきめ細かな指導で子どもたちが育ってきている。何の疑問もなく、学業よりもスポーツ活動を優先したり、技能的な優越感が正常な人間関係の学びを阻害してしまうことも起こりがちである。青少年が自分自身の成長とスポーツとの関わりを考えていくとき、スポーツが賛美、奨励されるだけでなく、スポーツに対する人類の制限・変革の歴史を学ぶことは健全な発達にとっても必要である。

3．東京五輪に向けた五輪教育

　学習指導要領にオリンピックのことがとりあげられたことから、今後オリンピック（以後五輪）に関する授業が多く実践されていくことと思われる。そして2020年の東京五輪開催が決定した。ここにおいても、五輪やスポーツを賛美するだけの学習にするのではなく、理想と現実の姿を子どもたちに示し、今後の在り方を考えさせていくことを大切にしたい。
　東京五輪招致委員会のHPによると、小中学生の約8割が東京五輪招致に賛成していたという。だから東京五輪招致を進めるべきだという。しかし、よく考えてみたい。この世論調査に参加した小中学生は、五輪の歴史や精神、そして現実の五輪の姿をどれだけ学んできているだろうか。多くはテレビから得られるメダル争いの五輪感動をもとに五輪をとらえているだけである。今後どういう五輪教

育を行うかによって、この数字は大きく変わってくるように思われる。

　1998年の長野冬季五輪の際に私は、五輪の理想と現実を学ぶ体育理論の授業を行った。生徒たちは、五輪の理想と現実の姿、そしてマスコミによって伝えられる内容の三者の違いに気づき始めていた。学習のまとめとして、ある生徒の感想が印象的だった。

　「テレビにメダリストがよく出ていたけど、他にも活躍した選手がいるのでもっとたくさんの選手の話を聞きたかった。あまりよく知らない外国の選手も素晴らしい選手ばかりだった。日本だけに注目するより、国に関係なく見る方が面白いと思った」。五輪教育は「頑張れニッポン！」の応援団を作ることではない。

　五輪の理想はスポーツの理想であり、現実の五輪（スポーツ）の在り方を抜本的に考え直したり、そこで学んだことを日々のスポーツ活動にも生かしていきたい。そうした子どもたちを育てていくことが、私たちの仕事であると考えている。

【引用参考文献】
1）　高津勝（2008）『スポーツ社会学の可能性』、創文企画。

5

生徒会・スポーツ大会で自治を学ばせる
―中学生には、何を、どこまで決めさせることができるのか―

1．生徒会とは

生徒会とは何か、「岩波　教育小辞典」には次のように書かれている。

> 中高校生の学校生活における多様な活動（クラブ活動・ホームルーム・生徒総会・学校行事など）の自治的な管理・運営を行い、学校生活の自主的改革を目指す自治組織とその活動。

生徒会は戦前にはなかったものであり、民主主義を定着させる政策の一つとして1951年の改訂学習指導要領で位置づけられた。しかし、「岩波　教育小辞典」では続いて次のようにも指摘している。「1958年改訂の学習指導要領では自治活動が後退し、生徒会の役割は校内の生活改善、仕事の分担処理にとどめられた。」
　生徒会は自治会として、生徒たちが民主主義を学んでいく上での大事な教育活動の場である。民主主義、あるいは自治であるから、生徒会としての個々の取り組みをするかしないか、それ自体を生徒たちが決められるように指導すべきである。しかしながら、現在中学校で行われている多くの生徒会活動は、生徒たちが決める手続きをとってはいるものの、実質的には教師側が決め、生徒にやらせているという傾向が強いように思う。これでは本来の民主主義、自治を教えていることにはならない。教師側から勧められた活動であっても、生徒会側が拒否する自由を与えておかなければ「自治」とは言えない。
　学校の自主的スポーツ活動に目を移すと、日本では大学の部活動においてさえ自治が確立されておらず、練習内容や選手の決定権を監督やコーチが握っている。ましてや高校、中学の部活動では、これらを大人たちが決めることは当たり前になってしまっている。これではスポーツにおける民主主義は育たない。部活動の民主化は喫緊の課題ではあるが、一方で現在の部活動は自治を学ぶための教育活

動として学校に存在しているとは必ずしも言えない。部活動が学校外の社会体育へ移行していくことになれば、その存在さえ学校には必要のないものとなるからである。ここでは、自治を学ばせるために学校教育（生徒会活動）として意図的に仕組むスポーツ活動と、既存のスポーツ組織（学校内外の部活・クラブ・スポーツ教室等）の民主化とを区別し、前者について論じたい。学校教育としてスポーツにおける自治を学ぶ必要性から、体育教師がその気になればどの学校でもできる活動について紹介する。

2．自治活動としてのスポーツ活動

　多くの生徒たちはスポーツが好きであり、体を動かして遊びたがっている。要求がある限り、それを民主的に実現させていく過程を学ばせていくことは比較的指導しやすい。本校での生徒たちのスポーツ活動は大きく分けて次の5つがある。
　（1）体育の授業と、その発展として授業日1日を使って行われる球技大会
　（2）運動部活動
　（3）文化祭の中に位置づけられている体育祭（2時間程度）
　（4）生徒会体育委員会が企画運営する各種スポーツ大会
　（5）休み時間の運動遊び
　ここでは（4）を中心にそれとの関連で（3）と（5）についても触れる。（1）の球技大会はどの学校でも行われているだろうが、これを私は自治能力を育てるスポーツ大会とは位置づけていない。大会の運営は生徒会の体育委員を中心に生徒たちの手で行わせているが、実施の可否、種目、日程、チーム数やルール等の決定権を生徒たちに与えていないからである。本校では秋のバレーボール授業単元のまとめとしてのバレーボールクラスマッチ、3学期のバスケットボール授業単元のまとめとしてのバスケットボールクラスマッチをそれぞれ1日かけて実施している。この球技大会は本来通常授業を行うべき貴重な時間帯に全員参加を強制して行わせている。大会運営やルールについては生徒の要望に耳を傾けつつも、体育の授業で学んだ技能、マナー、運営能力を発揮して自分たちの力で競技大会を楽しむ特別授業（体育的行事）の時間として位置づけている。その運営責任は学校側（体育科）にあり、教育的成果が上がらなければ職員会で行事精選のターゲットにされても仕方ないと考えている。
　スポーツ大会を自治能力を育てる活動として行うには、実施の可否も含めてそ

の内容を生徒たちに全てゆだねるべきである。それができるのは（4）のスポーツ大会ということになる。簡単に言えばやってもやらなくてもよい活動であり、多くの学校ではやっていない。しかし、私はこうした活動こそがスポーツ活動における自治や民主主義を学ぶ上で重要な教育活動であると考えている。

本校では生徒会体育委員会が企画運営するスポーツ大会として、バレーボール大会、バスケットボール大会、水球大会、駅伝大会、学校敷地に隣接する里山への鎌田登山などがある。昼休みや放課後の自由時間を使って有志が参加するものである。従って、実施の可否、ルール、参加するしないは全て生徒たちに決定権があり、内容は流動的である。

3．ヒマ、場所、カネをどう確保するか

中学校生活は忙しい。朝と放課後の自由時間も場所も部活動に占有されている。残念ながら、現在の日本の学校体制の中では生徒が自主的に始めようとしているスポーツ企画は既存の部活動には太刀打ちできない。その制約の中で時間と場所を確保し、用具等の費用をどう捻出して運営するか、それがスポーツ要求実現のための生徒と教師の共同作業になる。

（1）ヒマ（時間）の生み出し方

中学校では時間の使い方に対する優先順位が決まっている。授業に関わることが最優先であり（居残りや補習を含む）、次が学級の係活動や生徒会活動、そして優先順位の最下位が部活動である。放課後の自由時間は部活動よりも生徒会活動を優先してよいことになっている。生徒会体育委員会で企画したスポーツ大会に参加することは生徒会活動だと主張すれば、部活動より優先することができる。表面的には誰も文句を言えない。部活動を優先したい人はスポーツ大会に参加し

なければよいのだし、部活動よりもスポーツ大会で遊びたいという人だけ参加すればよい（ただし、運営側の体育委員は部活動を優先してはならない）。体育委員会でスポーツ大会の要項を作成する際、私は「この活動は生徒会活動なので、部活動よりも優先していいです」という一項を入れるようアドバイスしている。このことにより、1年生でも部活の先輩に気兼ねすることなく遊ぶことができる。

（2）場所を作り出す

さすがに放課後の体育館を遊び半分のスポーツ活動に使わせてほしいとは言いにくい。しかし、体育教師の裁量で校庭の隅などにバレーコート数面程度を作ることはそれほど難しいことではないだろう。ここは生徒たちのために教師が一肌脱ぐことになる。私は現在の学校に赴任した際に草だらけの空き地になっていたテニスコートに目をつけた（本校にテニス部はない）。ここを整備し直してバレーコートを作り、その後日曜大工でバスケットゴールも設置した。部活動ではほとんど使わない生徒たちのスポーツ遊びの場所ができた。

（3）カネは結構あるものだ

最後にカネの問題。生徒会には予算がある。本校では生徒会で毎年実施している資源回収で数十万円の収入を得ており、社会福祉施設へも寄附している。その中の数万円程度を体育委員会で使うことはたやすい。生徒総会で、体育委員会として揃えたいスポーツ用具等の予算を計上し、採決してもらう。今年はテニスコートに設置したバスケットゴールの木材、ペンキ、金具等の費用をそこから捻出した。昼休みに実施する「バドミントン週間」で使うラケットは100円ショップで大量に仕入れている。自分たちがスポーツ遊びに使う用具を買うことに生徒総会でクレームをつける意見は出たことがない。

4．生徒会として決めること、守ること

このような活動は生徒たちにとって未経験であり、最初は生徒たちでできそうな企画を私の方から紹介してきた。体育委員長は委員と相談し、「よし、やってみよう」ということになる。年間活動計画や要項の原案を体育委員長が作り、体育委員会での審議を経て生徒総会や代議員会に提案していく。その過程で否決することは自由にできる。しかしながら正当な手続きを経てやると決めてしまった

ことについては勝手にやめられない。その活動を成功裏に終わらせる責任は教師に対してではなく、生徒会の仲間たちに負っていることを教えていく。そのことを私は時には厳しく指導する。

　年に春と秋の2回行っている里山・鎌田山登山は恒例となってきており、年度末の生徒総会では「またやってほしい」という要望が必ず出てくる。しかし体育委員会では登山道の整備までしなければならず、仕事が増えて委員から不満が出てきた。私は体育委員の生徒に言う。「でも、生徒総会で『登山は楽しかったので登山道整備をまたやってほしい』という意見が出たとき、体育委員長が『はい、わかりました』と言っちゃったでしょう。だからやらざるを得ないんだよ」と総会で答弁した委員長に責任があることを教える。そしてこんなアドバイスもした。「今度の生徒総会で、『登山道の整備は大変だから緑化委員会でやってほしい』ってだれか意見を出せばいいんだよ。緑化委員長はみんなの前で『はい、わかりました』って言っちゃうから。そしたらしめたものだよ」。こんなアドバイスをしながら自治としての要求実現の方法と責任のとり方を教えていく。私の思惑通り、その後登山道整備は緑化委員会の仕事になった。

5．学校行事としての文化祭・体育祭

　文化祭は生徒会の最大行事であるが、同時に学校行事でもあることから教師側から様々な制約が加えられてしまう。授業日を使い、地域も注目しているので教育効果が期待されるものでなければ認められない。その中の体育祭も同様で、その内容や安全性については私も毎年かなり気を遣う。しかしながら生徒が中心になって全校を動かしていく最大行事である。体育祭の種目は民主的な手続きを経て生徒たちに決めさせていきたい。そのために、私はあえて授業時間を何時間も使って練習させたり、担任の先生方に大きな負担をかけるような種目は取り入れないよう指導している。体育の時間には1～2時間程度、やり方の確認と安全に関する指導を行うのみとし、全校練習は1時間だけ。自主活動であるから必要な練習時間はクラスごとに自分たちで作り出せと指導する。そのことによって

教師側の介入をできるだけ少なくし、自分たちで決める範囲を広げている。

　実施種目は毎年全校アンケートをとり、体育委員が責任持って運営できるものを自分たちで決めさせる。ただし、私は先生方から様々なアドバイスをいただき、情報を体育委員に伝えている。保護者や地域も注目し、全校が楽しみにしている体育祭を失敗させる訳にはいかない。2時間で4種目、全校にどのような指示を出せばスムーズに動き、みんなが楽しめるか、詳細な計画を生徒と一緒に立てる。体育祭が近づくと体育委員会では連日放課後にリハーサルを行う。

6．休み時間の施設利用とマナーの向上

　体育委員会の日常活動（仕事）は休み時間の体育館使用（遊び）の見回りである。学校側（体育館の管理責任は体育科）から生徒会に体育館を貸与するという形にしている。使用の学年割り振りなどは体育委員会で行う。学校側は使用の細かなきまりを守るという条件で貸与する。授業前の予鈴がなったらすぐにボールを片付けて退散すること、バレーボールは蹴らない、用具室の中で遊ばない等。時々私は学校側の管理者として厳しく対応し、休み時間の使用を停止することがある。きまりが守れないとか、責任者（体育委員の当番）が見回りをしていないなどの理由からである。きまりを守った上での貸与はどこの社会へ行っても同じ。これも自治と責任を学ばせる大事な要素と考えている。

7．スポーツクラブも作ってしまった

　本校の生徒たちの運動部の加入率はあまり高くない。私が保健主事として実施した全校生徒の生活習慣アンケートからは、日頃運動不足を感じているという生徒は全校の4割にも達していることが分かった。しかしながら、運動部で活動している生徒がいるので全校運動を実施する必要はないし、その時間もない。生徒が「運動したい」という欲求を満たすことができればよいのだ。思案した結果、体育委員会でスポーツクラブを作ってしまえばよいことに気づいた。運動部に入っていない生徒を対象とし、文化系の部活動にも支障のないよう、週に1～2回、放課後30分程度にしておけば問題はないだろうと考えた。生徒の運動欲求を満たすために働くのが体育委員会の仕事であることはもう生徒たちはよく理解している。年度末には職員会で合意も得ておき、体育委員長は乗り気になってきた。

そして新年度の生徒総会で提案し、可決した。

2013年5月17日、第1回目の「常盤スポーツクラブ（TSC）」が32名で発足した。場所は整備された通称「テニスコート」。ここでバレーやバスケット、ミニサッカーもできる。テニスをやりたいという声も出てきた。クラブ長を選出し、毎週木曜日の放課後活動することになった。クラブの約束を「テニスコートの誓い」として確認した。

　クラブを立ち上げるのは簡単だが、いつまで続くのかという不安がないわけではない。しかしながら、スポーツ要求があってのクラブであるから、その必要性がなくなればいつでもやめられる。ある意味で気楽に考えればよい。とはいえ、せっかくできたのだから長続きするよう、顧問としてもよいアドバイスをしていきたいと考えている。

【引用参考文献】
1) 勝田守一、五十嵐顕太田堯、山住正己編（1973）『岩波　教育小辞典』、第2版、岩波書店。

タスキをつなぎ、みんなで楽しむ駅伝大会

　2015年5月11日の放課後、第7回目となる体育委員会主催の駅伝大会が行われた。1チーム6名、走る距離は1人約1.1km。自由参加のこの大会に33チーム198名が出場。全校生徒361人の半数以上が走り、声援を送り、校庭には笑顔が溢れていた。

　長距離を走ることが嫌いな生徒は多い。しかし、気の合った仲間とタスキをつなぎ、声援を送り合って楽しく走るこの企画には毎年たくさんの生徒たちが自主的に申し込みをする。大会は「部活対抗の部」と「エンジョイの部」に分かれて

いるが、一斉にスタートする。「部活対抗の部」は主に運動部で、4月末に1年生の新入部員が決まったところで、できるだけ多くの部員が参加できるよう各部で複数のチームを組む。そして「エンジョイの部」には、クラスの仲間、生徒会役員会のメンバー、あるいは地域スポーツクラブに所属している仲間、そして文化系の部活動の仲間などが自由にチームを組んで申し込む。

　コースは校庭を大きく2周し、テニスコートを回ってくる周回コースにしてある。校庭にいるとレースの様子を全て見渡すことができ、多くの声援が飛び交う。また、大勢の選手が周回コースを走っているのでどのチームが速いのかということがわかりにくく、そのことが走ることの苦手な生徒も気軽に参加できる要因になっている。

　大会の準備と運営は全て体育委員会が行う。ゼッケンは手書きで作成してあり、アンカーのゼッケンには赤い縁取りがされている。計時と着順判定の仕事は重要で、この仕事が完璧にできると各チームの順位やタイムだけでなく、参加者全員の区間タイムを算出することができる。その手順は次のように進める。スタート地点、中継点、ゴール地点を全て同じ場所にしておき（校庭の1周目は中継点を通過しない）、着順判定の係は中継点（ゴール）を通過する各チームのゼッケン番号をすべて順番に記録していく。つまり、各チーム6人、全部で33チームが出場した場合は6×33＝198人が中継点（ゴール）を通過することになる。通過するゼッケン番号の数字を順番にすべて記録していくのである。また、計時係はこの198人の通過時間をプリンター式ストップウォッチで全て記録す

る。それぞれ一つでも数字が多かったり少なかったりすれば結果は出ないので、着順判定の係と計時係を複数作っておき、万が一に備える。

　私の方では通過時間の差し引きで区間タイムを出るように時計計算のエクセルシートが作ってあり、事前に参加者全員の名前をチーム毎に入れておく。大会を終えた夕方、係の生徒と私でそこへ各チームの通過時刻を入れていく。うまくいけば参加者全員の区間タイムを出すことができ、それを翌朝には校内に掲示する。参加者の中で誰が一番速かったのかということも明らかになり、チーム表彰とともに区間賞を出す。これまで、過去7回の大会の記録は何とか算出することができており、歴代区間記録も残されている。

　運営はかなり大変だが、これらの仕事をやりとげた体育委員の喜びは大きい。そして何より当日は校庭にたくさんの笑顔が溢れている。その笑顔を見る喜びのために、体育委員は頑張る。

6

オリンピック運動と教育課程
―長野冬季五輪の教訓から―

1．「五輪運動」が問われている

　2020年東京五輪招致のプレゼンテーションでは「五輪運動」という言葉が多用された。一般にはあまり理解されていないこの言葉について、2014年の1月3日、NHK解説委員の刈屋氏はラジオ番組で次のように話した。
　「今度の東京五輪では、メダルをいくつ獲得するかということは問題ではない。2回目の東京大会だからこそ、五輪運動が東京でどう実現されたかが問われ、国際的に注目される。それは特に青少年の日々のスポーツ活動の問題だ。今の日本では学校の部活動を通してしかスポーツができず、卒業すればスポーツと縁のない生活に入っていく。社会に出るとごく一部のスポーツエリートにしかスポーツの機会が保障されていない。その状態が64年の東京大会以来50年も放置されてきた。学校の部活動では顧問を選ぶこともできず、閉塞感の中で体罰も起きている。もっと広く地域のスポーツクラブを充実させ、国民がスポーツに親しんでいく制度を作っていかなければ東京で五輪運動が広まったことにならない。それができなければ、『オモテナシ』どころか『オハズカシイ』となってしまう」と。
　1998年に開催された長野冬季五輪も、今回の東京大会と同様にその7年前に開催が決定した。
　学校体育研究同志会長野支部では、長野大会が決定した頃から、五輪を学校教育としてどのように取り上げるべきか検討を始めた。長野県教育研究集会の保健体育分科会では毎年この問題をとりあげ、五輪教育の実践提案や方向付けを行ってきた。長野での教訓を今度は2020年の東京大会で生かさなければならない。
　以下の内容は長野大会における五輪教育の総括として1999年の第48次日教組教研集会で報告した内容の一部である。

2．招致段階から欠けていたスポーツ教育の発想

　長野五輪のちょうど 20 年前、1978 年は長野国体の年だった。住民犠牲の土建国体といった批判はあったが、それでも県民のスポーツ振興が図られていった。長野国体をきっかけに各市町村にスポーツ指導主事が派遣され、長野県の社会体育が大きく発展していったことは事実である。1964 年の東京大会では、招致決定から大会本番までの期間にスポーツ振興法が制定され、日本スポーツ少年団が発足している。その評価は別として、国体や五輪開催を機会に、地域住民の日々のスポーツ活動を豊かにしていくという「五輪運動」の施策は進められた。

　しかしながら、1998 年の長野冬季五輪では、五輪憲章に明記されている「スポーツを通しての青少年の教育」といった発想は最初から最後までみられなかった。一部トップレベルのジュニア強化事業が実施されただけで、日々の子どもたちの体育やスポーツ活動の充実はほとんど蚊帳の外に置かれた。五輪大会を控えているのに子どもたちのスポーツ活動の予算が削減されるということが現実に起きていた。

　大会本番では、スピードスケート 500 m での清水宏保選手の金メダル獲得を筆頭に、モーグルの里谷選手、スキージャンプ団体も金メダルを獲得し、メダルラッシュが続いたため、日本選手の大健闘によって問題点が隠されてしまったとの指摘がある。選手たちの活躍で「たくさんの勇気をもらった」という声が聞かれたが、その勇気を日々のスポーツで生かす土壌を変えることはできなかった。

　教育面では「子どもたちの参加」が大きなテーマとなり、小中学校での一校一国運動が注目を集めた。それは国際交流という点では成果があり、平和教育に取り組んだ学校もあった。しかしそれが五輪教育の中心に位置づけられてしまい、日常の子どもたちのスポーツ活動をどうするのかという視点へは向かわなかった。大会を控え、同志会長野支部では「オリンピック教育を考える集会」を開催し、長野市近郊の全学校に参加を呼びかけた。一部マスコミは注目したが、参加教職員は 10 名足らずという惨々たる状況であった。私たちは、五輪大会を開催した長野でこそ地域の子どもたちのスポーツ活動を充実させること、そのことが五輪運動の前進なのだと提起した。しかし、県内にはそうした発想や動きがほとんど無かっただけでなく、教育関係者のオリンピック総括の話からも聞こえてこなかった。

大会に向けて県教委が作成したオリンピック・パラリンピック読本は長野県内の全ての小中学校の児童・生徒に配布されたが、その活用は十分でなく、教室の隅に積んだままという学級さえ見られた。五輪教育の必要性自体が教職員にはあまり認識されていなかった。

3．五輪と日常のスポーツ活動とをつなぐ実践

　五輪大会は単なるビッグイベントではない。スポーツのあるべき理想を掲げ、その普及を目的とした教育運動である。五輪について学ぶことは、私たちの日々のスポーツ活動のあり方を学び、現実を変えていくことである。こうした課題意識に立って、私の勤務していた前任校では以下の取り組みを進めた。

①体育理論の授業で五輪の歴史と精神、課題について学び、スポーツのあり方を考える。
②体育の授業でスポーツの苦手な者も、得意な者もみんなで一緒に学び、支え合う中で、そのスポーツの本質的な楽しさに触れ、感動する授業を目指す。
③既存の校内球技大会を自分たちの力で運営し、フェアープレー、オリンピック精神をその中で実現する。生徒会体育委員会で気軽に参加できる日常的なスポーツ大会を企画し、スポーツ要求の実現を図る。
④部活動の係主任として、「オリンピック精神を部活動で」を職員会で提案。部活動では勝つことのみに走るのではなく、仲間意識、他校の部員との交流、フェアープレー精神等を呼びかける。

4．長野の子どもたちが学んだ現実の五輪大会

　私は学校生活における日常のスポーツ活動の充実を図るとともに、間近に迫った長野大会では、体育理論の授業としてオリンピックの学習を進めた。学習内容は「オリンピックの歴史と精神を学ぶ」で、いわばオリンピックの理想の部分を学習させることが中心であった。しかし、オリンピックは現実に様々な問題点を抱えている。長野でもそれが具体化し始め、地元マスコミも積極的に報道するようになってきた。オリンピックの理想を伝えるだけではいけない、負の部分も学

習させ、長野五輪の現実に接する中で、子どもたちにスポーツに対する考え方を深めさせたいと考えた。

　長野大会開幕1ヶ月前、私は学習資料「長野冬季オリンピックまるごとWatching」を完成させて全校生徒に配布した。五輪の理想と現実問題がどのように長野で現れているのかを自分たちの目で検証していく学習を構想した。五輪憲章の第1章には、「オリンピック競技大会はIOCの独占的な資産である」と記されている。長野大会の地元ではどのようなことが起きたのか紹介しよう。

　長野では、学校の授業時間を使って聖火リレーの応援や競技の観戦に参加した。聖火リレーの中継地点は公式スポンサーのコカコーラ・ジョージアの旗やロゴで埋め尽くされ、ペプシコーラの自動販売機はボードで隠されていた。スポンサー企業の小旗が子どもたち全員に配られた。日の丸の小旗が配られた学校もあった。事前に各自が作った応援の小旗を持って参加した学級の子どもたちもいた。

　聖火ランナーとそのサポートランナーたちの靴はミズノに限られ、他社の靴のロゴはテープで隠すよう指示されたため、ランナーに選ばれた中学生たちは困っていた。競技会場で販売されるパンや菓子類はヤマザキに限られ、地元のお焼きは販売できないというトラブルも起きた。IOCの独占的資産である五輪運営を私たちが勝手に変えることはできない。こうした現実を私たちは肌で感じた。事前学習をしておいた生徒たちは「なるほど」と思った。

　一方、表彰式会場では、五輪憲章に従って忠実に「選手団の歌」(anthem of delegation)「選手団の旗」(flag of delegation)とくり返し公式アナウンスされていた言葉が、テレビ局のアナウンサーによってすべて「国歌」「国旗」と置き換えられて放送された。五輪憲章にある「オリンピック競技大会は、個人種目または団体種目での選手間の競争であり、国家間の競争ではない」「IOCとOCOG（大会組織委員会）は、いかなる国別の世界ランキング表も作成してはならない」を学習していた生徒たちは次のような感想を書いてきた。

　「テレビを見て、国どうしの闘い、とか言ってて少しムカついた。もしも記者とかアナウンスの人に一言いえるなら、もう少しオリンピックのこと勉強しろ！と言いたい。」

　「たくさん感動させてもらった。メダルの有無にかかわらず、今まで頑張ってきた姿にじーんときた。だからテレビとかのやり方が気になった。ジャンプ団体でも4年前はあれだけ好きなことを言っておきながら、今回金を

> 取ったことでまるで4年前失敗したことが良かったかのような言い方をし
> ていた。勝手だなあと思った。」

　マスコミだけでなく、長野の組織委員会（OCOG）も国別メダル獲得数を算出・公表していたことは不思議だった。
　子どもたちにスポンサー企業の旗や日の丸を振らせることがどんな意味を持つのだろうか。オリンピックは長野や東京という都市が開催するのであり、日本国が開催するのではない。日の丸の多くは「日本選手団の旗」として使われており、「国旗」として使われる場面はわずかである。日の丸の小旗を配り、子どもたちに日本選手団だけを応援させることは五輪教育としては間違っているだろう。五輪教育としての授業なら、世界の様々な国、地域からの選手たちみんなを歓迎し、交流し、応援する学習にすべきであり、そのために必要な旗を考えさせたい。
　長野五輪大会期間中、各市町村教育委員会から、各小中学校に日本国旗を掲揚するよう要請された。都市が開催する大会の期間中になぜ日本国旗を掲揚するのか、それが「日本選手団の旗」というならその学校は日本選手団だけを応援するのかということになる。長野市旗（東京なら東京都旗）や長野五輪の旗を掲揚するというのなら納得できる。
　このように、各校、各教師、各公務員が熟慮して判断していくべきことが次々と起きてくるのである。

5．2020年の東京大会に向けて

　「2020年に向けてオールジャパンで取り組む」、つまり国家的行事として取り組むと言う声が聞かれ始めている。そうした体制で取り組まれた1964年大会の犠牲者が円谷幸吉選手なのではないだろうか。長野大会の時、スキージャンプ団体で日本は見事に金メダルを獲得した。その会場にいたある中学生は、「もしあのときに原田選手が前回大会のように土壇場で失敗していたら、あの大観衆はどうしただろうかと考えてみて怖くなった」と振り返った。その「怖さ」は、円谷選手の悲劇を思い出させる。2020年の東京大会では不本意に終わる選手も出るだろう。その時、日本国民は五輪精神を持って選手たちに温かい拍手を送ることができるだろうか。2015年のソチ冬季五輪では、メダル獲得がならなかった選手たちを税金泥棒などと攻撃する人たちが出てきたことが問題になった。五輪と

は何かを分かっていない人たちがまだまだ多い。このままで2020年の東京大会を迎えるわけにはいかない。

　オールジャパンで取り組むべきことはメダル獲得ではない。取り組むべきことは「五輪運動」であり、いつでも、どこでも、だれもがスポーツに親しめる「みんなのスポーツ」を実現していくことである。実は64年の東京大会でもそのことを真剣に考えていた人物がいた。それが大島鎌吉だということを私は最近ある一冊の本で初めて知った[1]。大島鎌吉の思想をもっと早くから学び、広めていたら、札幌、長野では五輪運動はもっと違った形で実現していたかもしれない。

　長野は札幌に続き日本で二度目の冬季五輪だった。体育教師として、夏季大会二度目の東京五輪をどうするのかが問われているように思う。

【引用参考文献】
1）　岡邦行（2013）『大島鎌吉の東京オリンピック』、東海教育研究所。

第 2 章

体力科学の学習

1

体力に関する科学の学習を

１．体力テストの問題

　国民や保護者にとって子どもたちの体力の問題は学力の問題と同様に大きな関心事だと思う。しかし、それは体力の低下が健康上の問題につながったり、スポーツに親しんで生活を豊かにしていく上で支障をきたすようなことになったら困るだろうという意味での関心事ではないだろうか。学力についても同様で、義務教育はスーパーエリートを育てるためにあるのではない。私たちは、どの子も健やかで運動好きな、賢い子どもたちに育っていってほしいと願っている。

　こうした願いを実現していく上で、ひとつの目安、あるいは確認のために学力テストや体力テストがあるのだろう。しかし、テスト結果の平均値が学校ごと、地域ごとに出されてくるとその数値が一人歩きを始める。議会でも取り上げられ、問題にされることがある。平均値より低いと何が問題なのかとか、テストでは計れない大事な教育活動や子どもの育ちの様子があることを飛び越えて、学校ごと、あるいは地域ごとの平均値競争が始まりかねない。集団があれば平均値が算出できる。集団を構成する約半分の子どもたち、あるいは半分の学校は平均値よりも下になる。それは当たり前のことなのだが、平均値より下ではいけないのだろうか？　そうした意味のない競争にならないよう、文科省の学力テストは小学校６年と中学３年だけ、体力テストは小学校５年と中学２年だけに行っている。その限定された学年だけであっても、全ての子どもたちにそれを一斉に行わせるのは問題だというが考え方がある。「全国一斉」が始まる前までは、文科省指定の抽出校だけで行っていた。それで傾向はつかむことができる。こうした学力競争、体力テスト競争が起きないよう、文科省からの通知には次のような文言が毎年必ず入っている。

　教育委員会や学校が、保護者や地域住民に対して説明責任を果たすことが重要である一方、序列化や過度な競争が生じないようにするなど、教育上の

> 効果や影響等に十分に配慮することが重要です。（平成 27 年度 4 月 10 日付けの文科省通知「平成 27 年度全国体力・運動能力、運動習慣調査の実施について」より）

　その上、体力テストには学力テストとは違った問題がある。数学や国語、理科などの教科の学力テストは各教科 1 時間ずつあればテストができる。しかし、体力テストについては、体育という 1 教科であるのに、体力テストを全て実施するには最低 3 ～ 4 時間、丁寧に行えば 5 ～ 6 時間もかかる。その時間がもったいない。これだけの時間があれば、もっといろいろな運動に親しませることができる。あるいはもっと違う内容の体育の学習ができるし、今よりもっと運動技能の向上が図れるだろう。そしてもうひとつ、体力テストが他の教科の学力テストと大きく違う点は、みんながやり方を知っている同じ課題を行って測定しているということだ。何度もやれば記録が向上するのは当然。実際に県や国の平均値を出すための抽出校（指定校）では、丁寧に時間をかけて測定をするので結果がよくなると言われている。そうした抽出校の結果が県平均や全国平均となり、私たちは自校の平均値と比較している。県平均や全国平均と比べてわずか劣っていることがどれだけ問題なのだろうか。そんなことよりも、何時間も体力テストに時間を使い、子どもたちの楽しい運動の時間や必要な体育学習の時間を奪っていることの方が問題ではないだろうか。

　毎年長野県教育委員会では、各校に「体力向上プラン」という体力向上の計画書を提出させている。「体力向上プラン 2015」では、前年度の自校の全学年の体力テストの結果を県教委が新しく作成したシートに入力しなおして分析するように求めてきた。そのシートでは、各測定種目の全国平均値を 50 点として、各校の各種目の測定値平均（T 得点）がそれを下回る 49.04 以下になるとチェックが入るようになっていた。私は県教委に直接電話して、49.04 という数字がどのような意味を持っているのか、それ以下だと問題があるのかと聞いてみたが、その根拠は何もないことが分かった。全国平均に対して適当にある数値を決め、それ以下だと問題があるかのように不安をあおり、全国平均に追いつき追い越せと競争をあおっている。こうした分析や体力向上プランを作成すること自体、各校の体育主任にとっては大変な作業である。この時間があったら、もっと違う学習や授業の準備ができるだろうと思う。

2．中学生に「体力科学の学習」として学ばせたいこと

　国民にとって健康に関わる体力の問題は大切だ。それは体力テストを行って自分が平均値より高かったとか低かったとかという比較の意味でではなく、体力の仕組みや向上に関わる知識として実践的に学ばせていくことが大事なのではないかと思う。つまり、体力に関する科学（体力科学）を学ぶ学習になる。特に中学生になると体の仕組みに関心が高まり、自分の健康、あるいはスポーツ競技のために体力を向上させたいと願う生徒がでてくる。そこで、国民の基礎的教養として体力について学ぶ、そういう授業をこそ構築していきたいと考える。
　平均値より上だから安心、下だからもっと体力作りをしなければならないといった認識のレベルを乗り越えたい。また「体力は無いよりも少しでもあったほうがよい」という考え方は否定こそできないものの、体力作りを強いる根拠にはならない。平均値よりかなり低くても健康的な子どもたちはたくさんいる。また、体育の授業を通して結果として体力・運動能力の向上が期待されるとしても、体力作りが体育授業の目標・内容にはならないと考える。体力作りは個別性の原則が強く集団的な学習にならないし、体力は体育の時間の運動だけでつくるものではない。日常生活全体の中での変化としてとらえるべきだろう。
　体育の授業におけるスポーツ種目の学習では、様々な運動技能をもつ子どもたちが運動技術について集団で学習している。運動が得意、苦手という異質集団においてこそ、技術のしくみや練習方法について比較検討しながら、みんながうまくなる技術の本質に迫る学習ができる。体力の学習についても同様に考えられないだろうか。つまり、様々な体力をもつ子どもたちが、体力の測定結果をもとにしながら、実験的に体力科学に迫る学習ができるだろうということだ。体力測定は教材・教具であり体力科学に関する中身が学習内容になる。私はこうした観点に立って、新体力テストだけでなく旧体力診断テストも使って体力科学の学習を実習的に進められる授業展開を模索してきた。
　中学1年生では柔軟性について学習する。中学校へ入学してきた生徒たちの中には、自分の体が硬いと感じている生徒が多くいる。そこで柔軟性の仕組みや体を柔らかくする方法について学ぶ。そして2年生では持久力について学び、学校行事としての集団登山に生かしていく。3年生では筋力と瞬発力との関係について学習する。以下、本校で行っている具体的な展開例を紹介したい。

2

柔軟性の学習（中学1年生）

　中学1年生の体育学習のテーマ、「スポーツ文化への目覚め。仕組みを調べ、分かって、みんなができる」の最初の学習がここから始まる。

　自分の体が硬い、もっと柔らかくしたいという生徒は多い。自分の体を使って柔軟性について調べ、考えていく学習を位置づける。現在の新体力テストでは柔軟性の測定種目として長座体前屈が用いられているが、従来の立位体前屈なら物差しと台があればどこでも測定できる。授業では体の様々な部分の柔軟性を確認したり、ストレッチを行ったりしながら、立位体前屈テストを使って柔軟性について考えていく。

1．学習のねらい

　日々柔軟性が変化していることを理解するとともに、体が硬いとどんな問題があるのか、そしてどのようにしたら柔軟性が高まるのかについて自分の体を使って調べ、実践によって理解を深める。

2．授業展開

〈第1時〉

　体ほぐしやストレッチを行った後、長座体前屈と立位体前屈の測定を行う。各自の柔軟性について確認した後、体が硬いとどんな問題があるのかについて考え、意見を出し合う。

　最近では健康問題を取り上げたテレビ番組は多く、その中で柔軟性について扱った番組もある。そうしたものを収録しておき、活用する。そして柔軟性は関係する部位の筋肉が硬いことによって伸展しにくくなることを理解し、次に体が硬いと、①けがをしやすくなる、②太りやすくなる、③疲れやすくなるといったことなどを筋肉の仕組みから理解する。

　そして以下の宿題を出す。

> **保健体育の宿題**
>
> 　一日の中で柔軟性がどのように変化するのか調べ、どうしたら体が柔らかくなるのか考えてみよう。
>
> 1. 立位体前屈で調べてみよう。
>
> | 時間帯 | ＋－cm |
> |---|---|
> | ①朝起きてすぐ | |
> | ②家を出る直前 | |
> | ③風呂へ入る直前 | |
> | ④風呂あがり | |
> | ⑤寝る直前 | |
>
> 2. 調べてみて分かったことをまとめよう。
>
> 3. 体を柔らかくする方法を考えてみよう。

〈第2時〉

　宿題を発表しあって意見交流をした後、今日の立位体前屈の状況を測定する。そして次の課題を与える。

> 「これから10分間の時間をとります。その間に何かをして体を柔らかくしてください。その後にまた立位体前屈の測定をして変化を確認します。」

　各自が柔らかくする方法について考えて自由に取り組む。体を温めるためにランニングをしたり鬼ごっこをする者、ストレッチでは自分で行ったり、友達に押してもらったりする者など、各自がいろいろな取り組みをする。そして再度立位体前屈の測定を行う。
　次に、「ストレッチは力で押したり反動をつけたりしはいけない」と言われ、テレビ番組でそのように解説しているものがある。10分間の取り組みの中では、柔軟性を高めるために友達に押してもらったり引っ張りあう行動が見られる。そこで、外から力を加える方法では本当にだめなのか、みんなでやってみてこれも立位体前屈で検証する。実際には伸張反射が起きないようにゆっくり外力を加えることでも柔軟性は高まる。
　まだほかに体を柔らかくする方法はないのか、最後に教師側から体の仕組みを

理解することで柔軟性が変わる例をいくつか紹介してみんなでやってみる。

①長座姿勢で後方への骨盤歩きを数回行った後、前屈の状況を調べてみると柔らかくなっている。

②立位体前屈の姿勢で膝を軽く曲げて足首を持ち、最初から太ももに胸をつけて骨盤を前傾させておいてハムストリングスを伸展させるストレッチをゆっくり繰り返す。これによって立位体前屈の結果が変わる。

③筋力や神経の働きで柔軟性が変化する例として、割り箸を奥歯に挟み、それをかみつぶすように顎に力を入れて前傾すると立位体前屈の結果がよくなる。

この写真は授業の中で紹介した陸上部の3年生。彼は彼は入学したときの最初の体育の授業で柔軟性について学び、3年間それを忠実に実行してきた。180cm近い身長でこの柔らかさ。今ではけがもほとんどせず、県大会の四種競技で優勝できた。

3

持久力の学習（中学2年生）

　生涯スポーツが叫ばれ、ランニングブームの時代である。また、部活動では体力作りのために子どもたちがよく走っている。しかし、「基礎体力・持久力をつけるためには、苦しいのを我慢して走らなければならない」といった程度の認識で、エネルギー供給のしくみや脈拍のことも考えずに走っている、あるいは走らされていることが多いのではないだろうか。それでは走る楽しさは分からない。「走る」ということが健康維持や生涯スポーツにもつながるよう、持久力に関わる基礎理論を実習的に学ばせたい。

1．教材研究

　旧体力テストの「踏み台昇降運動テスト」は、同一の条件で一定時間、同じ負荷の運動後に脈拍測定する。負荷強度と脈拍の関係で持久力の学習を進めていく上では画期的な教材といえる。現在の新体力テストではシャトルランが行われており、全身持久力の正確な評価という点からはシャトルランのほうが優れているようだが、一定の負荷を身体にかけ、脈拍の反応やその回復状況から持久力のしくみを理解していくには踏み台昇降運動の方が都合がよい。

　踏み台昇降運動テストは運動後の回復時の脈拍から持久力を評価しているものであり、肝心の運動中の脈拍は測定していない。運動中の正確な脈拍測定は脈拍計がないとできないが、運動を途中で止めて直後に脈拍を触診し、再び運動を続けることで運動中の脈拍に近い値を得ることができる。踏み台昇降運動途中の脈拍や回復の状況を調べてグラフにし、酸素不足の状態や酸素負債をみつけ、有酸素的エネルギーや無酸素的エネルギー、あるいは乳酸の発生についての理論学習ができる。

　また、踏み台昇降運動途中の脈拍が150～160回／分以上になる人は運動をそのまま続けていくとどんどん脈拍が上昇していってしまうが、持久力があって脈拍が120～130回／分程度にしかならない人は、それ以後もあまり上昇していかない。このことと、心臓の一回拍出量が脈拍120回／分程度で最大になる

ことを結びつけて考えると、120回／分程度の運動なら心臓にもよい刺激が加わり、酸素不足にならずに長い時間運動できることを理解させることができる。

次にいろいろなスピードでジョギングをし、脈拍を測ることで自分にとっての脈拍120回／分程度のジョギングスピードをみつけさせる。このスピードで少し長めのジョギングをしてもそれほど脈が上がっていかないことが確かめられれば、この程度のスピードでの走りでよいことが理解できる。気持ちよく自分のペースで走ることが健康にもつながり、長時間運動が続けられることを、理論的にも実践的にも、感覚的にも理解させたい。

2．学習のねらい（全4～5時間扱い）

踏み台昇降運動テストを活用して、運動時や回復時の脈拍の変化から無酸素的運動や有酸素的運動について理解し、健康保持のための有酸素的運動の強度はどの程度がよいか、脈拍測定やジョギングスピードから実践的に理解する。

〈必要な機器〉
・踏み台昇降運動台（またはそれに代わる台、30cm程度）男女同一の高さにする。
・脈拍計…最近では安価な物が売られている。2人に1個程度あれば好都合だが、触診による脈拍測定でもこの学習は十分できる。自分の脈をとる習慣を身につけさせるという意味では、中学生の段階では触診でこの学習を進めた方がよいだろうと最近では考えている。
・秒針つきの大きめの時計（運動直後に秒針を見て自分で脈を15秒間測る）
・タイマー、あるいはタイムを読み上げる声を入れた録音テープ

〈対象〉
・中学2年生

3．授業展開

〈第1時〉オリエンテーションと踏み台昇降運動テスト
学習プリントを用意し、運動と脈拍についての基礎的知識を確認する。血液循環によって筋肉に酸素や栄養分を送ること。脈拍数の増加には限界があり、心臓の一回拍出量の増加によって血流量を増やすことができること。従って持久力の

評価は同一負荷（必要な血流量・エネルギー量は同じ）においては脈拍数の上昇度によって行うことができること等を理解する。この点については1年生の時の保健、「呼吸循環機能の発達」である程度学んでおり、その復習もかねて授業を進めていく。

《運踏み台昇降運動テスト》

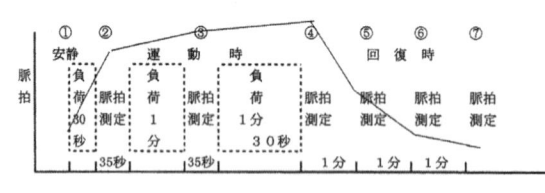

まず安静時の脈拍を測定する。運動時の脈拍測定について、脈拍計がない場合、触診法により3分間の運動途中で次のように脈を15秒間測定する。「用意、はじめ！」で昇降運動を開始し、最初の30秒間運動をしたら停止し、立ったまま10秒以内に脈を探し、合図とともに15秒間脈を測る。すぐに口頭でパートナーに報告し、10秒後に一斉に昇降運動を再開する。つまり昇降運動を停止して立っている時間は合計35秒になる（10秒間で脈探し＋15秒間で脈拍測定＋10秒間で報告と次の運動開始準備）。そして次の運動は1分間続ける。その後またすぐに35秒の直立時間に測定を行い、最後は1分30秒昇降運動を続ける。運動合計時間は3分間となる。最初の運動継続を30秒、次を1分、1分30秒としたのは、運動開始時の脈の立ち上がりをみたいこと、最後を1分30秒と長くしたのは脈の上昇を図りたいからである。3分間連続して運動を継続するのと比べるとやや脈の上がり方は少ないが、作成されたグラフから脈拍の上昇していく様子や、個人差をはっきりと読みとることができる。回復時の脈拍も含めて、図のように①〜⑦まで測定する。

授業を効率よくすすめ、正確なデータをとるためには、あらかじめ録音テープに「用意、はじめ」から途中の指示、終了までを録音しておくとよい。

〈第2時〉教室でデータからの理論学習

〈学習の狙い〉
　脈拍グラフの立ち上がりの様子と回復の様子から、無酸素的エネルギー、有酸素的エネルギーについて理解するとともに、持久力のある人は酸素不足

の状態に陥らずに長く運動することができること、および有酸素運動を続けられる脈拍の目安は、120～130（回／分）程度までであることを理解する。

　前時の測定結果について考察を進めるために教室で行う。事前に前時に測定した結果の脈拍①～⑦について学級の平均値を算出し、そのグラフを作成しておく。また、特徴的な結果を示した生徒のグラフを集め、授業で紹介できるようにプリントしておく。右のグラフのA、B、Cは脈拍計で30秒おきに測ったのであるが、触診法による測定でも同様の傾向を見ることができる（図の点線がクラスの平均値）。

　上から、A君は日頃運動をしていない。脈拍がかなり上がり、回復も遅い。B君は持久力に優れていて脈拍がなかなか上がらず、回復も早い。C君は持久走が苦手な、瞬発系の運動部員（バレー部など）であり、脈脈拍が高く上がるものの、日々運動しているので回復は早い。（※学習指導案は次頁を参照。）

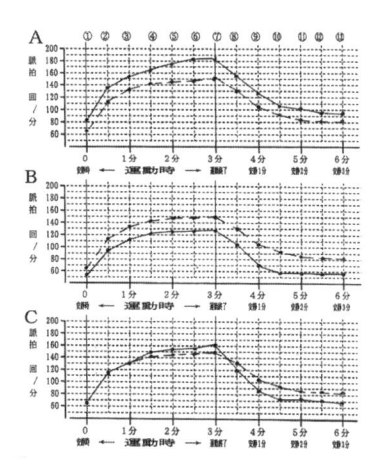

〈第3時〉自分にあったジョギングスピードをみつける

　1周200m程度のトラック（ペース配分がわかるように中間地点がわかるようにしておくとよい）で行う。できるだけ一定のスピードで1周走り、1周の通過タイムと直後の脈拍を15秒間測り、記録する。脈拍計がある場合はゴール時の脈拍を記録する。休息をはさみ、スピードを変えてその時のタイム（スピード）と脈拍を記録していく。できるだけ脈拍120回／分に近いスピードをみつける。疲労や血液循環の変化もあるので、脈拍120程度のスピードがみつけられた後も数回同じように走り、脈拍が近い値になるか調べておく。測定の間の休息をきちんととらないと再現性が失われるので注意する。また、ゴール前で急にスピードを上げたり落としたりすると脈が変化してしまうので、スタートからゴールまでできるだけ同じスピードで走るように注意する。

　授業の最初に全員でトラックを歩き、歩行時の脈拍を測ってみるとよい。脈拍はせいぜい80～100回／分程度で、このことから人間は歩行では酸欠状態に

	学習内容	教師の指導及び生徒の学習活動	時間
導入	1. 脈拍の平均的な変化を知る。	・学級の平均値を自分のグラフに赤ペンで書き込み、平均的な変化をつかませる。予想していたこととの違い、及び平均値に対する自分のグラフの違いに気づくだろう。 T「予想していたこと比べてどうかな？」 S「脈拍が予想以上に上がっている」 S「普段運動不足だからこんなに上がってしまった」 S「部活でいつも走っているからあまり上がらない」	10分
展開	2. 脈拍の上昇は酸素不足を意味し、負債が大きければ回復も大きいことに気づく。	T「運動時の脈拍と回復時の脈拍を比べてみよう。運動時に脈拍が大きく上昇してしまう人は回復の状況はどうかな？」 S「回復も遅れている」 T「そうだね、どうして？」 S「酸欠状態になってしまったから」 ・平均値のグラフから考えさせる	10分
	3. 運動エネルギーの出し方には無酸素的なものと有酸素的なものがある。	T「だれでもそうだが、運動開始時にすぐに脈はあがらない。徐々に上がっていくのはなぜだろう？ 酸素が不足していてどうやってエネルギーを出しているの？ 運動が終わって安静にしているのにどうしてまだ酸素がたくさん必要なの？」 こうした発問と説明によって、酸素を取り入れなくてもエネルギーを出していること（無酸素的エネルギー）や有酸素的エネルギーについて理解させる。運動開始時の脈拍の立ち上がりの様子と運動後の回復の様子から、酸素負債についても説明できる。 ・何人かの特徴的なグラフのプリントを配布。	10分
	4. 有酸素的運動だけなら脈拍も一定し、長く運動が続けられることを理解する。	T「バスケットボール部のB君はあまり脈拍が上がっていないけれど、このまま運動を続けていったら脈拍はどうなるかな？」 S「たぶんあまり上がらずにずっと続けられると思う」 T「だいたいどのくらいの脈拍までならあまり上昇せずに長く運動が続けられそうかな？」 ・近くの友達のグラフを見合いながら、脈拍120〜130程度の人の場合はそれ以上上昇していかず、回復も早いことをつかませる。 ・この程度の脈拍なら、心臓に適度に刺激があり、乳酸もあまり発生せず、長く運動できる強度であることを説明する。	10分
まとめ	5. 次回ジョギングで調べてみよう。	・次回の学習プリントを配布。次回は自分に合った脈拍120程度のジョギングスピードをみつける学習を行う。その方法について理解させる。	10分

ならず何時間でも続けて歩けることを教える。あたりまえのことだが、遠足は疲れるものの酸欠にはならない。しかし、肥満傾向で運動不足の生徒はこの歩行だけで脈拍120近くになってしまうことがある。老人でもたぶんそうだろう。その人たちにとっては歩行あるいは歩行と同じ程度のスピードのジョギングが合っていることも理解させたい。

　脈拍120回程度のスピードといっても見当がつかない。そこで最初は200m 1周2分（100m 1分）のペースから始めるとわかりやすい。歩行とほとんど同じ程度のスピードのジョギングである。ここですでに120程度になってしまう生徒もいる。大部分の生徒はまだならない。休息を入れて、次は1分50秒、次は1分40秒というように、10秒ずつ早くしていく。持久力の優れている生徒で1分10秒くらい。つまり1分10秒から2分程度の間にだいたいの生徒が散らばることになる。血液循環の変化の関係から、結果がはっきりとでない生徒もいるのでペースについては教師側のアドバイスが必要である。

　ゴールしたタイムを測定するのには、テープレコーダーに次のような声を入れておく。「よーい、スタート！　1、2、3、4、……58、59、スタート、1、2、…」つまり1分までの秒の読み上げを繰り返すのである。1分ごとにスタートできるので、繰り返しの測定では自分の回復状況を見て、適当な時にスタートできる。200mトラックで実施すると、中学生の持久力のある生徒なら脈拍120程度のスピード（タイム）は1分10秒程度になる。持久力の劣る生徒は2分くらいになる。自分の持久力のなさにがっくりくる生徒もいて、つい速く走りたくもなるが、ゆっくり楽しく自分のペースをみつけさせる指導をする。

〈第4時〉自分のペースで2kmジョギング

　「自分に合った脈拍120回／分程度のスピードなら酸欠にならず、長く走れる」。このことを2kmジョギングで実証する。前時にみつけた自分のスピードを守って200mトラック10周、2kmを続けて走ってみる。こんな提案をすると、運動不足の生徒の中には、「校庭10周なんていやだ。苦しくなるに決まっている」と愚痴をこぼす生徒もいる。しかし、実際やってみるととても気持ちよく、走ることに対する意識が一転する。そしてゴール直後の脈拍測定で脈が酸欠になるほどはあがっていないことを確かめるのである。この授業は、走ることの苦しさばかりを体験してきた生徒たちにとっては新しい世界の発見であり、ちょっとした感動体験でもある。その体験を是非教師側は成功へと導きたい。持久力にかなり

個人差があるので、走るペースを計算していくと速い生徒は2kmを10数分、遅い生徒は20分以上になってしまう。特に遅い生徒はどうしても速く終わらせたくなってペースを上げてしまうことになる。ペースを上げて苦しくなり、ゴール後の脈拍が上がりすぎてしまえば今までの学習は何だったのかということになってしまう。そこで次のような準備をさせる。

　1周ごとの自分の予定通過タイムを小さなカードに書かせそれを持って通過タイムを確認させながら走らせる。1周のペースは、通過タイムが計算しやすいように5秒単位で決めさせる。例えば1周1分40秒の予定の生徒は①1分40秒②3分20秒③5分00秒…というように10周目のゴールタイムまでカードに書かせておき、それを見ながら確認して走るのである。最近の中学生の中には時計の計算ができず、1周のペースが決まっても10周までの通過ペースを計算できない生徒がいる。そこで1周のペース毎の通過タイム一覧表を事前に作成しておき、それを写させる。これが健康のための楽しいジョギングの基礎学習になるし、このペースで練習を続ければ誰でもマラソンを走れるようになることが理解できる。もっと走りたい人、力を付けたい人は少しずつ距離を伸ばしていくこと、力が付いてきたらペースを少しずつ上げていくことに触れて単元を終了する。

〈生徒の感想〉

　「わたしは運動部に入っておらず、踏み台昇降運動はすごく疲れました。安静時の脈拍は76回くらいだったのに、踏み台昇降運動の直後は180回にもなってしまい、いかにも運動していないことが分かりました。踏み台昇降運動は今までは何となくやっていたので、今回は奥の深さのようなものを知った気がします。

　ジョギングの学習について、今までの持久走では無理して走っていたのですごくきつかったです。今回のジョギングの私の1周予定タイムは1分50秒で、2kmを18分20秒とした時は、『こんなに遅くていいのかなあ』と驚きました。走った後は全く疲れなかった上、脈拍も136回とやや高めなものの落ち着いていました。今まで長距離は速く走ることしか考えていなかった私ですが、自分の体に合った無理のない走り方がみつかってよかったです。」

　2年生では、この学習を夏に行われる唐松岳（2696 m）への登山に向けた体力作りにつなげている。

4

筋力・瞬発力の学習
―カール・ルイスの目覚め―

1. はじめに

　中学2年生から3年生にかけては筋力が大きく発達する。部活動でも対外試合に参加する生徒が増え、日々の練習ではいわゆる「筋トレ」として筋力を高めるトレーニングを実施している部も多い。中学生の時期は筋肉質の体にあこがれたり、スポーツや体力に対する関心の高まる時期である。しかし部活動等のいわゆる「筋トレ」を見ても、その原理や方法が理解されずに形式的に繰り返されている場合も少なくない。体のしくみやスポーツ活動の基礎的教養としてこうした学習を位置づけたい。また、近年は老化防止における筋力トレーニング効果が明らかにされてきており、老人がトレーニングジムに通う時代になってきた。生涯スポーツの観点からも「筋トレ」についての学習は必要だろう。

　多くのスポーツ種目は瞬発力を発揮してその成果を競っている。そしてそのパフォーマンスの向上のために「筋トレ」を実施している。「筋トレ」は主に最大筋力を高めることを目指して行われる事が多い（筋持久力を高める場合もあるが）。では最大筋力が高まれば、瞬発力は高まるのだろうか。最大筋力と瞬発力との関係が理解できなければ、最大筋力が高まっても実際の瞬発力には生かされていかない。こうした最大筋力と瞬発力の関係をみていくのが、この単元のねらいである。

　さて、カール・ルイスが世界の陸上界でトップに君臨していた時期、彼はバーベルを使った筋力トレーニングを否定していたことを知っているだろうか。1992年のバルセロナ五輪へ向けての練習の様子を放映したテレビ番組で、彼はバーベルを使った筋力トレーニングは一切行わないこと、そしてその代わりに瞬発力やそのタイミングをつかむボックスジャンプをよく行っている様子が報じられている。その前年の1991年は東京で世界陸上が行われ、100mでは世界新記録を樹立、走り幅跳びではそこで世界新記録を樹立したマイク・パウエルと優

勝争いを演じた絶頂期である。
　ところが30歳を過ぎるとさすがにパワーが落ち始める。そしてルイス最後の五輪と言われた1996年のアトランタ五輪の年には35歳となっていた。このときのルイスの体型を見ると、絶頂期のすらっとした体型とは様変わりし、筋肉質のごっつい体型になっている。そして8 m 50cmの記録を出して最後の金メダルを獲得した。その時の新聞報道によると、彼はこの歳になって初めてバーベルを使った筋力トレーニングを取り入れていたという。現在のトレーニング論では、バーベルを使ったウエイトトレーニングは重要な練習手段としてトップレベルの選手は誰もが行っている。もしカール・ルイスが若い絶頂期にウエイトトレーニングを取り入れていたら、もっと凄い世界記録を樹立していたかもしれない。そうした話題を使って筋力と瞬発力の学習を進める。

2．学習のねらい

　新体力テストの立ち幅跳びの記録を伸ばすため方法を考えることを通して、筋力発揮のしくみと瞬発力との関係を理解し、瞬発力（パワー）を向上させるためには、最大筋力を高める筋力トレーニングと、より多くの筋線維を瞬間的に収縮させるための神経トレーニングの両者によって達成できることを理解する（授業展開は後者、前者の順に進める）。

3．授業展開

〈対象〉
- 中学3年生

〈必要な機器・資料〉
- 立ち幅跳びを測定するための巻き尺、各班1本。体育館の床に張っておき、班ごとに繰り返し測定できるようにする。
- 高さ30cm程度の踏み台、各班1台。
- 筋線維をモデルとして示すために、たくさんの糸を束ねたもの。
- 握力計にロープをつけ、大きめの三脚に吊してぶら下がれるようにしたもの。
- ビデオテープ「人体の驚異〜骨格と筋肉〜」（NHK作成…筋肉が筋線維でてきており、その収縮によって力を出すことを説明した部分）

- 電池式の低周波簡易マッサージ器
- ビデオテープ。バルセロナ五輪（1992年）の年にNHKで放送された「バルセロナへの道〜カールルイス〜」より、ルイスがボックスジャンプのトレーニングをしている部分を使う。
- カール・ルイスが1996年アトランタ五輪走り幅跳で優勝した時の新聞記事（1996年7月31日、信濃毎日新聞より）

〈第1時〉
（1）若き日のカール・ルイスになろう
　新体力テストの立ち幅跳び、握力、上体起こしなどの筋力系の種目の測定が終わったところで実施する。体育館内でよい。
　最初にもういちど立ち幅跳びの測定を行う。そして、この記録を伸ばす方法について考えさせることから始める。生徒たちからは、筋肉の働きが高まる方法（アップや気合いなど）や腕を強く振るなどの技術的な改善策がいくつか出される。そして教師側からは、台の上から飛び降りた反動で飛ぶ方法を教える。立ち幅跳びのラインの後方50cmくらいの位置に30cm程度の高さの踏み台を置き、そこから飛び降りた瞬間に踏み切って飛び降り立ち幅跳びを行う。台から飛び降りるのであり、なるべく水平方向の移動スピードがつかないように、垂直方向の移動になるようにさせる。タイミングがうまくとれない場合はその場ジャンプから床を叩くように踏み切ってもよい。これで記録を10cm程度伸ばす生徒が出てくる。これは伸張反射の働きであり、飛び降りた衝撃による負荷でより多くの筋線維が伸張され、その筋線維が跳躍の瞬間に働くことで記録を伸ばすことができる。タイミングがとれずになかなか伸びない生徒もいるが、普通の立ち幅跳びをもう一度やってみると伸びることがある。これもやはり台の上からの飛び降りを繰り返したことでより多くの筋線維が刺激され、次の跳躍時に収縮するようになったものと考えられる。
　T：「台から飛び降りるとなぜ記録が伸びるのでしょう？」
　S：「反動がついたから」
　S：「勢いがついたから」
　T：「もう少し体の動きや筋肉の働きから説明してください」
　S：「？？？」
　T：「それでは立ち幅跳びで使われる筋肉やその働きについて考えていこう」

黒板に立ち幅跳びの踏み切りの構えの様子を絵に描き、主に使われる足関節の伸展の腓腹筋、膝関節伸展の大腿直筋、腰関節の広背筋や大臀筋などを示す。これらの筋肉の収縮によって関節が伸展し、体を前に跳ばせる。その筋肉を大きな力で瞬時に発揮することによってより遠くへ跳ぶことができることを説明する。
　ここでカール・ルイスのトレーニングの様子のビデオを見る。バルセロナ五輪（1992年）の年にNHK「バルセロナへの道〜カールルイス〜」では、ルイスがボックスジャンプのトレーニングをしている部分が出てくる。そこでは「ルイスは鉄アレイやバーベルを使ったトレーニングは一切行いません。台を使って飛び降りたり飛び上がったりしてタイミングをつかむ練習をしています」と解説されている。このビデオを見た後、もう少し台からの飛び降りのタイミングをつかんで立ち幅跳びの記録を伸ばす練習に取り組ませる。あるいは踏み切り位置で垂直に軽くジャンプして落ちてきた勢いで前方へ跳んでみる。台から降りて接地した瞬間に腕の振り込みができるような技術的要素も重要であり、いろいろ工夫させる。

（2）筋肉と筋力調節の仕組みを理解しよう

　ここで「筋肉の働きについてもう少し詳しく勉強してもっと遠くまで跳ぶ方法について考えてみよう」として、ビデオ「人体の驚異〜骨格と筋肉〜」（筋肉が筋線維でできており、その収縮によって力を出すことを説明した部分）を見せる。筋肉がたくさんの筋線維からできており、力の加減は収縮に関与する筋線維の数に比例することを理解する。
　そこで糸を束ねたモデルを示して発問。
　T「筋肉はこの筋線維の一本一本が収縮することによって力を出しています。
　　では、力の大小の加減はどのようにしてなされているでしょう？」
　この答えはすぐには出てこない。そこで次の実演をする。電池式の簡単なマッサージ器を用意。
　T「実は人間の体は電気で動いています。ごく弱い電気で」「心臓が動くときにも電気を発生していて、その電気的変化をそれを増幅するとグラフが書けます。何と言うでしょう？」
　S「心電図」
　T「では筋肉が収縮するときに出す電気的変化を示すものは？」
　T「筋電図と言います」

T「では、脳が働いている時に出る電気的変化の波は？」
S「脳電図？」
T「惜しいね。聞いたことがあるでしょう？ 脳波といいます」
T「さて、筋肉は電気で動いているので、外から電圧をかけてやると、人間はロボットのように動きます。しかし、これからやることは家でまねをしないでください」

　ここまで説明して教師の上腕二頭筋に電極をつけ、電圧をかけていく（上手にやらないと筋肉を痛めるので生徒にはやらせない方がよい）。電圧をあげていくと次第に腕が曲がり始める。生徒たちから歓声があがる。弱い電圧で少し曲がったところで、筋肉の様子を観察させる。何人かの生徒には直接筋肉を触らせて柔らかさを確認させる。つまり、弱い力を出している時は筋肉の一部の線維しか収縮に関与しておらず、他の線維は柔らかいままであることに気づかせる。

　発揮される筋力の大小の調節は、収縮に関与する筋線維の数によって行われていることを理解するために、生徒たちに腕相撲をさせる。お互いに最初はあまり力を入れていない状態でもう一方の手で上腕二頭筋を触ってみる。少しずつ力を入れていくと筋肉の硬い部分が増えていくことが分かる。硬い部分が増えていくことは収縮している筋線維の数が増えていくことだと理解させる。ここまでを板書、あるいはプリントで説明。

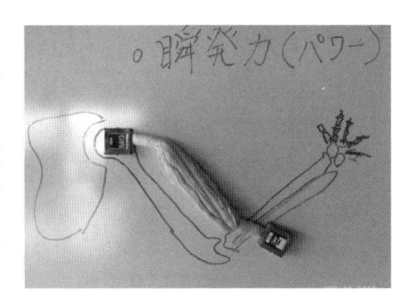

筋肉のしくみと働き

1. 筋肉の仕組み
   ・筋肉はたくさんの筋線維でできている。
   　細く小さい筋肉…数十から数百本の筋線維
   　太く大きい筋肉…数千本の筋線維
   ・ここに神経が入り込み、一本一本の筋線維が縮もうとして力を出している。
2. 力の調節はどのようにして行われているのか。
   ・収縮に関与する筋線維の数によって力が加減される。
   　小さな力…少しの数の筋線維が収縮する。

大きな力…たくさんの数の筋線維が収縮する。

（3）瞬発力を高める方法を考えよう
　図のようにバネのモデルを示して考えさせる。5本のバネを筋線維に例えて考える。

　　T「1本1本のバネにスイッチが入り、収縮するようになっています。このことから、台の上から飛び降りることで遠くへ跳べた理由について説明してみよう」
　台の上から飛び降りた瞬間に大きな衝撃がかかり、その瞬間にたくさんの筋線維にスイッチが入ったことで大きな筋力発揮され、それを使って跳ぶことで遠くへ跳ぶことができたことを理解する。

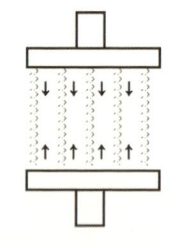

図1　筋収縮モデル

　ウォームアップで筋肉を温めたり、血液循環をよくしたり、声を出して気合いを入れたりすることも、収縮に関与する筋線維を増やすことになり、そのことによって結果が良くなることを解説する。

〈第2時〉カール・ルイスを乗り越えよう
（1）火事場の馬鹿力
　前時に学習したことの確認。
　　T：「発揮される筋力は収縮する筋線維の数できまり、それは神経によって調節されています。筋線維1本で1kgの力を出すとすると、筋線維が100本あると100kgの力を出すことができるのです。でも、実際は100本すべては収縮しません。限界までやってしまうと肉離れなどのけがをするからです。無意識に押さえています。ふだん自分が限界だと思っている力より、本当はもっと大きな力を持っています。それをよく『火事場の馬鹿力』と言います」
　ここで、握力計を逆さにして三脚にロープで吊してぶら下がれるようにしたものを用意する。モデルの生徒に最初に普通に握力を測定してもらい、その後、そ

の手で三脚に吊した握力計（写真）に片手でぶら下がってもらって比較する。その際、吊り下げた握力計を片手でつかみ、もう片方の手でぶら下がる方の手の手首をつかむようにすると片手でもぶら下がれる。ぶら下がるので、当然のことながらほぼ自分の体重以上の筋力が発揮される。普通に測った握力の1.5倍近い結果になる。これはいわゆる「受動的筋力」であるが、本来はこれほどの大きな力を潜在的に持っていることに生徒たちは驚く。

（2）1本1本の筋線維を太くするトレーニング

　T：「さて、カール・ルイスはこれまで、筋肉の収縮に関与する筋線維の数を増やすトレーニングをしてきました。そして勝ち続けてきました。しかし、30歳を過ぎると体力が落ち始め、試合で勝てなくなってきました。彼が35歳で迎える最後のオリンピックは地元アメリカのアトランタです。そこで、彼はこれまでやってこなかったトレーニングがあることに気づきます。さて、それはどんなトレーニングでしょうか？」

前時のバネによる筋肉モデルを示し、瞬発力を高めるために、もうひとつ方法があることを考えさせる。それは筋線維の一本一本を太くすること、つまり最大筋力を高めることであることに気づかせる。

　T：「では筋線維の一本一本を太くするにはどうしたらいいでしょうか？」
　T「筋力トレーニングをするときに持つ重りの重さや体への負担度を負荷といいます。弱い負荷の時は働いている筋線維の数はどうですか？」
　S「少ない」
　T「その通り。従って弱い負荷で繰り返しトレーニングしても、働いていない筋線維がたくさんあるということだね。これでは筋繊維は太くならない。それでは突然ですが、今から腕立て伏せを30回やってもらいます」

全員で30回の腕立て伏せを行う。30回程度までできる生徒、10回も行かずにダウンしてしまう生徒がいる。30回以上軽くできるA君と、10回もできずにダウンしてしまったBさんをとりあげる。

　T「○○君は筋力があるから軽く20回以上できました。しかし、一回体を持ち上げる時の筋肉への負担はどうかな？」
　S「少ない」
　T「そう。1本筋線維が太いから、あまりたくさんの筋繊維は使っていないということだね。これでは○○君にとって筋力はそれ以上高まりません。繰り

返しやってつく力は何だと思う？」
S「持久力？」
T「その通り。筋持久力をつけていることになるのです。ではもっと最大の筋
　　力をつけるためにはどうすればいい？」
S「一回の負荷をもっとあげる」
　そして2人1組で、相手の肩に体重を少しかけながら10回程度で限界になる
ような負荷を与えて腕立て伏せをさせる。ここで、最大筋力の3分の2以上の
負荷で10回程度の回数という目安を示す。負荷強度がわからない場合は、10
回以内で持ち上がらなくなる重さでよい。
　次に新体力テストの上体起こし。これは筋持久力を測定していると教科書に書
いてある。では、腹筋の最大筋力を高めるためにはどうしたらよいか。3人1組
で足を押さえる人と、上体がなかなか起きないように肩を押さえて負荷をかける
生徒でやってみる。
T「では立ち幅跳びに必要な筋力の最大筋力を高めるトレーニングについて考
　　えよう」
　1人でやるスクワットでは負荷が軽すぎる。2人1組を作って片方を負ぶって
スクワットを行う。スクワットをする人は壁に向かって両手をつけ、相手を背中
に背負う。スクワットでは背筋を伸ばし、膝は90度以下には曲げないこと。膝
に負担のかからないスクワットの仕方も指導する。とりあえず10回行ってみる。

板書（プリント）

最大筋力を高めるトレーニング
1．負荷強度
　最大筋力の3分の2以上。回数で言えば10回以内で持ち上がらなくなる
程度の重さ
2．負荷量
　10回以内の回数で、休みを入れて3～4セット程度行う。数週間から数
ヶ月で筋肉細胞が新しくなり、筋肉が肥大する。そのためには休養と栄養も
不可欠である。

　これはあくまで理論的なものであり、発育期の中学生なので無理をさせない。
これ以外の体の各部分の筋肉について負荷を最大筋力の3分の2以上にしてト

レーニングする方法を考えさせ、実際にやってみる。2人か3人1組でいろいろ考えさせるとよい。

　ここで追加実験。スクワットを行った後に普通の立ち幅跳びの記録をとってみる。何人かの生徒はこれまでの自分の記録を更新する。なぜだろうか考えさせる。これは、スクワットによって今まで使っていなかった筋線維まで刺激がかかり、スイッチがオンになった。その状態で立ち幅跳びを行ったため、立ち幅跳びで瞬間的に収縮する筋線維の数が増えたためだろう。これもウォームアップのひとつであることを教える。逆に記録が下がってしまった生徒は、スクワットで筋肉が疲れてしまったことが考えられる。人によって異なる。だからウォームアップの仕方はよく考えなければならないのだということを教えることができる。

　T「さて、カール・ルイスの話をします。彼はすばらしい選手で、新しい練習方法もたくさん考えてやってきた。しかし、一つ欠けていたことがあった。それは瞬発力を高めるための重要な要素としての、最大筋力を高めるトレーニングをしてこなかったことです。ようやくそのことに気づいたのは、30歳を過ぎて体力が衰え始めた時期でした。もし、彼がもう少し若い時期にそのことに気がついていたら、彼はもっとすばらしい世界記録をこの世に残していたかもしれない」

　カール・ルイスがアトランタ五輪に向けてバーベルを使った筋力トレーニングに励む様子の映像はYouTubeでも見ることができる。生徒たちは世界のトップレベルの内容を学んだことになる。

〈生徒の感想〉
　「筋トレはただひたすら回数をやるより自分に合った負荷を考えてやることが大切だと分かった。これからその回数を調節して筋肉を鍛えるようにしたい」
　「今までやっていた自分の筋トレは筋持久力を鍛えていたことが分かった。もっと負荷をかけてトレーニングをしていきたいと思った」
　「筋トレをただやっても、収縮する筋線維の数や回数を考えてやらないと力はつかないということが分かったので、これからの部活のトレーニングでも負荷を大きくして効果的なトレーニングをしていきたい。また、一瞬で収縮する筋線維の数は多くないので、リズムをとるなどのトレーニングもしていけばいいと思った」

第3章

陸上競技

1

公式レースの醍醐味
―4×50m リレー（1年生）―

　中学校であれば、校庭に1周200m、セパレートで3〜4レーンがとれるトラックを作っておきたい。グランドロープでレーンを作ることもできるが、ロープを張っておくとグランド整備がやりにくかったり、社会体育等での利用があるためにロープを張ったままにしておくことができない学校もある。そうした場合には必要なポイントをいくつか打っておき、釘でラインを掘る写真のような装置を作っておくとよい。トラックの内側だけ白線を引き、外側のラインは釘で土を数センチ掘ることでラインになる。トラックは直線部分を50m、曲線部分を50mとすると、公式競技場の1周400mをそのまま2分の1に縮小したトラックができる。リレーのためのテイクオーバーゾーンは、各コーナーに20mの距離（正規と同じ）で設定する。4人で1周走る公式レースの醍醐味をそのまま縮小した4×50mリレーで楽しむことができる。

1．リレーだとなぜ速くなるの？

　中学校1年生の学習テーマは「スポーツ文化への目覚め、運動の仕組みを調べ、分かって、みんなができる」である。陸上競技は、とかく走るのが速い、遅いといった結果だけで捉えられがちであるが、走りの仕組みを調べていくと奥の深い競技であることに気づく。まず、オリエンテーション用のプリントで生徒たちに問題を出す。

> **問題**
> 　100mの世界記録はボルト選手の9秒58です。日本記録は伊東浩司選手の10秒00です。
> 　それでは4×100mの日本記録はどのくらいでしょう？

> ア、100m の日本記録が 10 秒 00 なので、4×100m の日本記録はその 4 倍の 40 秒を切れる訳がない。
> イ、40 秒を少し切る 39 秒台である。
> ウ、何と、100m の世界記録 9 秒 58 の 4 倍（＝ 38 秒 32）よりも速い。

　多くの生徒はアかイと回答してくる。正解はウ。現在の 4×100m リレーの日本記録は 38 秒 03 である。この記録を作った 4 人のそれぞれの 100m 走のベストタイムはもちろん 10 秒を切っていない。つまり 4 人の 100m の合計タイムより 2 秒以上速いことになる。中学生の授業でも、4×50m リレーを行うと、単元の後半には 4 人の 50m 走の合計タイムより約 2 秒は速く走れるようになる。つまり、50m 走が 9 秒 00 平均のチームでは、34 秒程度で走れるようになる。なぜこんなに速くなるのか？　授業ではバトンパスの技術を磨きながらその謎に迫り、記録更新の喜びを現実のものにしていく。

　速くなる主な理由は以下の 3 つ。以下、4×50m リレーで話を進めていく。
（1）バトンパスの時、受け渡す両者の腕の長さやバトンの長さがあるので、4 人で合計 200m は走っていない。バトンパスの瞬間は前後者の間隔を 1m ほど空けることができるので、4 人で合計 197m くらいしか走っていないことになる。
（2）バトンを受ける人がスピードに乗った状態でバトンパスが行われていること。
（3）20m のテイクオーバーゾーンをうまく利用すると、走る距離を走者によって若干変えることができる。第 1 と第 4 走者は 40～60m、第 2 と第 3 走者は 30m～70m まで変えられる。足の速い人を長い距離、遅い人を短い距離走らせることができ、タイムが縮む。

　この 3 つをどういう順番で学習させていくかは授業の状況によるが、系統的には（1）～（3）の順に進めていくのが分かりやすい。

2．単元の展開

　単元の最初に学級全員の 50m 走のタイムを計り、どのチームも 4 人の合計タ

イムが同じになるように男女混合のチームを作る。4人の合計タイムを生徒たちに公表し、全員が納得した上で学習を始める。セパレートレーンの階段スタートの意味やテイクオーバーゾーンについても説明し、最初のレースを行う。第1次目標は、4人の50m走の合計タイムを超えることとする。

(1)「4人で200mも走っていない！」

この第1次目標を最初のレースで簡単にクリアーしてしまうチームが出てくる。しかし、最初のレースでは、バトンパスの時に後ろを向いていたり、手を出したままゆっくり走っている。それなのになぜかタイムは結構速い。そういうチームはバトンパスの時にお互いに両腕をしっかり伸ばし、2人の前後の間隔が十分にとれている。4人で200mも走っていないことに気づかせ、手渡しできる範囲でできるだけ受け渡しの2人の間隔をとってバトンパスができるように練習していく。4人が1列に並んでジョギングし、後ろから声がかかった時に腕を後ろに高く伸ばしてバトンを受けるように練習していく。この練習でほぼ全てのチームが第1次目標をクリアーする。

(2)「スピードに乗ったバトンパス」

走りながらバトンをもらった方が速いということは生徒たちは漠然と理解している。お互いがトップスピードでバトンパスを行うことが学習の中核になるが、受け手がほとんど止まっている状態でバトンを受けた場合はどの程度のタイムロスがあるのかについて、生徒たちは深く理解していない。このことの理解のさせ方はいくつかの方法があるが、中学1年生の段階で分かりやすい方法として、私は以下（図1）のような実験をさせている。

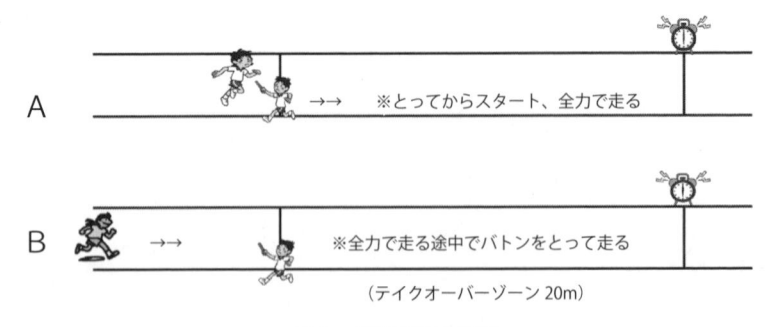

図1　比較実験の方法

〈比較実験の方法〉

　ABともテイクオーバーゾーンの入り口脇にバトンを持った人を立たせる。Aの実験では、テイクオーバーゾーンの入り口に走者を立たせ、止まった状態から「用意、ドン」でバトンを取って20mのテイクオーバーゾーン区間を全力で走らせタイムを取る。Bの実験では、走者を20mくらい後ろから全力でスタートさせ、テイクオーバーゾーンに入るところでバトンを取って走り続け、Aの実験と同様にタイムを計る。AとBでは、0.4秒～0.7秒くらいのタイムが差がでてくる。このバトンパスが4人のリレーでは3カ所で行われることになる。仮に1カ所で0.5秒速くなるとすると3カ所で1.5秒、それに他の要素も加わってくると、4人の50m走の合計タイムよりも2秒程度は速くなるはずだということが予測できるのである。生徒たちは「走りながらバトンパスをすると速くなる」ということを感覚的には何となく分かっているが、全力で走っている時にバトンを受けるとどれだけ違うのかということを視覚的に、理論的に理解することができる。

　原理が分かってもそれを実現にするたの練習方法が大事である。トップスピードでバトンパスをするにはどうしたらよいか？　そのために「おにごっこ練習」と言われる練習を行う。「前走者がある位置（ゴーマーク）まで来たらダッシュで逃げる」という練習を繰り返し、お互いがトップスピードに近いところでバトンが渡せるゴーマークの位置をみつけていく。正式の大会ではゴーマークの位置にテープを貼っているが、土のトラックの授業では10cmくらいに切ったホースをマークとして使うとよい。このホースを私は「ダッシュ君」と名付けた。踏んでも安全であり、またその位置をチームの仲間や教師もチェックできる。バトンを渡す直前に声をかけるタイミングも大切。この学習の成果として、確実にチームの記録が更新されていく。

(3)「1人が走る距離は50mでなくていい」

　ここからが最後の仕上げ。多くの生徒たちは、チームで一番速い人がアンカーを務めるものだと思っている。しかし、100mの日本記録保持者、伊東浩司選手が4×100mでも日本記録を出した時、彼はアンカーではなく、第2走者だった。直線120m近い距離をスピードに乗って走れるからだ。授業でも、チームメイトの速さに応じてどの区間をどの程度の距離走ったらよいか作戦を立てさせる。

テイクオーバーゾーンに入ってすぐにバトンをもらうためには、ゾーンの手前から走り始めなければスピードが上がらない。現在の公式ルールではゾーン入口ラインの手前10mに補助線(ダッシュライン)があることも紹介する。そしてオーダーや各自の走る距離を再検討させ、受け手のスタート位置とゴーマークの位置を調整させていく。こうしてまた記録が更新されていき、原理が分かって練習していけば確実に上手くなっていくことを実感させていくことができる。

(4) レースを楽しむ

このセパレートレーンのリレーでは、他チームと競い合ったり観戦する楽しさも大事にしたい。たった10分ほどで、数レースできるので、予選から決勝へのレース展開を毎時間行うことができる。また、授業だけでなく、生徒会などのミニ行事として参加者を募り、大会を企画運営していくことも楽しいものである。

第3章　陸上競技　　87

2

「より遠くへ」、三段跳びの学習（1年生）

1．「より遠くへ」の教材研究

　近代オリンピック初期の記録映像を見ていると、「立ち幅跳」「立ち高跳」が出てくる[1]。しかし、こうした体力勝負的な種目は、「より高く」「より遠く」への願い、そして技術やスピードを求める競技性などからしだいに消えていく。また、棒高跳びの発生は棒幅跳びであり、それが「より高く」への棒高跳びとしてのみ発展してきた。かつて男子のみの種目であった三段跳び、棒高跳びは、現在では女子でも行われるようになってきている。こうした観点から、「より高く」をテーマにした「立ち高跳・走り高跳・棒高跳」をセットにした学習、あるいは「より遠くへ」をテーマにした「立ち幅跳・走り幅跳・棒幅跳・三段跳」をセットにした学習が考えられる。

　ここでは、中学1年生の学習テーマ「スポーツ文化への目覚め。仕組みを調べ、分かって、みんなができる」として、調べ学習や共同学習が仕組みやすい三段跳びを中心教材として、「より遠くへ」の実践を紹介する。三段跳は、かつて「日本のお家芸」種目であり、日本選手の活躍の映像、そして旧国立競技場に立っていた「織田ポール」の話など、授業を面白くする話題はいくつもある[2]。

2．まずは「川とび」から

　授業を効率よく進めるには、広い砂場が必要だ。PTA作業などの際にお願いして穴を掘り、授業で班毎に使える広い砂場を用意する。砂場の周囲はいらなくなったホースの中にグランドロープを入れたもので張ると砂場との境目がソフトになる。

　授業では砂場の端から助走路方向へ50㎝

単位で地面にロープを張り、そこを踏み切り位置として、その位置を砂場からだんだん遠くに設定できるようにしておく。ロープだけでは踏み切り位置が分かりにくいので、前ページの写真のような白い板を各班に用意して踏み切り位置のラインに置く。この踏み切り板は移動するので、その上に乗ると滑ってしまう。従ってその手前から踏み切るようにさせる。最初は砂場から1mの位置に踏み切り板を置く。まずはこれを立ち幅跳びで越えさせる。「川」を想定して「より遠くへ」の挑戦が始まる。全員跳べたら踏み切り板の位置を50cm遠くにする。個々の能力差は大きいので、跳べない生徒が出てきたらしだいに走り幅跳びにしていく。

踏み切り板を遠くにしていくと、跳べない生徒は「川」に落ちてしまう。そこで、川の中に踏み石を置くことを想定して、ホースで作った直径80cm程の輪を与える（写真）。私はこれを「跳べちゃう輪」と命名した。これを適当な所に置いて班員全員を跳ばせる。川幅を3.5mほどにすると、走り幅跳びで跳んでしまう生徒と輪を使って二段跳びにしないと跳べない生徒が出てくる。どちらでもよいので、とにかく全員が跳べるようにし、全員跳べたら踏み切り位置をまた下げていく。このあたりで全員で走り幅跳びの測定をしてもよい。

まだまだ川幅は広がっていく。5m程度にするともう走り幅跳びでは跳べなくなる。そこで班に2個まで「輪」を与えて、全員が「二段跳び」または「三段跳び」で跳ぶことになる。ここまできたら、2つの輪を置いてみんなで三段跳びの学習に入る。現在の正式な三段跳びは、ホップ（踏み切りと同じ足で接地）、ステップ（踏み切った方とは逆の足で接地）、ジャンプ（両足着地）となっている。この跳び方だけでなく、ステップ・ステップ・ジャンプやホップ・ホップ・ジャンプなど、いろいろやってみる。

この学習は小学生でも行いたいリズムジャンプの学習になる。最初の踏切、2回目、3回目をそれぞれ片足で跳んでいき、最後は両足で着地するとすると、左右の足を使って何種類の跳び方ができるのか考えさせる。答えは $2 \times 2 \times 2 = 8$ 種類の跳び方になる。これをみんなで全てやってみて確認する。2つの輪をいろいろな跳び方で跳んでいくので、楽しい跳躍運動になる。

その後の三段跳びでは、自分が一番跳びやすい方法でよいことにするが、結果

的にはほとんどの生徒がステップ・ステップ・ジャンプになる。そして三段跳びの記録を全員で測定する。三段跳びの測定では、踏み切り板から砂場までの距離が人によって大きく異なる。そこで、各自跳躍前に踏み切り板の位置を申告し、仲間にそこへ踏み切り板を置いてもらい、跳ぶようにする。砂場から4m、5m、6mの3カ所くらいに印をつけておくとよい。

3．三段跳びの技術学習へ

　三段跳びの日本記録保持者山下訓史さんは、「三段跳びは走り幅跳びの3倍面白い」と述べている。ホップ、ステップ、ジャンプ、それぞれ三つの跳躍をどのようにしていくのか、そこに技術的な課題や魅力が潜んでいる。そこで3つの跳躍距離を測ってみる。私のこれまでの実践では、ホップが最初は30％程度と比較的短かった。これはホップを踏み切り足とは逆足で着いていた（正しくはステップしていた）こと、及び3つの跳躍のリズムをとるために、助走距離やスピードを抑えていたためと考えられる。そこでまず助走スピードを高めながら最初のホップ（踏み切り足と逆足を着くので正式にはステップ）を伸ばすことを第一の課題として設定し、次にステップ（2歩目の跳躍）を伸ばしていく。自分の接地予定地点に輪を置くことによって目標が具体的になり、楽しく練習や挑戦ができる。

　三段跳びの技術ポイントは、それぞれの接地の際に接地足とは逆の「スウィング脚」を後方に残しておき、接地と同時にそれを大きく前方に振る（それに合わせて腕も振る）ことにある。初心者が正式のホップをすると、いわゆるケンケンになってしまい、スウィング脚を後ろに残せないために接地の衝撃でつぶれ、次のステップが伸びない。しかし、多くの生徒は最初の跳躍をステップ（踏み切り足の逆足で接地）にするため、その距離を伸ばそうとすればするほど、接地の際にスウィング脚が自然と後方に残され、それを意識化することによって次のステップも伸び、全体としての記録向上につながっていく。

4．目標をもって「より遠くへ」

　記録を伸ばすための挑戦目標として、走り幅跳び男女の小学生記録、中学記録、高校記録、日本記録、そして世界記録までを、別表のように「遠くへ跳んだ記録」

として一覧表にして配布する。小学生の走り幅跳び記録の 4m50 程度から、パウエルの世界記録 8m95 までの記録が並ぶ。今日はどこまで伸ばせるか、仲間とともに競い合うことも楽しい。走り幅跳びの日本記録や世界記録に挑戦する生徒も出てくる。

　この学習では跳躍種目の発展要素に触れつつ、技術分析や練習の場面では班員の共同作業が必要になり、そしてまた「みんなが分かって記録が大幅に伸びる」ということが達成できる。「三段跳びは本当に走り幅跳びの3倍おもしろかった」という感想が出てくるのである。通常跳躍学習として行われている走り幅跳びでは助走スピードや瞬時の踏切調節によって跳躍が変わってくるので、「わかる、できる」という達成感が味わいにくい。それよりも「跳躍種目を総合的に学ぶ」という意味での今回のような学習の方が学習効果が高いと考えられる。中学生だけでなく、小学校高学年から中学1年生程度で有効な教材になるのではないかと考えている。

【引用参考文献】
1) 「ビデオ・オリンピックI～その歴史と精神～」、文藝春秋社。
2) 「民族の祭典」、三段跳びでの日本人選手の活躍（1936年のベルリンオリンピック大会の記録映画）。
3) 長谷川裕・中瀬古哲（1987）「『三段跳びを』でなく、『三段跳びで』教える授業」、『たのしい体育・スポーツ』Vol.21。

「遠くへ跳んだ」記録（学習資料）
〜2014 長野県版〜

18 m 29	三段跳	男子	世界記録	エドワーズ
17 m 15	三段跳	男子	日本記録	山下訓史
16 m 98	三段跳	男子	長野県記録	石川和義
15 m 50	三段跳	女子	世界記録	クラベッツ
14 m 04	三段跳	女子	日本記録	花岡麻帆
13 m 92	三段跳	男子	長野県中学記録	黒岩浩平
13 m 10	三段跳	女子	長野県記録	三澤涼子
8 m 95	走幅跳	男子	世界記録	パウエル
8 m 25	走幅跳	男子	日本記録	森長正樹
7 m 94	走幅跳	男子	長野県記録	嶺村鴻汰
7 m 52	走幅跳	女子	世界記録	チスチャコワ
7 m 32	走幅跳	男子	日本中学記録	佐々木勝利
7 m 04	走幅跳	男子	長野県中学記録	内川佳祐
6 m 86	走幅跳	女子	日本記録	池田久美子
6 m 41	走幅跳	女子	長野県記録	溒 純江
6 m 19	走幅跳	女子	日本中学記録	池田久美子
5 m 59	走幅跳	女子	長野県中学記録	宮坂 楓
5 m 47	走幅跳	男子	長野県小学記録	内川佳祐
4 m 50	走幅跳	女子	長野県小学記録	椎名昌美

〈跳躍種目の歴史〉

　100年ほど前のオリンピックの跳躍種目には、立ち幅跳びや立ち高跳がありました。ここでは足の跳躍力と腕振りの技術が特に大切でした。楽しい種目だと思いますか？　立ち○○跳びよりも、助走をつけたほうがもっと跳べる。その時の踏切足と反対側の足の振り上げ技術も大事になってくる。腕振りももっと工夫が必要になってくる。助走スピードや細かな技術が影響しておもしろい。記録も大幅に伸びる。こうした点からか、オリンピック種目の中の立ち○○跳びは消え、走り高跳び、走り幅跳び、そして三段跳び、棒高跳びが現在でも残っています。

3

50m走を追及する（3年生）
―日本人9秒台の夢と授業グラウンドをつなぐ―

　1998年12月、アジア大会で伊東浩司選手が100m10秒00のアジア新記録を樹立して以降、10秒0台の記録を出す日本人選手が次々と出てきた。日本人初の9秒台突入はいよいよ現実のものになろうとしている。伊東選手の快挙は最近の科学的トレーニングの必然的結果でもあるという。そして、日本人9秒台の夢は、実は私たちの体育授業における短距離走研究・実践の成果と結びつけて考えると、誰でも速く走れる科学としてみんなの夢にもなりつつある。

　私の知る限りでは、伊東選手の快挙の背景には1991年世界陸上東京大会での日本陸連バイオメカニクス特別研究班のレポート[1]、そして『新トレーニング革命』[2]の著書で知られる小山裕史氏のトレーニング論がある。そしてこれに私たちの体育授業研究・実践の成果としての次の①、②[3]が結びつくと9秒台の夢は生徒たちのグラウンドでの夢へとつながる。

　①体育授業実践・研究としての田植えライン（足跡調べ、ストライド調査）から明らかにされてきている走りのメカニズムの発見……………1970年代
　②体育授業実践・研究におけるリズム走（4歩のリズムでストライドを調節して走る）の発見………………………………………………………1980年代
　③伊東選手の活躍に関連する最近のトレーニング革命……………1990年代

　この3つがどのような関連をもっているのか、私の授業実践（中学3年生、約17時間）に絡めて紹介したい。

1. 自分の走りへの思い（オリエンテーションで）

　中学3年生の1学期、「50m走を追究する授業を20時間やります」というと、一斉に不満の声が出る。しかし、実際の単元を終えると彼らは走ることの奥の深さに気づき、その不満は消える。人が生まれて初めて走り始めるのは3歳頃からであり、それから10年余り、中学3年生になるまでに生徒たちは日々機会ある毎に走り続けてきた。その走りの速さは他人と比較されることが多く、達成感

や優越感、あるいは劣等感など、ひとりひとりが自分の走りに様々な思いを持ってきている。最も単純と思われる「走る」という人間の運動についてとことん追究してみる経験を3年生の最初に行い、次の単元からは3年生の体育学習のテーマ「生涯スポーツへ向けて、計画・運営を自分たちの手で」へと進めていく。

　まず、最初のオリエンテーションで「わたしとかけっこ」という作文を書かせ発表させる。そこでは小学校時代からの「かけっこ」に関わる様々な思い出が語られる。そして最後に私自身の作文も読んで聞かせる。私は小さい頃から走ることが好きで、小学校4年生の時に遊びで棒高跳びを始めていた。そして中学校に入学するとすぐに陸上部に入り、それ以来ずっと陸上競技に関わってきた。しかし小中学生の頃は走るのが遅く、運動会のリレー選手になったことは一度もなかった。兄が短距離で活躍していたので、自分も陸上部に入れば速く走れるようになるものと思い込んでいた。しかしその考えは甘く、中学の陸上クラスマッチでは他の運動部員たちに次々と追い越され、一度は陸上部をやめようと決意したことさえある。だから走ることについてはかなりのこだわりを持っている。

　「走るのは嫌い」という生徒は少なくない。生徒たちの思いに共感しつつ、東京大学の教授が1300万円でトレーニングマシンを開発したという新聞記事を紹介する。「鈍足者歓迎」のゼミの応募に定員20名のところ160人も応募したという。君たちは今年義務教育最後の年になる。この機会にもういちど自分の走りについて徹底的に調べ、自分の走りを追究してみよう、と提案する。

2．まずは自分の力で記録に挑戦（第2、3時）

　中学生の体はどんどん成長している。今年の自分の走りはどうだろう。まずは生徒たちにストップウォッチを渡し、2時間とことん記録に挑戦させる。自分の力だけではもうこれ以上速くならない、限界だというところまで自由に走らせる。その上で教師が手を差しのべていく。

3．自分の走りはどうなっているのか？（第4時〜8時）

　走りの分析の方法として、スタートからゴールまでの足跡調べを行う。いわゆる「田植えライン」である。ブラシで走路をならしておき、全力で走った一歩一歩の足跡にマークを置いていく。田植えの跡のようにラインができ、人によって

様々な走りの特徴が描き出される。一歩一歩の目印にはいろいろなものが使用されているが、私はコーヒーやジュースのショート缶を多数用意して足跡に立てて並べている。スタートからゴールまでに並べられたひとりひとりのラインを写真に撮る。ここで面白いのは、3年間一生懸命走り込んできた陸上部員の足跡は真っすぐになるということだ（写真）。人より速く走れても、走り込んでいない陸上部員の足跡は蛇行する。競技成績に関係なく、まじめな陸上部員であったかどうかがここで分かってしまうから面白い。真っ直ぐ走る必要のない球技関係の種目の人の足跡も蛇行する。

　しかしここで重要なのは、ラインの曲がり等の見た目の特徴よりも、一歩一歩の微妙なストライド変化である。ブラシをかけて走った足跡に置いた缶のひとつひとつについて、スタートからゴールまでの一歩一歩を正確に測定していく。それが終わってから足跡の全体像を記念撮影する。これらをクラス全員について行うには3時間程度かかる。とても面倒な作業だが走りの分析のためには欠かせない。みんなで協力しあうことで作業は進む。

　全員のストライド測定と写真撮影が終わった後、教室で2時間かけて分析を行う。ストライドの左右差はだれにでもあり、ストライドグラフがギザギザになるのは自然なことである。写真から見られる足跡の蛇行も考えてみれば当然のことだ。自動車のタイヤの直径が左右違っていたらどうなるか考えてみよう。真っ直ぐ走らないのは当然であり、タイヤの直径の小さい方へ曲がっていくだろう。人の走りにも同じことが言える。左の脚力が強い人は右へ曲がっていく。それを曲がらないように上半身や腕の動きで調整しているのである。写真でスタート一歩目からの足跡の蛇行状況を見ると、キック力の弱い方へ曲がり始め、その後に

第3章　陸上競技

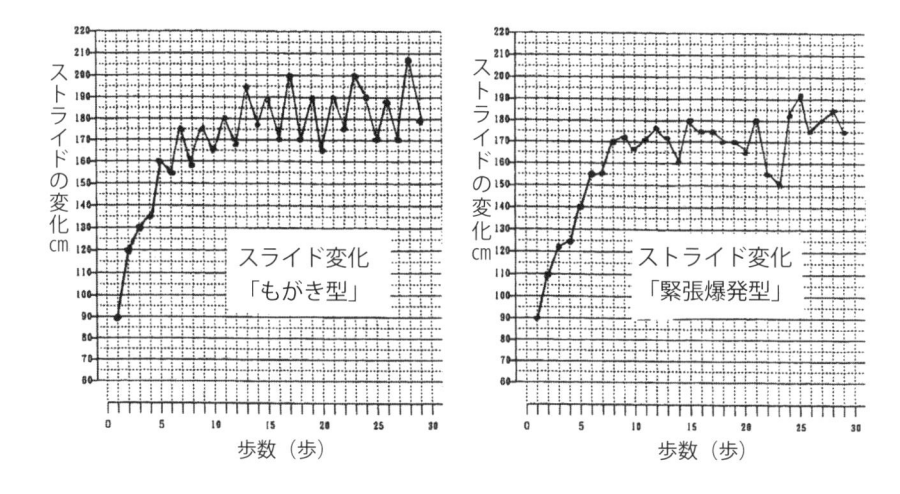

元へ戻すように修正されていく状態が見られることがある。逆に修正が強すぎれば反対方向へ曲がる。陸上部で短距離を真っ直ぐに走ることをとことん追究してきた部員の足跡はその修正が無意識にできており、足跡がきれいな一直線になる。

さて、一歩一歩の微妙なストライド変化に注目してみよう。これはグラフにしてみないとわからない。ストライド変化をグラフにしてみると典型的なパターンが出てくる。何年か前に私がこのことを発見したとき、我ながらこれはすごい発見だと感動してしまったことを覚えている。だからこの実践はやめられない。前述のようにストライドには左右差があり、グラフがギザギザになることは自然なことだ。問題はそうして加速していき、ストライドを広げていったトップスピードの辺りでストライドに乱れが生ずる点にある。

前へ前へと必死に進もうとする結果、3～4歩程度前へ出てストライドが広がっていったと思ったら無理がきて元のストライドに戻ってしまう。その現象が何度か出てくる。いわば「前へ出たくてもがいている」状態である。リズミカルな走りができていれば、のこぎりの歯のように左右交互にストライド差がきれいに出てくるはずである。ところが必死に前へ前へと出ようとする結果、その規則正しい左右のリズムが崩れていく。そのパターンはほとんどの生徒のグラフから読み取れる。そのもがきが爆発してストライドの大きな乱れが生じた場合を「緊張爆発型」と言っている。後述するが、1991年に東京で行われた世界陸上100mの決勝で、当時の世界記録保持者であったバレルはゴール寸前で前へ前へ出ようとしてオーバーストライドになって失速し、カール・ルイスに敗れた。一方カー

ル・ルイスは逆にゴール付近でストライドを押さえ、ピッチを上げることで追い抜き、世界新記録で優勝したのである。

　結論として、トップスピードになった付近ではストライドを調節しつつ、「爆発」しないようにリズミカルに走ることがポイントであると導かれる。そのための練習方法がストライド4歩分の位置に目印を付けて走る「リズム走」である。

4.「リズム走」で「わかる」、「できる」体験（第9時〜14時）

　私がリズム走を学んだのは1989年の学校体育研究同志会京都大会の時である。中間疾走の平均ストライドを求め、それを自分の最初の設定ストライドとする。スタートから20mは加速区間、20mから50mまでの区間に4歩ごとのマークが置かれ、そこを踏む、あるいは4歩のリズムでまたいで走る。

　このリズム走では、私は4歩毎のマークとして、50cmの長さに切ったホースの中に農業用の竿竹（スチール製で緑色のカバーをしたホームセンターに売っているもの）を入れて曲がらないようにしたものを多数用意し、並べて使用している。4歩毎に50cmの幅の棒を踏み越えて走るので曲がらずに走る練習にもなる。

　最初の設定ストライドで足が合ってきたらピッチを上げてタイムをとる。しばらくくり返すとストライドが延びて足が合わなくなるので、次の10cm広いストライドのコースへと移動する。ストライドを広げて走り、足が合ったらピッチを上げる。このように「一段階広いストライドのコースで足を合わせる」→「ピッチを上げてタイムをとる」という繰り返しで確実にタイムが更新していくのである。生徒たちは自分の走りについて、「ストライドが変わらないから今のタイムの低下はピッチが原因だ」とか、「ピッチはもう限界だ。このピッチを維持して次の広いストライドで走れなければタイムは更新できない」というように、自分の走りがピッチとストライドとの関係で説明できるようになる。

　しかし理屈は分かっても全速力に近いスピードの状態で自分のストライドを数センチ調節するなどということは簡単なことではない。私は生徒たちに、これが

陸上競技で求められる技術であり、練習が必要なのだと話す。それは他の競技の技術とも共通する。サッカーやバスケットボールでは全力でプレーする中でディフェンスを抜き、手足の動きを微妙に調節してシュートに持ち込んでいる。その力の加減の精度はわずかでも狂えば成功しない。短距離走のストライド調節も同じことなのだ。かつて伊東浩司選手がある大会を振り返ってインタビューに応じていたとき、「今日はスタートして○歩目の時の腰の動きが5mmずれてしまった」と答えていたことがある。トップレベルの選手は自分の体の動きに対する認識がここまで鋭い。それは他のスポーツ競技の選手でも同じなのだろう。

このリズム走練習の中で足の接地の仕方や腕振り、走りの姿勢などのフォームの指導も行っていく。

5．最新理論との一致

1991年の世界陸上東京大会で日本陸連バイオメカニクス特別研究班は、世界のトップランナーと日本のランナーについて疾走フォームの比較検討をした。地面のキック時の足関節伸展速度、膝関節伸展速度、股関節伸展速度について比較したところ、疾走速度には股関節伸展速度が大きく影響していることがわかった[1]。つまり脚の接地時には足関節、膝関節は固定され、大臀筋や大腿二頭筋による股関節の伸展力によって地面をキックしているのである。従ってトレーニングにおいても最近ではこうした筋肉の強化が特に重視されるようになってきている。人間の動きは体の中心部に近い大きな筋肉がまず働き、次第に遠方の関節へと力が伝わっていく。従って最初に力を加えるべき筋肉に大きな負荷をかけて鍛える、これがトレーニング革命と呼ばれる「初動負荷理論」である。

これをリズム走にあてはめてみよう。図の局面Aでは接地脚で地面を後ろへキックし（キックの終末局面）、反対脚をできるだけ前方へ運び、ストライドを広げようとしてい

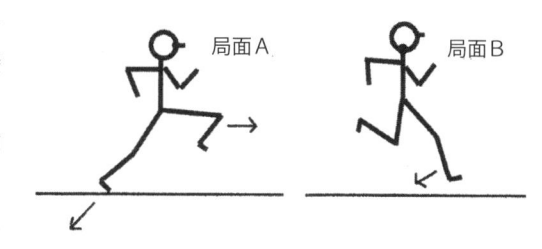

る。前へ前へと移動しようと意識している局面であり、腕も強く前方へ振られる。トップスピードでストライドが乱れ、オーバーストライドになったり、「もがき型」になったりするのは、この局面の意識が強いからである。1991年の世界陸上で当時の世界記録保持者のバレルがゴール直前、オーバーストライドで失速したと言われるのもこの意識の過剰から来たものだろう。当時のその映像があるのでみんなで見て確認する。日本陸連バイオメカニクス特別研究班の報告書では、バレルとルイスの勝負について、次のように分析している。

〈報告1〉
「ストライドがレースパターンに大きな影響を及ぼしている。終盤10〜20mでは多くの選手がストライドは増加するが、ピッチの低下により、疾走速度が低下していた。」

〈報告2〉
「カール・ルイスは最後の10mで疾走速度がやや上昇している。この時のレース展開では、85〜90mあたりで先を行くバレル選手に追いついたようであった。」

〈報告3〉
「このレースにおけるルイス選手が他の選手と異なっていた点の1つは、最後の10mにあると思われる。すなわち、この局面では、疲労によりピッチが低下するのが普通であるが、ルイス選手はストライドを抑えてもピッチを上げたのである。しかし、ストライドを抑えたといっても、この局面でのストライドは2m56cmもある。これはバレル選手が終盤でピッチが低下し、ストライドが伸びてしまった（2m58〜2m71）のに比べて著しい相違である。」

生徒たちの50m走の中で、前へ前へ出ようとしてストライドを伸ばし、限界に達してストライドが乱れる様子は、バレルがゴール直前で失速した場面と共通する。
一方、Bの局面は前方へ出された脚が引き下ろされ、接地する直前の局面である。この局面はAとは正反対に大臀筋、大腿二頭筋によって脚を後ろへ送る動

作局面である。この脚の振りおろしの強さが接地後の地面を後ろへ送る力へと連動する（キックの初動局面）。最近注目されている局面である。前述のバレルとの勝負でカール・ルイスがゴール直前、ストライドを押さえてピッチを上げ、世界新を生み出したというのはこの局面を意識したものだろう。この局面の力が大きく、正しく地面へと伝わるとピッチも速くなり、爆発的な威力を発揮する。足首や膝の関節は固定されていた方が力が伝わりやすく、伊東浩司選手は従来の「つま先接地」を改め、足裏全体での接地のタイミングや重心移動を特に重視して練習するようになったという。最新の技術である。

　生徒たちの50m走の中で、前へ前へ出ようとしてストライドを伸ばし、限界に達してストライドが乱れる様子は、バレルがゴール直前で失速する場面と共通する。

　さて、リズム走でストライドが定まり、ピッチを上げようとするとBの局面が意識される。この局面で地面に加わる力を大きくしていくと、初心者は自然にストライドが伸びてしまい、今までのコースでは足が合わなくなってくる。そこで一段階広いストライドのコースへと移る。新しいコースでは、最初はストライドを広げようとしてAの局面を意識して足合わせをする。足が合ってくるとBの局面を意識してピッチを上げる。そしてまた新しい力がついて次のストライドのコースが必要になってくる。このように、ピッチとストライドとの関係で記録が向上していく。走りの最新理論と私たちの研究・実践の見事な一致である。

　リズム走でBの局面を意識した練習をさせると、何人かが大腿部の筋肉痛を訴えるようになり、ひどい場合は肉離れを起こしてしまう。接地時に今まで経験したことのない爆発的な力が大腿二頭筋や四頭筋に加わるからである。この筋肉痛はなかなか治らず、ピッチが上がらずに単元を終えてしまう生徒もいる。しかし、彼らも自分がなぜ記録更新ができなかったのかは、ピッチとストライドとの関係で明確に説明ができる点が救いである。

6．オリジナル・スタート方法の創造（第15時）

　中間疾走の主要な部分の改善が進んだら、最後にスタート方法の問題を解決する。ここでは1896年の第1回近代オリンピック大会100m決勝のスタート写真を見せる[4]。この写真に写っている5人は当時の世界のトップランナーだが、スタート方法が全員違っている。クラウチング・スタートはたった1名。この

トーマス・バークが優勝してしまったため、次のオリンピックからは全員クラウチング・スタートになってしまった。しかし、彼はこの時400mでも優勝しており、もともと走力のあるランナーだったから、スタート方法が勝因だったのかは分からない。

そこで100年以上前の世界のトップランナーたちに習って、様々な工夫を試みる。映画「炎のランナー」は1924年のパリ・オリンピック大会の様子を再現しており、スターティングブロックがまだ発明されていない時代に各自が穴を掘ってスタート準備をしていた。そのシーンが映画の中に出てくる。授業では穴の掘り方も工夫させたり、スターティング・ブロックを使ってみたり等、いろいろなスタート方法を実験していく。クラウチングとスタンディングのどちらが速いのかも比較させる。一般にはスターティング・ブロックを使えば当然速くなるだろうと考えるが、実はそう簡単には速くならない。生徒たちはグランドの穴掘りを楽しみながらオリジナルなスタート方法をみつけていく。短距離走のスタート時に両手を地面につけなければならないというルールができたのはずっと後のことであり、日本でも40年ほど前にはクラウチング・スタートとスタンディング・スタートのどちらが速いのか論争になったことさえある。

授業では何が正しいのか、自分たちで調べていくことを大事にする。実際にやってみると、「用意」の静止で安定した姿勢がとれることが大事で、そのためにはスターティング・ブロックより穴の方がよい。また、安定した姿勢のためにはクラウチングで両手をつけた方がよいが、クラウチングでは膝や腰を深く曲げるために初心者では伸展に時間がかかるというデメリットもある。そう考えると関節を深く曲げないスタンディング・スタートで「用意」の姿勢をどう安定させるか、ということが課題となる。出てくる結論は人それぞれだ。

7．まとめの記録会（第16時）

こうして15時間ほどの学習を経て、50m走のスタートからゴールまでの自分の理想の走りをイメージできるようになる。そしてまとめの記録会を迎える。

あらかじめクラスの中で一緒のレースで勝負したい人を挙げさせ、教師が記録会のプログラムを作成する。自分のレースの番になると、スタート地点に穴を掘る者、ブロックを設置する者、何もしない者など、いろいろな準備を各自が始め、スタート位置につく。各自のレースに向かう思いはこれまで走りについてとことん追究してきた一流ランナーがスタートに着く思いと重なる。

　レースを終え、単元最後の17時間目は教室でまとめをする。短距離走の走りのメカニズムや自分の走りについての分析、練習の成果などをレポートにまとめて提出する。

短距離走のまとめのレポート
　　　　　　　　　　　　　　　3年　　組　　番　氏名
　次の観点から短距離走の学習で学んだ中身を以下に①、②、③、④と記してまとめ、提出してください。
① ストライド調査から学んだこと。全力で無意識に走っているとき、どのようなことが起きているのか、ストライド変化のグラフからわかる一般的なことを述べなさい。そして自分の場合はどのような特徴が見られたのか、ストライドグラフや足跡写真から分かったことと、自分の走りの課題は何だったのかを述べなさい。
② 短距離走でより速く走るための練習方法について、ピッチとストライドとの関係から、一般的に考えられることを述べなさい。そしてリズム走練習において、自分の場合はどのような学習ができたのか、ピッチとストライドとの関係でその成果や感想を説明しなさい。
③ スタート方法について、歴史的なことも振り返りながら、あなたはどのような方法が最もよいと考えるかその理由も含めて述べなさい。
④ 今回の短距離走の学習全体を振り返って感想や反省を述べなさい。

　単なるグラウンドでの短距離走が、100年以上も前のオリンピック決勝の思い、国立競技場でのバレルとルイスの対決、そして日本人9秒台の夢へとつながっていく。短距離走は知的好奇心の旺盛な中学生にとって魅力ある教材として提示できる時代になってきたと考えている。

〈付記〉

　2015年8月の世界陸上北京大会では、1991年の東京大会におけるバレルとルイスの勝負を再現するような闘いがガトリンとボルトによってなされた。準決勝でガトリンは今季5度目という9秒7台。一方のボルトは準決勝でも10秒を切るのが精一杯で決勝を迎えた。決勝では絶好調のガトリンが100mの後半までリードしていたが、ボルトは追い上げ、最後の10mの勝負となった。準決勝の時、ガトリンは最後の10mを軽く流して9秒77を出している。決勝でも焦らずにストライドを押さえてピッチを上げようとすればよかったはずである。しかし、勝負をかけたガトリンはこの10mで前へ前へ出ようともがいてしまった。その結果疾走フォームは大きく崩れ、100分の1秒差でボルトに抜かれたのである。ボルトは9秒79で優勝。ガトリンは9秒80だった。最後の10mのストライドやスピード変化の詳細は今後明らかにされると思われるが、生徒たちが授業で学んだ視点でこのレースを見ると非常に興味深いレースであったことは確かである。

【引用参考文献】
1) 月刊陸上競技（1993）「スプリントに革命が起こっている」6月号、講談社。
2) 小山裕史（1994）『新トレーニング革命』、講談社。
3) 学校体育研究同志会（1980）『運動文化論』第24号。
4) 日本オリンピック委員会監修（1994）『近代オリンピック100年の歩み』、ベースボールマガジン社。

第4章

マット運動

1

側転を含む連続技の表現

1．器械運動は表現運動

　器械運動は学校体育の用語であり、スポーツ競技で言えば体操競技に当たる。体操競技は演技を採点することによって競われる。つまり、表現を競い合う運動である。その空間表現を豊かにするために、様々な技が使われる。小さな技、大きな技、速い技、ゆっくりな技、ジャンプやポーズも大事になってくる。中学生ともなると器械運動における得意不得意も顕著になってきており、小学校での経験も様々で個人差が広がってきている。

　また、器械運動では各技ができるできないがはっきりと見て取れる。1年生の学習テーマ「スポーツ文化への目覚め。運動の仕組みを調べ、分かって、みんなができる」を学習していく上ではもっとも適した教材となる。その学習が達成できやすい技をみんなで一緒に行い、その上で各自のやりたい技を加えて表現、発表できるようにしたい。

　生徒たちは中学校ではどんなマット運動をするのか楽しみにしている生徒がいる一方で、できないから嫌いだという生徒も多い。導入として単元の最初に世界のトップレベルの女子の床運動の演技を見せ、「こういうことをやるんだよ」と話す。女子の床運動なので、軽快なBGMがかかり、ダイナミックな技が次々と展開されていく。生徒たちからは「え～？　できっこない」という声が上がる。そこで「いや、できる技はたくさんあったよ」と話して再度見せてできそうな技をみんなでチェックしていく。演技の前のポーズ、走る、ジャンプ、バック転の前のロンダード（側方倒立回転後ろひねり）、床の上でのターンなど、けっこうできそうな技があることに気づかせていく。マット運動は、回転技、ターン、静止技（ポーズ）、ジャンプなどを使って空間を表現していく競技であること、そしてその演技をより豊かにしていくために、大きな回転、小さな回転、スピードを工夫した技の組合せをしていくことが課題になることを理解させる。

　大きく、ダイナミックな技はできそうにないと思う生徒が多い。そこで、側方

倒立回転（以後側転）ならだれでもできるようになるので、まずは側転の学習にみんなで取り組んでいこうと話す。倒立系の技として倒立前転を全員に行わせる実践例もあるが、倒立前転は倒立ができないとできない。「みんながでくる」という視点からみると、肥満の生徒に倒立をさせることは危険な場合がある。それに対して側転は倒立ができなくてもできるようになる。側転からの発展技もあり、倒立系の技としては側転を全員に取り組ませる方が効果的である。

２．側転のしくみを学ぶ

「側転はどのような仕組みで回転し、立つことができる技なのか？」これが単元前半の学習課題となる。側転がすでにできる生徒はクラスに半数くらいはいるかもしれない。小学校時代にはできたのに、できなくなってしまっている生徒もいる。まずはやってみる。班編成は側転のできる生徒とできない生徒がいることが望ましい。一応できる生徒でも、逆側からやらせるとほとんどの生徒はできない。側転ができる生徒はよくて、できない生徒はダメだという認識を生徒たちは持っている。そうではない。できない人がいることによってこの学習は成立する。できない生徒はありがたい存在なのである。できる生徒であっても、側転の仕組みが分かっていないから逆側からやろうとするとできない。だからできない人に教えられない。逆側からの側転ができるようになっておくことは、その後集団マットを学習していく上でプラスになることも話しておく。ペアで側転をするとき、お互い背中合わせの位置関係で側転をしたり、側転ですれ違っていく演技をよく使う。そのとき両側で側転ができているとペア表現の工夫がいろいろとできるのである。

さて、まずはとにかく側転をやってみて、できないこと、分からないことを学習カードに書かせる。そして班で確認し合ってから、班長が黒板にまとめる。黒板には各班から出された様々なことが書き出される。

「足が上がらない」「手の着き方がわからない」「足がまがってしまう」
「うまく立てない」「転んでしまう」「まっすぐにできない」
「怖くてできない」「腰が曲がってしまう」「入り方が分からない」

これらの項目を学習の優先順位という観点からみんなで整理していく。まずは

怖がらずに手を着くことができ、逆さになって向こう側へ着地できること。膝が曲がる、腰が曲がるといったことの修正は後でよいと確認する。怖くてできない、入れないのは手の着き方がわからないこと、そして着地ができずに転んでしまう心配があるからである。「怖い」、「できない」のは本人の責任ではない。みんなが側転の仕組みについて分かっていないからいけないのだという意識を持たせていく。そこから、まずは正しい手の着き方、足の着き方を明らかにしていく。

(1) 手足の着き方を調べる

　ここで、手形足形を用意する。厚紙を切って作った実物大の手形（左右各1）足形（左右各2）を班の分だけ用意しておく。班ごとにまずはできる人から、班員の協力で側転の手の跡、足の跡に手形足形を置いていき、ノートに記録する。よく観察して正確に置かせることがポイント。特に手の向き、足の向きを正確に観察させて形を置いていく。自分の手足の跡が置かれたものを各自ノートにスケッチしていくが、その過程でいろいろな気づきが出てくる。この作業の過程でできなかった側転ができてくる生徒も出てくる。全く側転ができなかった生徒にも何となくイメージが持てるようになる。

　全員の調査が終わったところで、正しいやり方を班ごとに話し合い、マットの上に正しいやり方での手形足形を置かせる。その際、左足を前方に置いて入る場合は最初につく手は左手、右足を前方に置いて入る場合は右手が先につくこと、そして着地では、後から着いた手の近くにはその手と同じ側の足が最初に着くことを確認する。このことは正しく側転を観察していればだれでも分かることであるが、案外分かっていない。さて、全ての班が「正しいやり方」と思われる手形、足形を置いたところで、みんなで各班の「正しいやりかた」を見て回る。ここで、大きく分けて2つのやり方が出てくる。

　多くありがちなのは、側転なのだから次頁左の写真のように横を向いて立ち、足も横を向けて側方へ転がろうとする。着地も同様に横を向く。それに対して、次頁右の写真のように進行方向へ足先を向けて入り、着地も来た方へ向いて着くやり方がある。それを一部取り入れて、入るときだけつま先が進行方向へ向き、

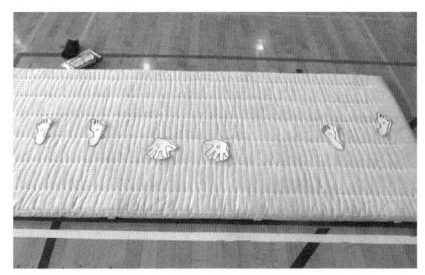

立ち上がる時は足が横を向いている例、入り方は足が横向きだが、着地の足のつま先は来た方へ向いている例も出てくる。結論は教師がすぐに教えず、議論させたり、再びやらせて比較検討させていく。

　こうした過程で、写真のように横向きに構えて側転に入ろうとする生徒の足形も、よく観察すると実際に床を蹴る時には手の方へつま先を向けていることが分かってくる。生徒たちはその理由を最初「やりやすいから」と答える。しかし、「やりやすい」では説明にならない。同じ動作を「やりにくい」と感じる人もいる。側転に入る時に前方に置いた足はどのような働きをするからつま先を前方に向けなければならないのかを考えさせていく。そしてそれはこの足で床を蹴り、前方の手を着く所に体重を移していくために必要な動作であることを理解させる。人間は体重を移動させるとき、行きたい方向につま先を向けて床を蹴る。この動作はどの運動にも共通することである。つま先を横に向けていると、できない側転をさらにできなくしてしまう不自然な動作であることを理解させていく。

　側転の入り方がわかったところで、今度は着地に目を向けさせる。着地も足が横向きになっている場合と手の方へ向いている場合がある。これも「やりやすいから」ではなく、手の方へ向けて着地した足で踏ん張り、床を押すようにして立ち上がる、つまり両手に乗っていた体重を今度は着地した足の方へ移動させていく動作であることに気づかせる。そのためにはつま先を手の方へ向けておかなければその動作はできない。その際、着地足をできるだけ手の近くに着くことによってその動作がやりやすくなり、立てるようになることも教えていく。

　ここで側転の正しいやり方を示した図を実技の手引書などで確認させる。側転

に入る時の体の向き、床を蹴る足の動作、着地足の向きの意味を理解させる。加えて、床を蹴ると同時に反対足を振り上げ、回転の勢いをつけることも教える。

(2) 側転の練習方法を考える

　ここまでの学習で、「側転は進行方向に出した前足のつま先を手を着く位置の方に向け、その足で床を蹴ることによって体重を両手の上に移動して倒立姿勢になる。その後は先に着地する足のつま先を手の方へ向けるようにして床に着き、その足で踏ん張るようにして立ち上がる技である」ということになる。しかし、分かったからといってすぐにできる訳ではない。この原理を使って全く側転のできない人が、ある程度側転らしい動きができることを目指す。すでにできる人もこの原理を使って逆側から側転できるように挑戦させる。そのための練習方法を考えさせていく。つまり、「入るときにつま先を手の方向に向けて床を蹴ること、そして着地の時は最初に着く足を手の方向に向けて着地し、踏ん張って立ち上がること」である。けっしてきれいな側転にしなくてよい。全くできない人がこの原理で体重を両手に乗せ、その後転ばずに足をついて立ち上がれればよいのである。いくつかのヒントを与えながら、その動きは倒立練習の中にあることや、いわゆる「川跳び」「円盤まわり」といった練習法の動きとしてできることを教えていく。

　側転は静止倒立ができなくてもできるが、倒立をしようとして床から足を離し、再び着地する時の足の動きと同じである。この運動で左右の足の動かし方の違いを学ぶことでできるようになっていくということを理解させたい。両手を最初に床に着いておき、左足で床を蹴って体を持ち上げようとする場合は右足で軽く振り上げ動作を行う。倒立姿勢にならなくても軽く体を持ち上げる程度でよい。そして体が浮いたら、今度は振り上げた右足を右手の近くにもってきて着地する。そして右足で踏ん張って手を離し、立ち上がる。この運動では、左足で床を蹴るときにそのつま先は左手の方を向いている。そして着地の時は右足は右手の方を向いている。そうしなければ床を蹴って体重を両手に移せないし、右足で着地して立ち上がるときには右足で踏ん張って体重を足の方へ移して立ち上がれない。着地の際には右足を着いて踏ん張りながら両手を突き放した後に左足を着くようにする。

　この運動では左右の足の筋肉の働かせ方が刻々と変化する。側転のできない人はそれができない。左足で床を蹴るとき、右足は右の大腿二頭筋（ハムストリン

グス）や右大臀筋、右の背筋あたりの筋肉を収縮させて大腿部を伸展させて振り上げる。そして空中に体が浮いた直後に今度は右足の大腿直筋や腹筋などを収縮させて大腿部を屈曲させて右足を右手の近くに持ってくる。右足は着地するが、左足は左ハムストリングスや左大臀筋などを使って足を空中に留めていなければならない。こうした右足と左足の作用の違いは日常の動作とは違うので初心者にはできにくいが、訓練すればできるようになる。それはちょうど左右の手でグー、チョキ、パーを時間差で行うような運動神経の訓練と同じであると教える。側転を逆側から行う場合もこの訓練によってできるようになる。側転はこの倒立から着地しようとする動きを少しずつ側方へ移動して着地していくことでできる。いわゆる「円盤まわり」や「川とび」の動きである。

（3）よりきれいな側転への回転力と調整

　一応転ばずに側転の動きができるようになってきたら、ここからはよりまっすぐに、そして膝や腰を伸ばしたきれいな側転にしていく。そのために、「側転はどのような仕組みで回転し、立つことができる技なのか」という学習課題の「どのような仕組みで回転し」ということを考えていく。正しい側転の図を見ながら、どのようにして回転力を生み出しているのか考えさせる。立位姿勢から腰を中心に回転していくので、回転力を生み出す力は腰から上の部分にある胴体や腕を上から下へ振り下ろす力と、腰から下の下半身を振り上げる力であることに気づく。下半身を振り上げる力は、床を蹴る足と振り上げる足の力から生まれる。

　こうした点から友だちの側転を細かく観察させていく。これらの力の加え方がひとりひとり微妙に違って側転を個性的にしている。床を蹴る足の力が弱いために勢いのつかない人、足の振り上げが弱く膝がすぐに曲がってしまう人もいる。柔軟性がなく、十分に脚が開かない人もいる。一方で脚が十分に開かなくても、床のけりが強くて素速く倒立姿勢にもっていける人もいる。上半身の振り下ろしについては、進行方向に体を向け、両腕を大きく高くあげて振り下ろしていく。この時点でまだ上半身を進行方向に向けることができず、横向きで片手だけ先に着こうとする人もいる。「あなたは片手で逆立ちができるの？　できないでしょう？　できないのになぜ自分から片手で倒立姿勢に入ろうとするの？　両手でバンザイして、できるだけ同時に両手をつくように入っていった方が楽だよ」、と教えていく。視点を確認し、お互いに見合うことで少しずつ技が改善していく。

3．静止技「Ｖ字バランス」

　側転がある程度形になってきたところで、静止技（ポーズ）の練習に入る。いろいろな静止技があるが、前転からの「Ｖ字バランス」を全員に習得させたい。静止技の面白さとは何か？　それは、回転技が続きそうに見える中で突然止まり、それが見栄えのあるポーズとしての表現になることである。回転の後半にポーズへとつながる技をいろいろ考えさせるとよい。その中で典型的なのが前転からのＶ字バランス。前転の後半、足をマットに着地させずに膝を伸ばし、尻だけマットに接してＶ字の姿勢をとる。腕は水平に横へ伸ばす。これが最初はなかなかできない。回転の勢いで足がマットに着いてしまうのである。Ｖ字のバランスをとるために回転の勢いを止めること、この技術が学習のポイントになる。

　この技術も教師側から簡単には教えない。生徒どうしで見つけさせていく。そのために、前転からのＶ字バランスの見本を見せてから、班で一斉に集団演技としてできるように練習させる。班員がみんなできるようになったら教師を呼ぶように指示しておき、テストする。ロングマットの上に横向きに全員が並び、教師の「用意、ピッ！」の笛の合図で一斉に前転からＶ字バランスを行う。全員が静止できた直後に教師は笛を吹き「合格！」とする。１人でも足が着いてしまったりぐらぐら動いていたらダメ。生徒たちは班員みんなで合格しようと夢中になって練習する。回転の後半に勢いを止めて足を床につけないようにするためには、上半身を後ろにわざと傾ける動作をするとよい。そのことに気づかせていく。合格になった班から「規定演技」の練習に入らせていく。

4．規定演技

　個人発表に向けての連続技は、規定演技から自由演技で構成する。規定演技は「側転＋前転（開脚前転でもよい）＋前転からのＶ字バランス」とする。これを最初に行い、そこから自由演技として自分の好きな技をつなげていく。これをBGMをかけて演技し、発表できるように仕上げていく。

　この規定演技には、大きな技（側転）、小さな技（前転）、そして静止技（Ｖ字バランス）が含まれている。みんなで教えあって習ってきたものである。ここからの授業の１時間の流れは、最初に規定演技の練習、次に自由演技の技の練習、

5．個別技の練習

　側転の発展技として、側転後ろひねり（ロンダード）、側転前ひねり、そしてハンドスプリングがある。側転の学習でそのしくみを細かく学習してあるので、側転の仕組みとの共通点や違いについて考えさせていく。これら側転からの発展技は両足着地になるが、そのためには早めに両足を閉じることが必要である。振り上げ足（リード足）が先行しすぎないよう調節するとともに、回転の勢いのつけ方について考えさせていく。

6．自由演技を含めた発表会に向けて

　BGM は、ピアノの練習曲としてもよく知られている「乙女の祈り」を使うとよい。規定演技に続いて 4〜6 個の技を入れることができ、30 秒足らずで終わる。もっと技を入れたいと思う人は、この前奏の部分で規定演技をやってしまうと自由演技の時間が長くとれる。技の構成のポイントとして、規定演技の V 字バランスからどのように次の技へとつなげていくかが大事になってくる。ただ立ち上がるのではなく、V 字バランスから後転にもっていったり、肩倒立を経て次の技にもっていくなどオリジナルなつなぎ方を工夫させていく。
　BGM は CD やテープにくり返し入れておき、練習時は BGM がずっとかかり続けているようにする。そうすると生徒たちはそれに合わせて次々と出てきて練習・演技をする。うまくいくと自然に歓声や拍手、笑顔が出てくる。BGM に合わせて演技することの楽しさが分かってくるのである。単元最後の発表会では、最初は班内の発表、続いて複数班合同で行い、最後には全員の前でも発表したいという生徒が出てくるように学級の気持ちを向けていく。みんなの前で発表したい、○○さんの演技が見たい、などという気持ちが自然に出てくるようにしたい。

2

ひとり一人が輝く集団マット（2年生）

　1年生の体育学習のテーマを「スポーツ文化への目覚め。運動の仕組みを調べ、分かって、みんなができる」とし、マット運動では側転の仕組みを調べてみんなができるようにする。そして側転を含めた個人の連続技に取り組み発表できるようにする。2年生のテーマは「スポーツの在り方を考え、集団の中で生きる」としている。そこで2年生では集団マットに取り組む。私が集団マットに取り組むようになったのは、新体操男子の種目である「徒手」を見たことから始まる。高校生のインターハイや国体種目にあり、テレビ番組でも取り上げられることがある。体操競技の個人床運動に比べ、6人ほどの集団で表現する演技は個人で行うよりも何倍も豊かに、そしてアイデアにあふれたものになる。そのすばらしさに触れさせたい。

1．まずは体育の集団作りから

　ここで紹介する実践は、前任校で私が新しく2年生の担任になった時の実践である。各学年4クラスの中規模で、2年生になる時にクラス替えを行う。その4月に新しい学級集団で集団マットの学習が始まる。私は2年生の最初の授業でフォークダンスを1時間行っている。定番のオクラホマミキサーかコロブチカで、男女が手をつなぎ、そのペアはどんどん替わる。クラス全員の男女が仲良くできないとフォークダンスにならない。最初はいやがる生徒が多いが、多少強引に手をつながせてしまう。まずそれができるかで、その後の体育学習がうまくいくかどうか決まるような気がしている。

　私のクラスには発達障害のあるMさんがいた。彼女は2005年、長野で行われた冬季スペシャルオリンピックスで、地域でのトーチランナーを務めた。ふだんは支援学級で生活しているが、体育や音楽などの授業の時は私のクラスへ来る。彼女が1年生の時は私が体育を担当していなかった。その頃はせっかく自分の学級の体育に来ているのに仲間に入れてもらえず、見学している姿を何度か見たことがあった。私が担任となり、今年こそは何とかしなければならないと思った。

4月なのでまだ彼女のことを知らない生徒も多い。学級にも緊張感があった。そのせいかコロブチカではみんな私の指示通りに手をつないでくれた。笑顔も出てきた。これでひと安心。次の時間からマット運動が始まった。

2．数人でのユニット作り練習（4時間）

　班の中で数人が組を作り、数種目の連続技を使って集団演技の基礎を学ぶ。これを集団マットの導入として毎年位置づけてきた。例えば側転・前転・前転からのV字バランスを2人で並んで行ったり、逆方向から来てすれ違ったり、時間差をつけて追いかけるように行ったりする。そこでは、演技の「場所」や「方向」などの空間の使い方、「同時」「時間差」などの時間の使い方を工夫して、簡単な連続技をいくつも作ってみる。これを授業の終わりに発表しあい、レパートリーを増やしていく。

　しかし、今年はいつもと違ってここで生徒たちが乗ってこない。どうしてだろう？　1年生の時にやってあったはずの側転や開脚前転ができていない生徒が目につく。技を組み合わせたり、友だちと合わせる以前に、ひとつひとつの技をやるのが精一杯のようだ。考えてみれば1年生の時に授業がきちんと成立していないクラスが複数あった。生徒たちも側転の練習がしたいという。そこで予定を変更し、1年生の時の復習の時間をとることにした。1年生の時、私の授業では側転の仕組みを詳しく調べ、段階的な練習方法を学習してきていた。この生徒たちをリーダーにして、まずは側転の復習から始めることにした（第5時～8時）。

3．生まれて初めて前転ができた！

　しばらく風邪で休んでいたMさんが授業に来た。彼女はどんな技がどの程度できるのだろうか。側転はどうだろうかと考えていたとき、同じ班の生徒が、「先生、Mさんは前転ができません！」と言ってきた。準備運動としてやっている前転さえやったことがないという。側転どころではない。この子はいったいどういう体育を受けてきたのだろうかと怒りさえ覚えた。そしてしばらく個別に指導した後、彼女は生まれて初めて回った。その後がすごかった。よほど嬉しかったらしく、繰り返し繰り返し「でんぐり返し」を続け、次の時間には開脚前転もできるようになった。私はMさんのこの姿にスペシャルオリンピックスで見たアスリート

たちの姿がだぶって見えた。集団マットの面白さが分からずにだらけ始めていた生徒たちがいる一方で、アスリートにふさわしい取り組みをしているMさんがいる。彼女はこのクラスにとって宝である。しかし、彼女は私の個別指導で前転ができるようになっただけ。班の仲間とはほとんど会話がない。授業の終わりには重いマットをひとりで片付けていた。それを手伝おうとする生徒もいない。そのことを私は学級通信に書いた。

4．第9時、ようやくオリエンテーション

いよいよ集団演技の面白さに入っていく段階に来た。まずはVTRを見てイメージを持たせる。「所さんの…」のテレビ番組で放送された、高校生の新体操「徒手」のドキュメンタリーを一部見せる。次に本校の先輩たちが過去に学習してきた発表会のビデオを見せた。ここで平面構成の工夫や時間差の面白さを解説した。

（1）15秒間、班員の演技で一体感体験

第10〜11時。集団演技のユニット作りに戻った。しかし、数人の演技ではどうも乗ってきそうにない。そこで今回は思い切って最初から班の6人全員でのユニット作りに入ってみた。曲はハンガリア舞曲第5番の最初の15秒ほどを使った。技にすれば5〜8回転で終わる。ロングマットを各班3枚、方形になるように敷く。この曲に合わせて試しに集団演技を作らせてみた。各班がアイデアを出しながら作り始めた。マットの周囲を取り囲み、一斉に中央へ側転で集まり、また外へ側転で戻る班、横一列に並んで一斉に前転し、そして時間差の後転で戻ってくる班など、空間や時間を工夫した表現が出てきた。班員みんなで「せーの…」と言って技を合わせていくことを生徒たちはとても喜んで行う。「みんなで」という一体感が出てきた。次の時間の終わりには簡単な発表会を行ってアイデアを交流しあった。

（2）第12時、いよいよ作品作りへ

例年私の方で技に合わせやすい曲を3曲ほど紹介している。「ハンガリア舞曲第5番」「FIFA ANTHEM（国際サッカー連盟賛歌）」「君をのせて」などである。どれも15秒程で切れるメロディが3つ入っており、通しで45秒程度の長さにしてある。「FIFA ANTHEM」はW杯日韓共同開催の年、生徒がサッカーをテーマ

にした作品を創った時に持ってきてくれたものだ。ボールが転がる様子を前転や後転で表現するとよく曲に合う。

　この時間は班ごとに曲を選び、各班3枚のロングマットの敷き方、そしてテーマを決めた。テーマはあった方が作品が創りやすいが、なくてもよしとした。ここでMさんの表情が輝き始めた。これまで班員がMさんに技を教える場面は少しずつ出てきてはいたものの、Mさんから班員に働きかける場面はなかった。そのMさんが曲選びで、自分の持っているCDの「カルメン」を使いたいと相談してきた。私もこの曲なら動きやすいと思った。Mさんは自ら班員に提案し、その後私の知らないうちに班員を集めて聞いてもらい、みんなもそれに賛成したようだった。私は彼女にCDを借りて演技に使えそうな部分をテープに編集した。以後、Mさんは班の音楽担当として毎時間ラジカセとテープを用意し、スタートのスイッチを押す係になった。

5．作品作りの指導

　第13時から本格的な作品作りが始まった。しかし、アイデアがなかなか出せずにマットに座り込んでしまう班がある。とにかくみんなで体を動かしながらいろいろとやってみる中で創っていくよう指導した。15秒ずつの区切りを1番、2番、3番とし、典型的な展開例として次のような構成を私の方から積極的にアドバイスしていった。

　1番は導入である。みんなができる前転や後転（あるいはその開脚）、側転などを使い、一斉に回る部分、時間差をつけて回る部分など、簡単な技ながら集団演技の面白さを最初に表現する。例えば方形マットにした場合、一辺にみんなが一列に並んで回ったり、あるいは円になって円の中央や外へ回ったりする。それを一斉に行ったり時間差をつけて行ったりするのである。

　2番は空間構成に変化をつけながら、個人の得意技もアピールしていく。例えば1番の終わりに方形マットの角の方へみんなで移動する。そこで1列か2列に並び、対角線上をホップ側転やそのひねり技、ハンドスプリングなどで抜けていく。両方向から来てすれ違って抜けていくこともできる。個性を生かす場面である。

　3番はクライマックス。再び1番のような配置から側転系の大技を中心に全員で演技する。そして最後はハンドスプリングやバック転のできる生徒がダイナミ

ックにトリを務めて終わる。

6．みんなが輝き、生きる

　Mさんの演技はどうしたらよいのだろうか。彼女は腕に湾曲があり、腕支持ができないので側転も川跳び程度が精一杯。背も一番小さい。そこで私は、Mさんは小さな側転、次に中背のTさんが中ぐらいの側転、そして長身のSさんが大きな側転、それを時間差をつけて表現したらどうかと提案した。それぞれの持っている良さを生かす方法は、考えればいくらでもある。それが集団マットの魅力だ。また、Mさんは前転からのV字バランスがとても上手い。これは男子とペアになって演技することにした。こうしてMさんも自分の技の良さを生かしていくことができた。曲の盛りあがる部分では男子3人が並んで豪快にハンドスプリングをする場面も入れた。
　第17時から再度3時間ほど個別技の練習時間を入れ、倒立前転、側転前ひねりやハンドスプリング、バック転などの大技の練習をした。そして最後に集団演技の修正と仕上げをして発表会を迎えた。学級通信で発表会のお知らせをしたところ、保護者は来なかったものの、学校長が見に来てくれた。生徒たちは緊張の中で精一杯演技し、学校長から講評をいただいた。

7．鑑賞とまとめ

　第26時のまとめの時間は教室で発表会のビデオを鑑賞した。そして反省カードに集団演技の良さとは何かについて書かせてみた。

○「『同じ』側転でも、2人とか3人でやる方が迫力があるし、ちょっと時間差があったりするととてもきれいになる。」
○「時間差をつけたり、みんなで一緒にやったりと、心を一つにして作り上げた喜びを味わうことができるのがよかった。」
○「集団でやることで、ひとり一人の良さを生かし、みんなで考えて、自分のできることを精一杯できる。」
○「全班が違うことをやるので、いろいろな表現の仕方をみることができた。」
○「集団でひとつの演技をやってきれいに揃うとすごく達成感がある。」

○「班で考えて、班で演技をしたり、やっぱりひとりでやるより集団の方が楽しいと思うし、ひとりよりももっと面白く工夫できて、きれいに見せることができる。団結力もつくし、ひとりよりみんなの方が絶対いい。」

　集団マットは仲間どうしをつなぎ、ひとり一人を輝かせることができる素晴らしい教材だと考えている。

第5章

水泳

1

水と人体の関係を学ぶ水泳学習

　中学校の水泳では何を学ばせればよいのだろうか。中学校へ入学してくる1年生の中には、スイミングスクールに通い、何kmでも自由に泳げる生徒がいる一方で、小学校時代に何らかの理由で十分な水泳指導を受けられず、25mを立たずに泳げるかどうかさえ疑わしい生徒たちがいる。こうした生徒たちが同じ学級に存在する中で水泳の授業を進めなければならない。そのためには、スイミングスクールでも教えてもらえなかったことが学べる授業、そして水泳を苦手としてきた生徒たちが泳げるようになる授業を構想したい。水泳の授業は「泳げればよい」のではない。人類が築き上げてきた水泳に関わる文化を、技能差のある生徒たちが一緒に学習する中で水泳の基礎を確認しながら誰もが泳げるようになっていく学習過程を考えていく。

　人は水がなければ生きていけない。しかし、水の中では人は呼吸ができない。だから水の中にいる時は、浮いて水面から顔を出して呼吸しなければならない。この点から学習内容を整理してみると次のようになる。

(1) 人は水の中で浮くのか沈むのか。浮くためにはどうすればいいのか。自然に浮く方法と、意図的に浮く方法。
(2) 水面上に口や鼻を出した時、どのように息継ぎをすればよいのか。
(3) 人類の永遠の願いとして、水の中で呼吸する方法はないのか。
(4) 水中で進む方法はどのようなものがあるか。手足を動かして進む方法。意図的な浮き沈みを利用したグライドで進む方法。

1．頭の重さと水中体重

　中学1年生の授業では、毎年頭の重さの測定と水中体重の測定を行っている。頭の重さは、仰向けに寝て頭の部分に秤を置いて量る（写真）。頭の重さはおよそ3～4kg程度（首でつながっているので正確ではないが）。水中体重はバネばかりにぶら下がって量る。

体が浮いている状態では水中体重はゼロ。頭を水面上に出すと水中体重は頭の重さの分だけ加わり、3〜4kgになる。息を吸った時と吐いた時では違いがでてくる。そのまま腕を水面上に出せばもっと重さが加わる。後述するドル平で息継ぎの後に体が自然に沈んでいく理由がこの測定で分かる。また、泳いでいる時の息継ぎの際には、水中にある体（つまり体重ゼロ）で、水面に出た3〜4kgの頭を支えることになり、それが如何に大変なことであるかも理解できるだろう。

　頭の重さを測定した後、実感をわかせるために、中学生用の砲丸（3〜5kg）を持たせる。自分の頭がこんなに重いのだということを理解するともに、そのことが日常生活や水泳においてはほとんど感じられないということの理解が大切である。このことは、シンクロナイズドスイミングで、水中から手足のみならず上半身まで出すということがいかに凄いことなのかということの理解にもつながるだろう。また、溺れそうになって頭を水面に出そうとしている人を救うということは、呼吸のために水面に頭を出した遭難者と救助者2つの頭を水中体重ゼロの水面下の体が支えなければならないということになる。だから溺れた人をみつけた際、考えなしにすぐ助けに行ってはいけないということも、このことから理解させられる。

2．ドル平の意義

　学校体育研究同志会が中心になって指導してきている「ドル平」という泳法がある。足がドルフィンキック、手が平泳ぎの動きに似ていることからこの名前がつけられた。最近ではスイミングスクールでも指導されている。しかし、スイミングスクールで指導されているドル平は形は似ているものの、その意義や指導ポイントは私たちが指導しているドル平とは異なっている。

　ドル平で何を学ばせているのか、私は次のように考えている。人間の体はリラックスして肺に空気が入っていれば自然に浮いてくる。そして浮くのに合わせて息継ぎをすると、今度は水面上に出た頭の重さで体は沈んでいき、そして再び浮いてくる。水中にある体に対しては浮力が働き、水面上に出た体の部分（頭や腕）はその重さが体を沈める作用として働く。この原理を一番理解しやすい泳法がド

ル平であり、その原理をもとに近代泳法や日本泳法、水難事故で身を守る方法、そしてスキューバダイビングの原理までつなげて理解していくことができる。だからドル平は全ての水泳学習に必要であり、様々な水辺文化の学習（着衣泳、救助法、スキューバダイビング等）にもつながっていくと考える。

　ドル平では、呼吸の直後に体が沈まないようにするための動作をしない。自然に沈んでいき、自然に浮いてくることを大切にする（ただし、その後のドルフィンキックは浮く作用を補助する）。これに対して一般的なクロールでは、体が沈まないようにバタ足をしたり、呼吸で頭を持ち上げている時に水中で手をかいているために、無意識に浮きの姿勢を保とうとしている。その結果、ほとんどの子どもたちのクロールは頭が水面に出っぱなしで、頭が沈む様子が見られない。子どもたちは沈まないための動作を無意識にしていることに気づいていない。あるいは体をバタバタ動かしていなければ沈んでしまうと思っている。多くの子どもたちは、「体が沈まないうちに早く向こう岸へたどり着こう」という意識で泳いでいるため、リラックスすることもできず、水泳の本当の気持ちよさを感じていないのではないだろうか。

　平泳ぎも足の蹴りは推進力だけでなく、浮力としても働いてしまっている。だから、クロールや平泳ぎでは浮力と水泳との関係が学びにくい。ドル平だからこそ学べるのである。

3．呼吸法と基礎練習

　ドル平の呼吸法の特徴は水中では息を吐かず、水面上に顔を出した際に一気に口から吐いて口で吸うという点にある。中学生はすでに小学校時代から自分なりの息継ぎの仕方を身につけてきている。そこで今まで生徒たちが行ってきた呼吸法を否定するのではなく、ドル平の呼吸法の利点を学びながら自分のやりやすい呼吸法をみつけさせていくようにする。

　1年生から3年生まで、単元の最初の時間に自分の体の浮きやすさを調べる実験を行う。まず、息をいっぱいに吸った状態で伏し浮きをする。体は浮き、足はやや沈みやすい。そしてその状態から息をぶくぶくと吐いていくと体が沈んでいく。息を吐いていってもなかなか沈んでいかない生徒もいる。体脂肪が多いためだがそうは言わず、「水泳に適した幸せな人だね」と声をかける。中学生は発育期であり、1年前の水泳の時期の自分の身体組成と現在では異なっている。今年

の自分の体は浮きやすい、沈みやすいといった体の浮力の状況の変化を確認することが大切である。

そして、どのクラスでも毎時間の授業の最初にアップをかねた基礎練習として、①伏し浮きでの息継ぎ連続10回、②ドル平で100m泳ぐことをさせる。①では水中で息を止めていなければなかなか浮いてこない。その日の調子によっても浮き沈みは微妙に変化している。その点を押さえつつ、水中で少し息を吐き始めることも認め、浮きやすくやりやすい呼吸法をとらせていく。

4．各学年での主な学習内容

表1 中学1年生の学習過程

※基礎練習＝伏し浮き10回とドル平100m	
第1時	水慣れ、自由泳、伏し浮きから息を吐いていき、浮き沈みの実験
第2時	自由泳、息継ぎの仕方の確認、伏し浮きの息継ぎ10回練習、ドル平の泳ぎ方
第3時	頭の重さの測定、水中体重測定、伏し浮き息継ぎ10回練習、ドル平練習
第4時	伏し浮き息継ぎ10回練習、ドル平練習、ドル平50m挑戦、クロール練習
第5時	基礎練習、ドル平100mテスト、クロール練習
第6時	基礎練習、クロール練習
第7時	基礎練習、クロール練習、クロール100mテスト
第8時	基礎練習、平泳ぎの足の練習
第9時	基礎練習、平泳ぎの足の練習、平泳ぎ練習
第10時	基礎練習、平泳ぎ練習、平泳ぎ100mテスト、5分間泳テスト
第11時	基礎練習、ペットボトルで肺活量測定。ペットボトルでの浮き方、10分間泳テスト
第12時	着衣泳、5分間サバイバルテスト（着衣のまま飛び込み、5分間立たないでいる）

（1）ドル平の原理をクロールへ（1年生）

水泳中は体の部分をできるだけ水中に入れておいた方がよく浮く。頭の重さが4kgだとすれば、ドル平で呼吸するときには、両手で水を押さえて4kgの頭を持ち上げる。クロールはどうだろうか？　頭（顔）を半分だけ横に出せば、2kgを支えればよいことになる。だから片手（息継ぎ側の手）で水を押さえれば顔が半分出るはずだ。つまり右側で呼吸をする人は、左手を前に伸ばしたままにしておき、右手だけで水をかけば右半分の顔が出て呼吸ができる。ところが多くの生徒は右手だけでなく、息継ぎの途中で左手でもかいてしまう。無駄な力を使っている。息継ぎ動作が未熟で頭を全部出してしまう人はなおさらである。ドル平からレグレス（バタ足をしない）のスローモーションクロールに取り組ませる中で、クロールにおける体の浮き沈みが分かってくる。クロールでは片腕を交互に水面

上に出す。従ってスローモーションクロールでは腕の重さや頭の重さでわずかに体が沈み、再び浮いてくる。それに合わせて手をかいて息継ぎをしていく。水泳の得意な生徒にとっても新しいクロールであり、クロールの苦手な生徒たちも、このクロールに取り組むことで楽に泳げるようになっていく。この浮き沈みをローリング（左右交互の肩の浮き沈み）へと発展させていくと、もっと腕がかきやすく、なめらかなクロールになっていく。更にハイレベルになると、これをグライド動作（自然な浮き沈みから意図的な浮き沈みによって推進力を得る）へとつなげていくことができる（この原理は2年生で学習）。

(2) ペットボトルの活用（1年生）

　2ℓのペットボトルと50cmほどの長さの細いビニール管を用意する。プールの中でペットボトルに水を入れ、逆さにして水中置換法によって肺活量を量る。誰でも2ℓ以上の空気が肺に入っており、これが浮力になることを実感する。次に空の2ℓのペットボトル1本で浮く練習をする。1本では頭を完全に出した状態では浮けない。なぜなら、頭部は3〜4kg以上あるため、2ℓ＝2kgの浮力では支えられないからだ。そこで、呼吸に必要な口と鼻以外はできるだけ水の中へ入れる。つまり、背浮きのような姿勢で後頭部から耳までを水に入れることにより、浮けるようになる。

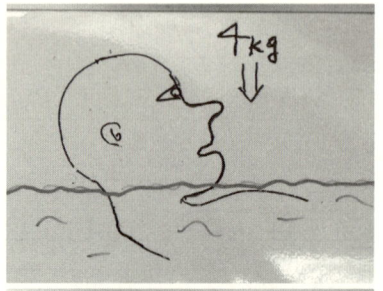

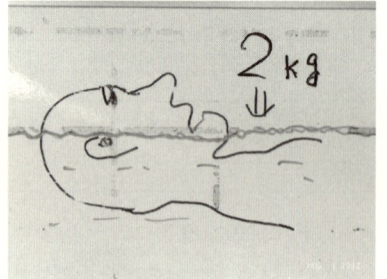

〈生徒の感想〉…1年生

　「体の浮き沈みをうまく使うと、息継ぎや泳ぐときの動きが自然にできることを感じました。無理をして息継ぎをする時よりも、浮き沈みのコツが分かったときの方が楽に息継ぎができました。そして頭の重さも浮き沈みの時に関係してくるということが分かりました。」

　「人間の肺活量で2ℓ以上の空気が入っていて、空気をはき出すと体が重くなって沈むことがわかった。水中体重は地上の体重よりも軽くなることが

わかった。」
「小学校の時、速く手でかかないと沈んじゃうとか、足を動かさないと進まないと思っていたけれど、授業だとゆっくりした方がよいと知って、ゆっくりの方が浮くから楽にもできるし、いいなぁと思いました。」
「水中体重はびっくりするほど軽くてうれしかったです。人は必ず浮くんだなと思いました。ペットボトルの肺活量も面白かったです。」
「友だちが、ゆっくり泳げば休んでいるのと同じだよ、と言っていたので、ゆっくり泳いでみたら大変な時も大丈夫だということが分かりました。」

（3）バタフライ、背泳（2年生）

　ドル平の自然な浮き沈みを今度は意図的な浮き沈みに変えていくことにより、グライダーの原理（グライド）で推進力を得ることができる。グライドによる推進力はトップスイマーの課題でもあり、ドル平によって学習した自然な浮き沈みがこのように発展していくことは、水泳の得意な生徒たちにとっても興味深いものとなるだろう。
　まずはグライドの原理を説明するために長方形の木の板と薄い鉄板を用意する。水面と平行になるように水中に板を沈め、手を離すと板は自然に真上に浮いてくる。ところが水中で板を斜めにして手を離すと、板は前に進みながら浮いてくる。次に鉄板を水面に平行にして手を離すと、そのまま垂直に沈んでいく。しかし鉄板を斜めにして手を離すと沈みながら進んでいくのである。この説明は教室で紙を使い、紙を斜めにして手を離すと前に進んでいく様子でも説明することができる。人間の体も、体が沈もうとしているときに上半身を腰の位置よりも下げて斜めの姿勢をとると沈みながら進んでいく。そして今度は体が浮こうとしている時は顔を上に向けて上半身を腰よりも斜め上の位置にしていくと浮きながら進んでいく。
　実際の練習では、プールサイドから4m〜5m先に張ったコースロープに向けて水面ぎりぎりに蹴伸びをし、コースロープに手先や頭が当たりそうになったら潜る動作をさせる。潜る時に手をかいてはいけないのだが、このことがなかなかできない。手をかかず、なめらかにきれいに潜ってコースロープをくぐって浮いてくる練習をさせる。潜る時に手先と頭を水中に突っ込んでいくが、その際に腰を浮かし、尻、足先の順に水面上に体の一部が出るようにする。水面上に出た体の一部はその重さで体を沈める力として働くので、それが推進力になる。

この動きができるようになってきたらドル平にその動きを取り入れていく。グライド・ドル平である。これまでに習ってきたドル平では、息継ぎの後に頭の重さによって自然に体が沈んでいったが、グライド・ドル平では、体が沈むときに上半身を意図的に下げることで沈む力を推進力に変えていくのである。通常のプールの深さの半分ぐらいの深さまで潜ったり浮いたりするグライド動作ができるようになってきたら、バタフライの手のかきかたを教えていく。
　バタフライは、一般的な競泳用のバタフライではなく、クジラがゆっくりうねって浮いたり沈んだり、尾ひれを出しながら泳いでいくようなイメージで（人の体では尻や下腿が水面上に出る）、グライドを大きく使ったバタフライにさせる。頭が腰よりも低い位置に来る姿勢がなかなかとれない生徒がいる。け伸びの後半からペアの人が相手の手先を持って水中下方へ引いて斜めに入っていくように補助してあげるとその感覚が少しずつわかってくる。
　背泳ぎでは体の浮き沈みはないが、浮きをとるために頭をできるだけ水中に入れておく（目安として耳を出さない）という点からこれまで学習してきたことが生かされる。背浮きバタ足で進めるようになったら、その途中で腕を持ち上げてみると体（顔）が沈んでいき、腕を水中に戻すと再び浮いてくる（「潜水艦実験」と言っている）。顔に水がかぶらないようにして、しかも腕をもちあげてかいていくにはどうしたらよいかということを背泳の学習課題とする。背泳では片方の手を水面上に持ち上げている際、もう片方の手は水中でかいていなければ沈んでしまう場合が多い。

（4）　3年生では個人メドレーに挑戦する
　水泳に必要な学習は2年生までに教えておく。しかしながら何らかの理由で見学が多かったり、水泳を苦手とする生徒もいる。そこでこれまでの復習も兼ねて、3年生では自分で学習課題や単元計画を設定し、最終的に近代泳法4種目を25mずつつなげた個人メドレーのテストを行っている。単に4つの泳法を習得させるというだけでなく、別の意義を私は毎年感じている。それは水泳の基礎に通ずる。最初、生徒たちは4つの泳ぎが正しく25mずつ泳げるようになれば、それらをつなげて100mが泳げると思っている。しかし、そう簡単にはできないということに気づいていく。
　消費エネルギーと呼吸との関係、リラックス、自然な浮き沈み、バタフライではグライド（意図的な浮き沈み）といったことがすべてできていないとなかなか

泳ぎ切れない。毎年興味深い現象が出てくる。運動部にも入っていない、体力的に劣る女子が結構メドレーをすいすいと泳いでしまう。一方で、運動部で活躍していて体力があり、シャトルランでは100回以上走り続けられるような男子生徒が苦戦する。そういう男子生徒は、25mずつ分けて泳がせると体力を生かしてどんどん泳いでしまう。しかし、100m立たずに（プールサイドでつかまって休んではいけない）、4種目続けようとすると苦しくなってしまう。メドレーは100mで2分近く時間がかかる。陸上のトラック種目で言えば400m〜800mの一番苦しい種目だ。水中では一度息が苦しくなってしまえば、泳ぎながらそれを回復させることは難しい。そうならないように、ゆっくり、のんびりと行えばメドレーはだれでも出来るようになる。

5．補習、そして遊ぶ

　毎年夏休みに4日間ほど、1日2時間程度の補習を行っている。自由参加だが、1学期に水泳授業を見学してしまった分の回復ができること、そして水泳の苦手な生徒にとっては個別指導で丁寧に教えてもらう機会にしている。毎年全校の2割程度の生徒が来る。夏休みが明けてからも水泳シーズンが終わるまでは、平日の放課後に補習の機会を作っている。
　授業や補習の時間は水泳についてしっかり勉強する時間であり、遊びたい人たちのためには生徒会体育委員会主催の水球大会がある。体育委員会で大会要項を作り、好きな仲間で自由にチームを作って申し込む。夏休み明けの放課後2週間ほどは、1、2コースを使って補習、そして残りのコースを使って水球大会が行われており、放課後のプールは連日賑わっている。

2

水中でも呼吸がしたい！
―人類の永遠の願いを叶える授業―

　体育授業ではスポーツや運動に関わる文化を学習させている。従って体育教師は文化研究をしなければならない。この授業は水辺文化に関わる教材研究をしていたとき、『スポーツ大辞典』（大修館書店）に「人間は30cmも潜ると水圧によって外の空気を吸うことはできない」と書かれていたことに疑問をもったことから生まれた授業である。シュノーケル程度の長さのホースなら外の空気を吸うことはできるが、それ以上の長さのホースで深く潜っても呼吸はできないのだという。私は本当なのだろうかと疑問を持ち、1m程の長さに切ったホースを持ってプールに潜ってみた。確かに苦しくて吸えない。プール程度の深さであっても、外の1気圧の空気は吸えないのである。

　ところが圧縮された空気なら吸えるのだという。そこでバケツを伏せて重りで沈めた。その中の空気は水深に応じて圧縮されている。潜ってそこへ短いホース入れて吸ってみた。すると勢いよく肺に空気が入ってきた。この時の感動は忘れられない。しばらくの間快適に呼吸しながら水中に留まっていた。15ℓのバケツなら数分程度は潜っていることができる。

　このことをスキューバダイビングに関わる授業にできないかと考え、道具作りを始めた。現在では毎年2年生に1時間、水中呼吸の授業として実施している。生徒たちは多いに関心を示し、水中での呼吸に夢中になる。

アッシリアの壁画（紀元前900年）。
出典：日本体育協会監修『スポーツ大事典』大修館書店

筆者作成

授業は写真A、Bについて考えさせることから始まる。Aは紀元前900年のアッシリア兵士の壁画である。空気袋で呼吸しながら水中を進んでいる。本当にこんなことができたのかどうかはわかっていないらしい。Bは忍者の「水とんの術」。生徒たちに聞くとBなら当然できるはずだという意見が多くでる。そこで実際にホースを使って実験させる。ところが苦しくて息ができない。生徒たちは悲鳴を上げる。なぜだろうか？　そして下の図を示し、水圧によって肺が圧迫されるから外気が入ってこないことに気づかせていく。最初はなぜ呼吸ができないのかという答えがなかなか出てこないが、ある生徒は試しながら、「深く潜らなくて、顔をつけているだけなら吸える」ということに気づいた。

（1）水中呼吸の授業で使う用具

次の物を用意しておく。

① 1mの長さに切った水道ホース。2人で1本。潜って外気を吸う実験に使う。

② 50cmの長さのホース。1人1本。水中でバケツの中の圧縮空気を吸うために使う。潜ってバケツの中の空気を吸うには、バケツの中にホースの先を入れ、口にくわえて強く吹き、ホースの中の水を出してから吸うようにする。そのためにはあまり長いと水出しができにくい。

③ 体を沈める重り。私は1.5～2ℓのペットボトルに砂を詰めたものに紐をつけ、首にかけられるようにして使用している。ひとり1個。もちろん鉄製のダンベルなどがあればなおよい。

④ 15ℓのバケツに15kg以上のバーベルや重ブロックを縛り付けて重りにして沈められるようにしたもの。これを6基程

度用意し、1基を4〜5人で使用する。軽ブロックでは浮いてしまう。

（2）バケツの中の圧縮空気を吸ってみる

原理が分かったところで水中にバケツをセットし、潜って圧縮空気を吸ってみる。首におもりを掛け、短いホースを持って潜る。ホースの中の水出しの仕方は見本を見せて丁寧に教える。これはシュノーケリングの技術でもある。

水中で短いホースをバケツの中の空気に突っ込んで空気を吸ったり吐いたりするが、空気が呼気で汚れてくるので時々バケツを持ち上げて空気の入れ換えを行う。生徒たちは夢中になって繰り返し潜り続ける。

> 〈生徒の感想〉
> 「ホースをくわえてホースの先を外に出して潜ったらすごく苦しかったです。でも、バケツの中の空気を吸ったら全然苦しくならないで結構潜っていられたのですごいと思いました。水の中で息ができたのでびっくりしていたけど、ちゃんと理由が分かったのでよかったです。」

さて、最初に示した忍者の「水遁の術」ができないことは分かったが、A図のアッシリアの兵士のように、袋に空気を入れてそれを水中で吸いながら泳ぐことは可能なのだろうか。これについても私はプールでビニール袋を使って実験をしてみたが、泳ぐことは不可能だろうということが分かった。袋の中の空気は潜った深さによって水圧がかかるため、吸うことができる。しかし、袋の体積が空気量の変化によって微妙に変わるので、浮力が変わり、一定の深さに留まっていることができないのである。空気がわずかに漏れただけでも浮力は変わり、水中姿勢を保つことができない。重いおもりをつけて水底でそれを引きずりながら歩くことはできるかもしれないが、アクアラングをつけたように泳ぐことはとてもできそうにない。

（3）体育理論「ダイビングの歴史」学習内容

人類は水の中で呼吸ができないかということをずっと考え続けてきた。過去において、船の沈没によってたくさんの財宝が海に沈んだ。しかし、人は長い時間水中にいることができないため、こうした財宝はそのままだった。1690年、天文学者としても有名なイギリスのハーレーは、大きな釣り鐘を伏せて沈め、その

中の圧縮空気を吸うことで 1.5 時間も水中に留まって作業することに成功した（左図）。

この原理を発展させたものがスキューバダイビングの器材である。ボンベには圧縮空気が入っていて、レギュレーターでダイバーの水深に合わせた圧力の空気が出るように作られている。硬い容器なのでボンベの体積は変化しないということが大事なポイント。たぶん 20 ℓ の体積のボンベなら 20kg の重さになるように作られているはずだ。だから水中に入れば水中重量はほぼゼロになり、これを人は自由に運搬で

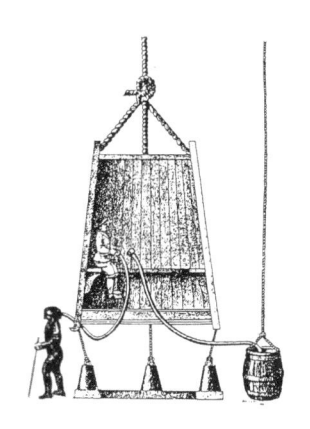

出典：眞野喜洋（1992）『潜水医学』

きる。しかし、高圧の空気を吸うことの危険性について十分に理解し、慎重に行動することが必要である。

（4）水中呼吸の授業の安全性についての検討

もう 10 年近くこの授業を毎年続けてきていて特に問題は起きていないが、私一人で始めた授業であり、分からないことや安全上心配な点もあった。ありがたいことに、2013 年に「日本水中科学協会」主催のシンポジウムで発表させていただく機会を得て、ダイビングの専門家の方たちからいろいろとご意見をいただくことができた。

まず、圧縮空気を吸うことによる肺へのダメージである。実際のダイビングでは水中深く潜るために圧力の高い空気を吸う。そのため浮上の際は決められた時間をかけてゆっくりと浮上しなければならない。体内の圧縮空気が急に膨張することを防ぐためである。これは命を守るための必須事項であり、このことを知っていると映画「海猿」のシーンもよく理解できる。プール内の水深 1 m 程度の場所ならばそれほど心配はないが、発育期の生徒たちのことを考えても、「息を吐きながら浮上する」という原則は教えた方がよいだろうとのことだ。

次にバケツの中の空気を吸ったり吐いたりすることによる空気の汚れの問題である。人間の呼気には 4％程度の二酸化炭素が含まれているので、何回の息でどの程度バケツの空気が汚れるのかを計算することができる。15 ℓ のバケツなら 2 分程度潜っていても空気の汚れに対する自覚症状は全くなく、水中で快適に過ごせる。しかし、二酸化炭素中毒は自覚なく進むとも言われている。授業の中で

は1個のバケツに何人かがホースを入れて呼吸することになる。「圧縮空気なら吸える」ということを確認する程度とし、潜っている時間もせいぜい1分程度までとすべきだろう。そして随時バケツを水上に持ち上げて換気をするように心掛けさせたい。

　この授業の学習内容は、圧縮空気なら吸えるという大発見によって人類は水の中での活動範囲が広がったということ、一方で圧縮空気や二酸化炭素の危険性に対する理解と注意が必要である、ということになる。これからマリンスポーツは私たちにとってますます身近なものになっていくと思われる。その時にこうしたことを知っていると知らないでは大きな違いになるだろう。

　ちなみにバケツの中に常に新鮮な空気を送り込むことができれば、いつまでも潜っていることができるはずだ。私は球技のボールに空気を入れる電動ポンプが体育研究室にあることを思い出した。これをプールサイドに持ってきて長いホースをつなぎ、プールサイドから水中に設置したバケツの中に空気を送り込んでみた。私は水中でバケツの中の空気を吸いながら、5分以上快適な時間をすごすことができ、いつまでも水中に留まっていられることが確認できた。しかし、これは教師の興味関心からの実験に留めておき、授業で生徒たちに行わせるのは控えたい。なぜなら、ボールに空気を入れる電動ポンプは1万円程度で買うことができるものだが、これはあくまでボールへ空気を注入する使用目的で作られているからだ。ダイビングのボンベに圧縮空気を注入するコンプレッサーには空気清浄機がついており、値段は100万円近くする。空気成分に対する安全性が保証された器材である。こうした物が用意できるのであれば授業でも是非使ってみたい。

　体育教師のちょっとした知的好奇心からこの授業は生まれた。「水と人間との関係を学ぶ授業」を目指し、いろいろなことに疑問をもって学びながら授業作りをしていくことは体育教師の醍醐味である。

【引用参考文献】
1)　日本体育協会監修（1987）『スポーツ大事典』、大修館書店。
2)　眞野善洋（1992）『潜水医学』、朝倉書店。

第6章

バレーボール、バスケットボール

3年間を見通したバレーボールの指導①
―中学1年生の指導―

　特殊なボール操作技能を必要とするバレーボールでは、初心者が最初からゲームをしようとしてもパスやラリーがなかなか続かない。導入段階の初期からゲームを楽しませるためにワンバウンドを許可したり、ボールをキャッチしてのキャッチバレーなどが提案されてきた。
　しかしこれらはバレー（Volley）、つまり「空中にあるボールを落とさずにはじく」という本来の特性から逸脱しているため、賛否両論がある。しかも多くの中学校にはバレーボール部があり、中学校に入ったら正規に近いボールで、しかもワンバウンドやキャッチなしで、バレーボール学習を進めたいと願う生徒たちは少なくない。
　現在では扱いやすいソフトバレーボールが次々と開発され、それらを使った授業が小学校でも広まりつつある。しかしながら、ゲームを楽しみながらみんながうまくなっていくための技術指導の系統性についてはあまり進展していないように思われる。正規のボールに変えていった際にもバレーボールらしい楽しさが味わっていけるのか、疑問の声が研究会などでよく出される。
　私は、初めてバレーボールを経験する中学1年生が、正規のボールに近いボールを使用して単元の最初からゲームを楽しんでいける指導過程の研究を進めてきた。そして一応6人制で試合が進められるようになった中学2年生、そして3年生への発展的な指導過程についても明らかにすることができた。
　かつて長野県内の多くの中学校では、体育的行事としてのバレーボールクラスマッチが一日かけて全校で行われていた。しかし、最近では指導の難しさや選択制の導入、行事の精選等の理由からあまり実施されなくなってきている。本校では3年間継続した指導により、男女混合チームで毎年有意義なバレーボールクラスマッチが秋の1日をかけて実施されている。ここではこうした3年間の指導過程の有効性を実践によって検証したものを紹介する。

1. 生徒の実態からみつけた初心者指導のヒント

　正規のボールで初心者に6人制のバレーボールを行わせると、アンダーハンドパスが多く使われ、ボールを落とすか意図しない方向へ飛ばしてしまう。パスが続かず、つまらないゲームになりがちである。ここで考えられることは、ボールの真下へすばやく入り、オーバーハンドパスでふんわりと上げることができればパスがつながるのではないか、ということである。これまでの調査では、ゲーム中のパスの中でオーバーハンドパスの占める割合が50％を越えると、意図的なプレーがかなり楽しめるようになってくる。ボールを受ける面積の少ないアンダーハンドパスよりも、両手で広くボールを包むように触れるオーバーハンドパスの方が正確にパスができるからである。しかし、初心者はこれをなかなか使おうとせず、ついアンダーハンドで受けてしまう。

　こうした生徒の実態と教師の願いが葛藤していた時期、偶然にも次のような光景が目にとまった。休み時間に生徒が1対1でネットをはさみ、ネットに接近した位置でオーバーハンドパスのラリーを楽しんでいる。ネットに近い位置ではボールの飛来する空間範囲が限定されるため、自然と両手が上がり、オーバーハンドパスができている。初心者指導はここから始めればよいのでは、という思いが浮かんできた。そこで、ゲームを中心に1対1から2対2へと人数を増やしていく指導過程を構想し、その中でどんな内容が学習できるのかということを明らかにしながら、授業を通して検証していった。

2. パスの使い分けについての実験

　中学生の初心者がコート内の立ち位置（ネットからの距離）や飛来するボールの高さに応じてオーバーハンドパスとアンダーハンドパスをどのように使い分けようとしているのかについて実験を行った。そしてそこから得られた知見をもとにして、初めてバレーボール学習を行う中学1年生に対して、小人数ゲームでの特別ルールのあり方や動き方の指導について通常の授業を通して明らかにしよ

うとした。

（1）被験者

この実験における被験者は、中学校の2年生のある学級の生徒31名（男子14名、女子17名）である。1年生の時にバレーボールの単元を15時間ほど経験しており、2年生のバレーボール単元の始まる前にこの実験を行った。この中にはバレーボール部員が男女各1名いる普通の学級である。

（2）実験方法

本実験では、図1のように壁にロープでつるしたバレーボールの高さを3段階に変えて固定し、それぞれの高さに応じてオーバーハンドパスで受けるかアンダーハンドパスで受けるかを直感的に判断させ、その構えをとらせることによって、どちらのパスを行おうとするかを調査した。ボールの高さは① 2.75m、② 3.50m、③ 4.25m とした。授業ではネットの高さを2m程度としているため、①はネットの上1m以内、②は1～2m以内、③は2m以上ということになる。また、被験者の立つ位置は、壁から2mの位置と4mの位置の2カ所について行った。壁からの距離が異なる2カ所の地点に立ち、3段階の高さについて調査するので、合計6種類の条件での調査となる。それぞれの条件においての調査は3回ずつ行った。従って調査回数は1人につき合計18回になるが、立つ位置とボールの高さとの組み合わせ、およびそれらの調査順序は無作為に変えて行った。結果の処理は、立つ位置、各ボールの高さについての調査結果3回のうち、2回以上行おうとしたパスを結果とした。つまり、3回のうち、オーバーハンドパスを2回、アンダーハンドパスを1回行おうとした場合、調査結果は「オーバーハンドパスをしようとした」と判断した。

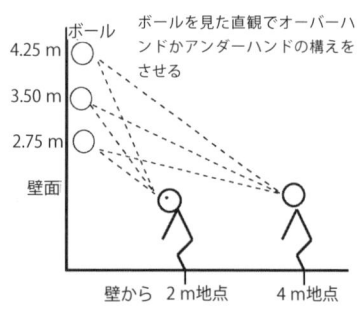

図1 つるしたボールの高さに応じて構えを判断させる実験

（3）結果

ボールの高さおよび立つ位置毎でオーバーハンドパス、およびアンダーハンドパスを選択した生徒の人数と割合を表1に示した。

表1 ボールの高さ、立つ位置の違いによるオーバーハンドパスとアンダーハンドパスの使い分けに関する調査結果（被験者男子14人、女子17人、計31人）

		壁から4m離れた地点に立つ				壁から2m離れた地点に立つ			
		高さ 4.25m	高さ 3.5m	高さ 2.75m	のべ人数	高さ 4.25	高さ 3.5m	高さ 2.75m	のべ人数
オーバーハンドパスを使用	人	18人	5人	1人	24人	29人	27人	5人	61人
	%	58.1%	16.1%	3.2%	25.8%	93.5%	87.1%	16.1%	65.6%
アンダーハンドパスを使用	人	13人	26人	30人	69人	2人	4人	26人	32人
	%	41.9%	83.9%	96.8%	74.2%	6.5%	12.9%	83.9%	34.4%

　壁からの距離が4m地点では、高さ2.75m、3.50mともにオーバーハンドパスを選択した生徒の割合は低く、高さ4.25mで58.1%だった。これに対して、壁から2m地点では、高さ2.75mでは16.1%と低いものの、高さ3.50mと4.25mでは8〜9割の生徒がオーバーハンドパスを選択した。壁からの位置ごとに分けて総計すると、壁から2m地点では、65.6%の割合でオーバーハンドパスが選択されているのに対し、壁から4m地点では25.8%の割合でオーバーハンドパスが選択されていた。

（4）考察

　壁から2mの位置に立った際には、ボールの高さ3.5m、4.25mともにオーバーハンドパスを多くの生徒が選択していた。しかし、壁から4mの位置に下がると、特に高さ3.5mにおいてはオーバーハンドパスを選択する生徒が著しく減っている。高さ4.25mにおいてもオーバーハンドパスがかなり減っている。壁から2mの位置は、正規のアタックライン（ネットから3m）よりも前方であり、前衛でもかなりネットに近い位置になる。壁から4mの位置は、6人制バレーボールの正規のコート（エンドラインはネットから9m）から見ると中央あたりの位置になる。このことから次のことが考えられる。

　まず、6人制の正規のコート（片面9m×9m）で試合を行った場合、現在の生徒たちの状況では、多くの生徒がアンダーハンドパスを使用する頻度が高くなるということである。バレーボールの試合において、ネットの近く2m程度の位置にいる者はわずかで、多くのメンバーはそれよりも後ろの位置にいる。従って、多くの生徒が無意識にオーバーハンドパスよりもアンダーハンドパスを多く使用することになる。授業における練習でオーバーハンドパスとアンダーハンドパスを両方同じぐらいの回数練習させたとしても、試合で使う場面ではアンダーハンドパスの方が多くなるため、ゲーム中心の学習ではオーバーハンドパスがうまく

なる機会は少なくなる。つまり、ゲームで意図的にオーバーハンドパスを多く使わせる指導をしたり、使い分けの基準を示していかない限り、オーバーハンドパスを使う機会は減少し、そのことが正確なパスやラリーが続かなくなる原因として考えられる。

　次に試合のコートを狭くした場合を考えてみよう。ネットから 2m 付近を動き回る程度の広さのコートでの試合を設定したならば、オーバーハンドパスの出現率はかなり高くなることが予想できる。私は中学 1 年生のバレーボールの導入で 1 対 1 のオーバーハンドパスゲームを行っているが、そのコートの広さは片面 3m × 3m 程度である。今回の結果からも、この指導方法によってオーバーハンドパスが出しやすい状況になっていることがわかる。

　今回の結果において、ネットから 4m 離れればオーバーハンドパスの出現率がかなり下がってくることから、オーバーハンドパスを中心にした初心者のミニゲームのコートの広さは、ネットから 5 ～ 6m 程度までの位置にエンドラインを設定するのが妥当であると思われる。ちなみに 4 人制で行うソフトバレーボールのコートはバドミントンコートを使用しており、正規のルールにおけるエンドラインはネットから 6m70 の位置である。初心者が正規に近いボールを使用してオーバーハンドパス中心のバレーボールを楽しむためにはこの広さがぎりぎりではないだろうか。

　オーバーハンドパスは両手でボールを包むようにするため、アンダーハンドパスより接触面が大きくなり、正確なパスを送りやすい。また、高橋（1982）は、中学生の体育授業におけるオーバーハンドパスとアンダーハンドパスの使用比率について比較したところ、攻撃のコンビネーションプレイ学習ができてきたチームではオーバーハンドパスの使用比率が増え、両者がほぼ同数の比率になることを報告している。こうした方向へ指導していくためにも、特に初心者の段階では人数を少なくし、コートを狭くしてオーバーハンドパスが使いやすい条件を作りつつ、意図的に指導していく必要があると考えられる。従って、1 年生では 6 人制にすぐに移るのではなく、4 人制のソフトバレーボールに準じたゲームを目指すほうがよいだろう。

3．1 年生への授業実践研究

（1）少人数ゲームのルールのあり方と技術の指導内容に関する仮説

本実践におけるバレーボール授業の特別ルールでは、「使用ボールは正規に近いボールとする」「ボールは落とさずにはじく」という2点は残しておき、15時間程度の単元時間内で、バレーボールが上達して楽しめるようになる特別ルールを構想した。具体的には、1対1のオーバーハンドパスゲームから始め（ここで審判の仕方も学ぶ）、2対2、4対4へと発展させていく中での特別ルール、および技術指導について考えた。技術指導については、「チーム内でパスをつなぎ、返球していくために必要な技術指導」を考え、三段攻撃へも発展していく可能性のある指導法を構想した。

　こうした授業の流れにおいて今回試験的に採用した重要な特別ルールは、2対2以上の人数ゲームにおいて、「後衛は、ネットを超えてくるボールを1回で返球してはならない」というものである。2対2、および4対4において、ポジションを前衛と後衛に分けてローテーションし、後衛のポジションに来た人は、レシーブボールを1回で返球せず、必ず他のメンバーの手を経由して返球していかなければならない。そのことによって、どのポジションに来ても、「ボールの方向へ構えを向ける」という基本的な技術の習得がしやすくなると考えた。初心者指導においてはローテーションを行わなかったり、セッターを固定する指導法もある（杉山、2001）。しかし、セッターを固定すると3回以内で返球する際のチームの触球数の3分の1以上はセッターの触球となるため、バレーの苦手な生徒の触球数が極端に減り、ゲームの中ではなかなか上手くなっていかない。また、バレーボールの基本的な動き方を全ての生徒に学ばせたいという願いからも、本実践ではこうした役割分担はしないこととした。

　これまでの初心者におけるバレーボール指導においては、「チーム内に来たボールは必ず3回で返さなければならない」とか、「1回で返すことは禁止し、必ず2～4回で返す」という特別ルールを採用している実践例もある（藤崎・高塚、1994）。しかし、こうした特別ルールでは、前衛に来たボールをわざわざ後衛へ送ることになったり、スパイクに対するブロックができないなど、ネット際のボール処理の学習が効果的にできない。言い換えると、「後衛は1回で返球してはならない」という特別ルールの採用により、初心者がバレーボールを楽しんでいく上で必要な、「ネット際のボールの処理方法」、「構えをボールの方向へ向ける」、

「ミスを想定してカバーに動く」という点が意図的に指導できると考えた。また、チームの作戦やレベルに応じてブロックや三段攻撃もこのルールの中で可能になってくる。

（2）方法
今回の指導法、および採用した特別ルールを整理すると以下のようになる。
- 単元時間は15時間程度。
- 使用ボールは小学生用公式球（4号球、軽量ボールと言われ、大きさや外観は中学生の公式4号球と変わらず、重さが30g軽いだけである）。
- ゲーム中心の1対1（4時間程度）、2対2（5時間程度）、4対4（5時間程度）へと発展させ、最終的に4対4のゲームが楽しめるようにする。コートの広さは人数に応じて少しずつ広くしていく。
- 3回以内で返球する。ダブルコンタクト（ドリブル）は禁止だが、1対1の時のみ、1人で3回まで続けて触って良い。
- ボールは落とさずにはじく。ただし、未熟さから生ずるヘルドボール（ホールディング）は厳しくとらない。
- オーバーハンドパスを中心に指導し、アンダーハンドパスは極力使用しないように指導する。ただし、アンダーハンドパスを使用することは反則としない。
- 2対2以降、「構えをボールの方向へ向ける」ということを重点的に指導する。
- 4対4においては、チームとしてのボールのつなぎ方の基本的な考え方を示し、それをもとにしたカバーの動き方を重点的に指導する。

（3）実践の経過（重点的指導内容）
①オーバーハンドパス
単元を通して、アンダーハンドパスの指導はせず、その練習時間もとらなかった（試合の中で使うことは可）。パス練習の際は、オーバーハンドパスのみの練習とする。1対1、2対2、そして4対4へと進み、コートが広くなると、試合の中ではアンダーハンドパスを使用しようとする生徒が自然に出てきたが、ボールの下に素速く入る努力をさせるようにし、できるだけオーバーハンドパスを使用するようにアドバイスした。
②2対2における後衛の1回返し禁止と2人のコンビネーション

初めて2対2をさせてみたところ、1回で相手コートへ返球する場面が多く出てきた。そこで図2を生徒たちに示し、これはバレーボールらしくないと思うが、なぜだろうという質問をした。生徒たちからは、「2人の間にパスがない」という答えが返ってきた。これではバドミントンや卓球のダブル

図2　初期の2対2のボールの軌跡

スと同じようであり、2人の間にパスがあるバレーボールらしさを出していこうと話し、後衛が1回で返してしまうことは禁止する特別ルールを提案した。そのことによって前衛が後ろを向いて構えるという基本的な動きも身につくと説明した。こうして今回の特別ルールは自然な流れで進められた。2対2の場合、後衛がレシーブしたボールは必ず前衛の手を経なければないので、練習や試合の中で前衛が後ろを向いて構えるという指導を徹底することができた。試合の中でも、このことのできない生徒に声をかけていき、構えを向けさせることでパスが繋がった場面をほめて定着させていった。

ただし返球の仕方を考えさせる過程で、後衛から来るボールを前衛が再び後ろへ戻す無駄な動きや、後衛から来るボールを後ろを向いたまま相手コートへ返球する難しい動きも見られたので、その都度課題解決の方法を個別にアドバイスした。また、ネットを超えてくるボールのコースに応じて、2人のコンビネーションでどのように返球していくことが効果的かをチームのレベルに応じて考えさせるようにした。ネットぎりぎりに低く飛来してくるボールは無理せずに前衛が1回で返すことも大事であるとした。

③ 4対4での基本的な返し方とカバーの指導

パスの行われる球技においては、メンバーが3人以上になると、一瞬一瞬にパスを出す人と受ける人が決まり、パスの授受に関わらない人が出てくる。その人がどう動くかという学習が3人以上のチームプレーでは重要であり、初心者のバレーボールでは、それはミスを予測してのカバーに入る動きということになる。今回の4対4ではカバーの動きはどのように指導すればよいのだろうか。そこで、次のような基本的なボールコースの指導とカバーの動きを考えた。

図3のようにCがレシーブするとき、Cは1回でボールを返してはいけないのでBにボールを送ることを基本として指導する。なぜならば、Aに送ろうとし

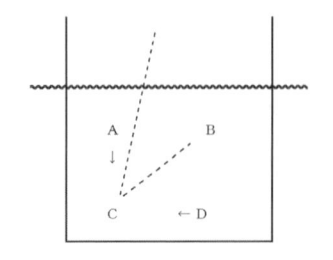

図3　パスのつなぎ方とカバーの動き

た場合、そのボールがそれてAの左の方へ飛んでいってしまったらだれもカバーできない。Bへ送ろうとすれば、AとDがカバーに動ける。ボールをうまく受けたBはAとのコンビネーションで返球していけばよい。レシーブをDが受けた場合はAへのパスを基本コースとし、BとCがカバーに動く。ボールが後衛から前衛に行ったり、最初から前衛がボールをレシーブした時には後衛の2人が前衛のカバーに動く。こうした基本コースを教えることにより、誰が（どの2人が）カバーに動くべきかということが一瞬一瞬明確になる。チーム内で1個のボールを使って練習するときは、前衛のAかBが対角線の後衛へボールを出し、それをキャッチさせることで、その瞬間だれがどこへどう動くのかを確認させていった。また、レシーブミスによってカバーの人がボールを拾った場合、それをどこへパスして返球していくのかということも、チームの作戦として考えさせるようにした。この段階としては「チームとしてパスをつないで返球する」ということが課題であり、そのための作戦をチームとして考えさせていく。その際のパスのコースは、パスを受けやすい人に送る、カバーしやすいところへ送るということが原則になる。

　4人制バレーボールのフォーメーションとしては、セッターが1人だけネットの近くに出ている菱形のフォーメーションもこれまでの指導書等で紹介されている。このフォーメーションは攻撃のためには有利と考えられるが、セッター1人に負担が集中し、ローテーションをした際に、ここにボール操作の不得意な人が来たときにはミスが連発すると予想される。そこで、「初心者がボールをつないで何とか返球する」程度のレベルのチームには、難しいフォーメーションであると考え、採用しなかった。加えて、今回は「後衛は1回で返してはいけない」という特別ルールを採用しており、前衛と後衛が明確になる必要があるため、前衛2人、後衛2人というフォーメーションにした。

　4人の段階になると「チームプレー」「チームワーク」という課題が生徒たちから自然に出てきた。チームプレーとは、ボールのつなぎ方の基本にそったチームとしての作戦を4人全員が一致して分かっていることであり、ミスが起きてもそのつなぎ方を全員が分かって動くことだと指導した。つまり、前衛が1回

で返すことも、残りのメンバーが一致して理解しているのならそれはチームプレーである。初心者であるからミスをするのは当たり前であり、バレーはミスがなければ試合自体が進まない。とにかく来たボールはオーバーハンドで何とか上げ、まわりの人のカバーでつないでいけばよいと指導した。そしてそのことがバレーボールの楽しさであることを学ばせていくようにした。

技能習熟の系統性から考えると、オーバーハンドパスはボールが来た方へ送り返すのが一番簡単である。パスの方向を左右方向に変えていくとしだいに難しくなる。一番難しいのは見えない真後ろへボールを送ることである。こうした原則をその都度教えていき、簡単にできるコースでチームとしての返球の作戦を考えさせていった。

（4）結果と考察
①オーバーハンドパスとアンダーハンドパス

初めてバレーボールの学習を経験する生徒がほとんどであり、第1時間目が終わった時点で、オーバーハンドの直上トスを連続5回以上続けられた生徒はクラスの半分にもならなかった。しかし、ネットをはさんでの1対1では、何とかボールを落とさないようにと夢中になって取り組み、第2時間目には審判をつけての1対1のゲームを楽しむことができた。そしてゲームを通してオーバーハンドパスが上達していった。

第5時間目からの2対2では、初めて行う2人でのコンビネーションプレーに戸惑い、落とすことも多かったが、しだいに慣れてオーバーハンドパスでつないで返すことを楽しめるようになってきた。

4対4になると（バドミントンコートの広さ）、高く上がっているボールに対してもアンダーハンドパスを使おうとする生徒がでてきた。特にそれは後衛のプレーヤーに多く見られた。後衛の位置はネットから3〜5mの位置であり、これは事前実験で明らかになった知見と一致する。しかしながら、ここではオーバーハンドパスで受けることができる高さのボールであるにもかかわらず、アンダーハンドパスで受けようとする場面が多く見られていた。そこで、アンダーハンドパスのやり方を指導するのではなく、これまで習ってきたオーバーハンドパス使用するために早めに両手を上げて構えていること、そして素速く動いてボールの下へ入ることをアドバイスした。今回の第9時間目にアンダーハンドサービスを初めて教えた時には、2人1組になって、アンダーハンドサービスをネット

の向こうでオーバーハンドパスでレシーブする練習を同時に行わせた。

　コートが広くなるとボールの飛来空間も広くなり、アンダーハンドパスで受けようとする生徒が多く出てくる。しかし、多くの場合は低いボールだからアンダーハンドパスをしようとしているのではなく、ボールの下に正確に入れないためについアンダーハンドパスで対応してしまうのである。そのような状態の時にアンダーハンドパスを指導することは、ボールの下に正確に入ってオーバーハンドパスで受ける技能を向上させる上でマイナスに働くのではないかと考えた。この時点ではオーバーハンドパスをしっかり指導しておき、ボールの下に入ることができてくればほとんどのボールには対応することができ、とっさのアンダーハンドパスもある程度自然にできるようになってくるとも思われた。サービスはアンダーハンドサービスでふんわりと送るようにさせている（サービスの精神）。したがってほとんどのサーブレシーブはオーバーハンドパスで受けることができる。こうした指導の流れによって、バレーボールの楽しさを十分に味わうことができると考えられた。

　長井・後藤（2003）は、上方から落ちてくるボールを目より高い位置で操作するオーバーハンドパスの指導は、中学1年生よりも小学校6年生の段階で指導しておいた方が効果的であるとしている。今回の結果からも、放っておけばアンダーハンドパスが多くなりがちな初心者に対して、学習の初期にオーバーハンドパスを中心に指導することが重要であると考えられた。また、レシーブをキャッチしたり、ワンバウンドを認めるなどの特別ルールを採用しなくても、オーバーハンドパスを中心にした系統的な指導で、生徒たちはバレーボールを楽しことができるようになっていくと思われた。

②後衛の1回での返球禁止について

　バレーボール学習の単元を終えた段階で、後衛が1回で返すことを禁止する特別ルールを書かせたところ、多くの生徒はこの特別ルールは良かったと書いてきた。その理由は、1回で返してしまうとバレーボールらしさが失われるということ、そして彼らはパスをつないでいくバレーボールの楽しさを求めており、それがこのルールのおかげで実感できたからである。しかし一部の生徒は、後衛が前衛にパスを送ろうと思ったのに力あまって相手コートへ返してしまったことが時々あり、反則をとられたことから反対だという意見を書いてきている。その他の生徒についてはどちらかと言えば賛成であったと思われる。

　以下、生徒の記述より。

> ○「いいルールだと思う。後衛が一回で返してしまったらローテーションする意味がないと思う。」
> ○「後衛が一回で返さないとパスがすごくつながってパスの練習にもなるし、チームワークも深まるのでいいと思います。」
> ○「個人プレーにならず、チームメイトを信じる力がつくと思うので、すごくいいルールだと思います。後衛が一回で返してしまうとチームとしても試合としても楽しくプレーができなくなると思います。」

③構えを向けることとカバーの動きについて

　今回の2対2、および4対4指導は、生徒にとって技術学習の課題が明確であり、単元時間の節約からも3対3は経過しなくてもよいだろうと考えられた。3対3ではカバーに動く人が1人であるため、その動きの範囲は広くなる。4対4にしてカバーに動く人を2人にした方が動きがわかりやすく、カバーの成功率も高くなる。

　また、4人での「チーム練習」の際には、ボール出しやカバーの入り方、つなぎ方を練習していくこともやりやすかった。チームとしてカバーの動き方や声の出し方を振り返らせながら課題を確認して取り組んでいくこともできた。ただし、練習や試合の場面でその都度教師が声をかけていかないとなかなか定着していかない。このことは2年生以降のバレーボール単元においても継続して指導していく必要がある。パスミスを責めがちな生徒たちに対して、とにかくふんわりと上げればカバーが拾ってくれること、カバーに動いていない人に教師は声をかけ、カバーでつなげた場面をほめていくことで指導のやりがいも感ずることができた。

　チームによっては三段攻撃を試みるチームも出てきていた。チームのレベルに応じて、パスをつないで何とか返球することを課題とするチームと、三段攻撃で攻めていくことを課題とするチームがあり、両方の課題を共存させながら授業を展開することができた。

（5）単元を終えての生徒の感想

> ○「1対1や2対2など、いろいろと楽しめることが多かったのでよかった。」

> ○「人数が多くなるにつれてバレーボールらしくなってきてとても楽しくなりました。4対4の時はチーム内の声かけがとてもよくできてよかったです。味方にパスをするのは結構難しかったです。来年はチームプレーを重視して1回で返すとかをなくしたいです。」
> ○「バレーが苦手で、最初はオーバーハンドパスも続けて10回もできなかったけど、最後には20回以上続けてできるようになった。チームの人がミスしても、ドンマイとか、そういう声をかけあえてよかった。」

　バレーボールには、仲間同士でパスをつないで返していく楽しさがある。2対2以降の指導において、「後衛は1回で返球してはならない」という特別ルールを採用することにより、「パスをつなげるためにボールの方向へ構えを向ける」という基本的な動きの指導が効果的に進められた。また、このルールのもとではパスをつなぐという生徒たちの願いが叶えられるだけでなく、ブロックも可能であり、ネット際のプレーの向上や三段攻撃をも含んだチームレベルに応じた学習が可能であった。このルールは生徒たちからの支持も高く、有効であった。

　その後、この学年の生徒たちが2年生、3年生になった時の6人制バレーボールにおいても、「後衛は1回で返球してはならない」という特別ルールを継承していったが、チームプレーを学習していく上で効果的で、現在では本校の特別ルールとして定着している。

【引用参考文献】
1) 藤崎武利・高塚健治（1994）『新しい中学校保健体育の授業作り②バレーボール編』、明治図書。
2) 小山吉明(2007)「中学校3年間を見通したバレーボールの指導過程に関する研究」、『運動文化研究』24；34-47。
3) 長井功・後藤幸弘（2003）「小学校6年と中学1年から学習した生徒の縦断的成果の比較からみたバレーボール学習開始の適時期」、『大阪体育学研究』第41巻。
4) 日本ソフトバレーボール連盟編（2001）『ソフトバレーハンドブック』、大修館書店。
5) 高橋健夫他(1982)「バレーボール教材の初心者指導の方法に関する比較研究（Ⅱ）」、『奈良教育大学紀要』第31巻第1号、pp.85-106。
6) 栃堀申二（1974）『球技指導ハンドブック』、大修館書店。

2

3年間を見通したバレーボールの指導②
―中学2年生の指導―

1．試しのゲームから課題をつかむ（2時間）

　1年生で4人制を行った後、2時間程度6人制をやっておくと2年生へのつながりがスムースである。しかし、2年生ではすでに約1年を経過しているために、最初からラリーの続く楽しいゲームにはなかなかならない。6人制でも「後衛は1回で返球してはならない」という特別ルールを継続して採用する。試しのゲームでは、以下のデータをとるとよい。

①オーバーハンドパスとアンダーハンドパスの数の比率。
②スパイクや三段攻撃の数。
③何回で相手コートへ返球しているか。

　結果から、アンダーハンドパスが多く、オーバーハンドパスが少ないこと、三段攻撃になかなかならず、1回や2回で返球してしまっていることなどが明らかになる。1年生の時にオーバーハンドパスをかなり指導してきても、1年間経過すると再びアンダーハンドパスが多くなってしまうのが現状である。
　試しのゲームから、2年生ではバレーボールの醍醐味である三段攻撃、つまりコンビネーションによるトスからのアタックをみんなが楽しめるようにすること、そしてそのためにオーバーハンドパスを多く使えるようにしていくという課題を設定する。サービスは3年間アンダーハンドサービスで、確実に入る場所から打ってよいとする。従ってふんわりと飛来するボールをオーバーハンドでレシーブすることがポイントであり、すでに述べたように、これまでの実践から、試合全体のオーバーハンドパスの数がパスの過半数を超えるとゲームの様相がかなり変わり、意図的な楽しいゲームになってくる。

2．6人のポジションから2人のペアを決め、
　パスやトスからのアタック練習（3時間）

　中学2年生となると男女の技能差も大きくなり、また男女の関わりがうまくもてない生徒も出てくる。試しのゲームをすると、時として特定の仲のよい男子同士が隣に並び、2人だけでパスをつないでスパイクを楽しんでいるという状況が出てくることがある。そしてローテーションによってこの2人が後衛に回るとなすすべもなく、前衛にきたバレーボールの苦手な女子がミスを重ねる姿をつまらなそうに見ているのである。

　こうした状況を反省会で振り返らせ、ローテーションをした際に、いつもチームが同じように力を発揮できるようにポジションを再検討させる。結果としてバレーボールの得意な生徒と苦手な生徒が交互に並ぶポジションを自分たちで作ることになる。

　新しいポジションが決まったところで、2人1組のトスからのアタック練習に入る。ここですでに練習相手となる2人のコンビは決まってくる。前衛のセンターがセッター（トスを上げる役）となれば、基本的にはアタックを打つのはその両隣の2人しか考えられない。つまり、6人のそれぞれが、自分の隣のポジションに並んでいる人とコンビを組んでトスからのアタック練習を行うのである。右隣の人と練習するか、左隣の人と練習するかどちらかである。しかも、2人の左右の位置関係もすでに決まっている。こう説明すると困った顔をする生徒が出てくる。関わりの苦手な生徒どうしで組まなければならないペアがでてくるからである。しかし、すでにそのポジションは自分たちで決めたものである。

　中学校の授業レベルでは、前衛のセンターに来た生徒がセッター役として、自分の左右にいる仲間に打たせる。その理由として、レシーブをセッターに返す時、セッターはセンターの位置にいる者にした方がレシーブがずれた時に左右の仲間がカバーできること、トスが乱れた時にもセッターの両隣に仲間がいるのでカバーしやすいからである。また、レシーブを右サイドの後衛、あるいは右サイドの前衛が行った場合、セッターは右方向を向くことになるので、トスは前衛右の者へ上げた方が上げやすい。同様にレシーブを左サイドの者が行った場合には前衛左の者が打つという原則で三段攻撃の練習を進めていく。

　練習の中では、トスの高さやタイミングを2人で確認しあっていく。部活動

などの練習ではトスが正確に上がることが前提で、トスの落ちる予定の位置に入り込み、助走を生かして思い切りジャンプする。しかし、授業の中ではトスが正確に上がらないことを前提にして練習をする。つまり、トスが落ちる予定の位置を最初から決めてそこへ入り込んではいけない。トスボールの行方をよく見て、まずはその方向へすばやく移動する。そして落ちてくる位置で軽くジャンプしてタイミングを合わせて打つのである。ネットもあまり高くないので、タイミングを合わせることが中心的な学習課題になる。とかくバレー部の生徒などはオープントスを高くあげてボールの落下速度を速めてしまう。これでは初心者は打てない。また、バレーの得意な者がアタック側に回ると、方向のずれたトスに不満を持ち、打たないこともある。しかし、この学習ではこうしたトスミスにもタイミングを合わせて返球することが大事な練習なのである。そういう学習課題を教師側は丁寧に指摘し、学ばせていくことによりチームプレーができてくる。バレー部員でも新しい技術を学ばなければならないのである。

　ポジションをもとにしたペアでのトスからのアタック練習は、各人が4通りのパターンについて練習することになる。つまり、前衛にABCの3人が並んでいる場合、BにとってはAとのペアでBがセッターの位置にいてトスし、左横にいるAにアタックを打たせる練習、次にひとつローテーションして、今度はAがセッターの位置に来てトスし、右横のBにアタックを打たせる場合がある。BはCとペアを組んだ場合も同様に2つのパターンがあるので、Bにとっては合計4パターンの練習が必要ということになる。

　これを1時間の中ですべてやっていると練習だけで時間が終わってしまう。生徒たちはゲームをしたい。そこで、2パターンほど練習し、授業の後半はそれを試合で試していくようにする。次の時間には別のパターンで練習し、試合で試していく。

　ちなみに準備運動として行う2人1組のオーバーハンドパス練習でも、ポジションに合った2人で組んで練習を行わせる。その中心的な練習は、前衛のセンターと後衛のセンターの位置の二人でのパス（レシーブ）練習である。前衛のセンター役はネットの近く1m以内の位置に立ち、後衛のセンター役はコートの後衛の位置に立つ。練習は常にポジションとコートの広さを意識させて行う。後衛役はオーバーハンドパスで正確にセッターの位置の相手にボールを送る。セッター役の人は、少しとりにくいボールを後衛に送る。後衛が力を入れすぎてボールを送ったりすると、セッター役にタッチネットをさせてしまったり、相手コ

ートへ返すことになってしまう。常にネットの位置やコートの広さを意識した練習がここで行われ、力の調節能力が高まっていく。しばらくしたら2人は位置・役割を交代して練習する。

　バレーボールではプレー中はみんな上空のボールを見ているために、前後左右の仲間がどこで何をしているか確かめることができにくい。ポジションにあった前後左右のメンバーでコート内の位置関係を意識した練習を行うことにより、上空のボールを目で追っている際にも、メンバーの動きが予想できるようになる。

3．3人以上の練習はカバーの練習（3時間）

　トスからのアタックの楽しさを感じ、試合でもそれが見られるようになってきたら、3人の練習に移る。この3人の動きは1年生の4対4で述べたことと同じである。パスなどのボール操作技能を高めるためにはパスを出す人と受ける人の2人で練習し、できるだけたくさんボールに触って練習したほうがよい。3人以上になると、瞬間瞬間にパスを出す人と受ける人以外の人が出てくる。この人がどう動くかを練習するのが3人以上での練習になる。言い換えると、3人以上でボール1個を使った練習の際に、ボール操作に関わらない人が見ているだけなら、それは動かない練習をしていることになり、下手になってしまうと考えるべきだ。それならボールの数を増やして2人1組にしてパス練習をした方が効果的である。

　授業レベルのバレーボールでは、その3人目の動きの中心はカバーの動きになる。レベルがもっと上がってくれば、時間差攻撃のおとりに走るということなども出てくるが、それは3年生のかなりレベルの高いチームで、レシーブが正確にできるようになってこないと難しい。

　3人での練習においても、6人のポジションから抽出される3人の並びを考えて行う。例えばABCの3人の場合、Cが前衛センターの位置でのセッター役、Bが前衛左サイド、Aが後衛の左サイドとする。レシーブ体制はBとAがとる。Bがレシーブすると分かった瞬間にAがレシーブカバー、Aがレシーブすると分かった瞬間にBがレシーブカバーに動く。その後のトスカバー、ブロックカバーは1年生の4対4で説明した通りである。このABC3人での練習では、そこから2つローテーションしてAがセッター役、Bが前衛右サイド、Cが後衛右サイドでの練習もする。

6人のポジションからどこの3人をとるか、そしてその3人がどの位置にいる時の練習をするのかでいくつものパターンの練習をしなければならなくなる。これも1時間ですべてはできないので、一部分を取り出して練習して後半は試合、次の時間は別の部分を取り出して練習というようにしていく。

4．6人でのチーム練習へ（3時間）

いよいよ6人でのチーム練習に入る。相手コートからネットを越えて飛来するボールをどのように6人のチームプレーで返していくかを学習する。その際指導上大切なポイントが2つある。ひとつは3人の練習の時と同様、ボールのパスに関わらない、今度は4人（6人－2人）がどう動くかということ。レシーブカバー、トスのカバー、そしてブロックカバーである。もうひとつは、カバーで拾ったボールをどう攻撃につなげていくかという作戦である。

まずカバーの動きについては、レシーブ者が分かった瞬間にレシーブ者とセッター以外の4人がレシーブ者のカバーに動き、レシーブ者を取り囲むように位置する。最初はボールを高めに投げ上げてキャッチさせ、カバーの動きをお互いに確認しながら行うとよい。この練習は教師側もかなり声をかけて指示していかないとなかなか動きが成立していかない。試合ではレシーブボールのカバーができても、ボールが前衛に送られると後衛は安心し、ボーッと立って見ている場合が多く出てくる。ボールが後ろへ行ったらみんなで後ろへ走る。前に行ったら前へ、横へ行ったら横へ走るというようにボールを追う動きを作っていく。この練習でボールを出す人と受ける人だけが動くのであれば、それは6人で練習するより2人1組で練習した方がよいことになるし、それでも6人での練習を続けていれば、それは残りの4人が動かないようになることを練習をしているようなものである。これではうまくなるどころかますます下手になってしまうということを意識させていく。

次にカバーで拾ったボールをどのように攻撃につなげていくかである。カバーで拾うボールもできるだけオーバーハンドパスで受け、それをトスにしていくことができればアタックの数は倍増する。そのためにカバーで拾ったボールはどこへ送って誰が打つのかということをチーム内で確認させていく。

このチーム練習を指導していく際に大事なポイントは、レシーブやトスが正確にできればできるほどカバーの動きは必要なくなり、みんながカバーに動かなく

なるという事である。従ってレシーブの3本に1本程度はわざとミスし、セッターでない人の方にふんわりと上げさせる。そこからカバーがどう拾って攻めにつなげていくかチームで考えさせていくとよい。
　こうしたプレーは部活動やレベルの高い一般チームのバレーボールとは異なる。レベルの高いチームの場合、レシーブがセッターに返ることを前提として攻めの工夫を考えている。レシーブカバーやトスのカバーの体制などは必要ない。授業のバレーボールでは、レシーブミスやトスミスが起こることを前提にしてチームプレーを組み立てていく。
　バレーボールはボール操作が難しいために、チームとしての意図的プレーが成立しにくいと言われてきた。偶然性も大きい。しかし、ミスプレーも予測のひとつとして周りの者がカバーの体制をとっていれば、それは意図的組織的プレーになる。レシーブがセッターに届かなければ意図的プレーが終わりになるのではなく、次のカバーによる意図的プレーが始まるのである。カバーの者は「待ってました」とばかり意欲的に次のプレーを展開していく。この行為によってレシーブミスをした者は責められない。カバーの者が待ちかまえていて精一杯動いても拾えなければ、カバー者自身が「カバーできなくてごめん」となるし、まわりの者は「ドンマイ」と声をかけることになる。
　カバーで拾ったボールを意図的なチームプレーで相手コートへ返球していく際にも、オーバーハンドパスを使うことが大切である。オーバーハンドパスではボールを送ろうとする方向へ構えを早めに向けることが基本であり、そのことをしっかり指導しておくと、そのプレーヤーの構えを見ればどこへボールを送ろうとしているのかがまわりで分かるようになる。早めに両手を挙げてパスの方向へ構えを向けることは、ボールを誰に送ろうとしているかの合図になるのである。その動きができてくると、セッターにボールが返らなくてもレシーブのカバーがトスになり、三段攻撃の数は飛躍的に増えていく。
　バレーボールはミスによって相手チームに得点されていくゲームである。どちらのチームもミスをするのが当たり前、ミスがなければ試合自体が進まない。試合ではそのミスの少なさを競っているにすぎない。ミスの数を相手チームより少なくしていくためにはどうしたらよいか、それを考え、協力しあうことでバレーボールのチームプレーが育っていく。

5．単元の後半は自分たちで練習計画を立てる

　単元の前半は以上のような教師の指導と練習したことを試合で試すゲームで進む。単元の後半はこれまでの学習をもとにして、チームに必要な練習の計画を毎時間立てさせていく。教師側の指導としては、少人数の練習ではポジションの並びからその人数を抽出し、ポジションに合った練習になっていること、3人以上の練習ではパスの授受にかかわらない者の動きを大事に考えているかをチェックしていく。

　こうした指導過程で一試合の中で全員アタックということが具体的目標となり、実際にそれを実現させるチームが出てくるようになる。

3年間を見通したバレーボールの指導③
―中学3年生の指導―

1．単元計画を自分たちで立てる

　本校では3年生の保健体育のテーマを「生涯スポーツに向けて、計画・運営を自分たちの手で」と設定している。すでに2年間バレーボールを学習してきており、3年生では単元計画の立案、1時間の練習計画、試合計画をすべて自分たちで立てさせていく。オリエンテーションに2時間程度かけ、15時間程の計画作りを班長を中心に行う。どの時間にどの班と試合をするのかということも計画に入れさせていく。1時間1時間の練習計画は単元計画をもとに当番制で当番が前時の反省やまとめも含めて書くようにしている。

2．教師の指導

　教師側は次の点を指導する。練習内容、時間配分等は基本的に生徒に任せる。但し、これまでの学習を踏まえてポジションを最初に決めさせ、ポジションの並びにそったペアや少人数での練習にすること、ネットの位置やコートの広さを常に意識した練習をすること、3人以上の練習ではパスの授受にかかわらない人の動きを大事に考えること、といった点はチェックし、声をかけていく。従って円陣パスのような練習は基本的には出てこない。
　例えば2人1組で前衛後衛の位置関係でのパス練習をしようとしているチームがあるとする。チームの人数が奇数である場合は3人の組が出てきてしまう。この場合1人がセッターの位置について残りの2人が後衛の位置につき、後衛の2人が交互にセッター役の人にパスを送る練習をすることになる。これを放っておけば後衛の2人は自分の所にボールの来ない時はただ立って見ている。そこで教師は、ボールが来ない時にはカバーの動きを交互に行うよう指導するのである。こうした細かな点を教えていくとチームとしての動きがどんどんよくな

っていく。

　ポジションに合った組合せでの練習を進めていくために、班ごとに準備体操をするときやミーティングをする時、必ずポジションの並びで円くなって行うようにさせる。そのことで前後左右の仲間の位置関係を常に意識できるようになる。

　また、教師の仕事として生徒のひとりひとりの動きやチームの様子について授業中細かくメモしておき、毎時間提出される班ノートにアドバイスの赤ペンを入れていく。こうして授業中はできるだけ生徒の活動にストップをかけないようにする。

　3年生では全員アタックに加え、ブロックを工夫したり、チームによっては速攻などの時間差攻撃を練習するなど、攻めを楽しんでいくようになる。ただし、セッターの固定、あるいはランニングセッターについては触球数に片寄りが出るので採用しない。

3．ポジションを意識した練習は効果があったか？

　これまで示してきたように、6人のポジションを決めさせ、そこから抽出させる形で2人、3人の組を作り、ポジションとコートを意識した少人数の練習は効果があったのだろうか。これまで他校の研究授業等でバレーボールの授業を何度も見てきたが、こうした観点からパス練習やトス・アタック練習の組を作らせている授業には出会っていない。練習場所についても、コートやネットとは関係のない場所で2人1組のパス練習をしている授業が多い。部活動のように何百・何千時間という多くの時間をかけて練習するのと違い、授業ではたった20時間足らずでみんながうまくなりバレーボールが楽しめるようにならなければならない。そのあたりが部活動等の練習方法との違いと考えてこれまで指導してきている。

　以下は以前受け持った3年生2クラス（計63名）で、単元終了後にとったアンケートの結果である。

質問（単元終了後のアンケート）
　2人1組や3人1組の練習の際、チームのポジションの並びに合うようにその人数を取り出し、コート内の位置関係を意識して練習していましたか？（63人中）

ア、ほぼ毎回意識して練習に取り入れていた…48人（76％）
　　イ、時々意識して練習に取り入れていた………12人（19％）
　　ウ、あまり意識してやっていなかった…………3人（5％）

アまたはイと答えた人へ。ポジションを意識して練習したことは効果があったと思いますか？（59人中）
　　ア、効果があったと思う……………50人（84％）
　　イ、効果はあまりなかったと思う……3人（5％）
　　ウ、何とも言えない…………………7人（11％）

　チームのポジションの並びにあった少人数練習を、95％の生徒が「ほぼ毎回意識」あるいは「時々意識」して練習に取り入れていたと答えている。そしてそのうちの84％の生徒が、「効果があったと思う」と答えている。
　「効果があったと思う」と答えている生徒たちは、具体的に次のような場面があったと書いてきた。

○トスのボールがひとりひとり違うので慣れたし、どういうボールを誰が取るかなどわかった。
○スパイクの時、ペアで練習しているのでタイミングが合って打てていた。レシーブでも、だいたいこの辺はあの人が取るとか分かりながらでき、レシーブ強化にもつながった。
○ローテーションをしてこの人が隣に来た時はこうすればカバーができるとか、カバーしてくれるとか、ここに来たボールはこの人が取るとか考えてできた。
○自分の隣の□□さんへのトスがとてもうまく上げられるようになった。周りにいる人のカバーに入るとき、だいたい外せばあの辺にボールが落ちるだろうということが分かりながらカバーに動けた。
○打つ人の打ちやすい所がだんだん分かってきて、どのくらいの高さがいいか、前か後ろかなどが分かった。カバーなども、だれの後ろに回ればいいのかなども分かったのでやってよかった。
○後衛の時、自分の前の人と毎回練習していて、セッターにうまく送ることができ、三段攻撃ができた。

○前もってどのくらいのトスの高さがいいのかとか、タイミングとか、打ち合わせができたから、試合の時に生かすことができてよかった。前もって打ち合わせをしておくのとしないのではプレーの仕方が全然違った。

　このように多くの生徒が具体的例を挙げてポジションを意識した練習の成果を記述していた。一方、あまり効果がなかったという生徒の中に次のような記述があった。そのチームは人数の関係上7人のチームにせざるを得なかった。試合ではローテーションの度に1人出て、1人入るという形をとっている。従って6人の試合の時に自分の前後左右に来る仲間がその都度若干ずれてきてしまう。そのために練習もしにくく、効果があったかどうか疑問であるということだった。

　授業ではできるだけ毎時間のように試合を行っていかないと生徒たちから不満が出る。試合の時間がある分、練習の時間は短くなる。従って、授業では「試合の中でうまくさせていく」ということを教師は常に意識して指導していく必要がある。「セッターを固定しない」という理由もそこから来ている。セッターを固定にすると3回以内で返球するチームとしての総触球数のうち、3分の1以上をセッター役の生徒がプレーすることになる。試合中に一回りローテーションした際、バレーの苦手な生徒がほとんどボールに触れていなかったなどということがよく起こるのである。その状態でたまたまボールに触れるのでミスも起きがちであり、自信を失っていく。そして他の生徒たちはその生徒にボールを送ることをためらうようになる。悪循環である。

　私が2年生の三段攻撃の学習の際に毎年生徒たちに話していることがある。ある2年生の授業の試合で起きたことである。バレーの苦手なHさんの隣にバレーの得意なN君がいた。2人が前衛に来たとき、N君は練習した通りにHさんにトスを上げた。Hさんは打てずにミスをし、失点してしまった。失点したので相手チームのサーブが続く。Hさんのポジションは変わらない。再びN君にレシーブボールが行き、N君はHさんにトスを上げた。Hさんはまた打てない。普通ならスパイクミスを数回続ければHさんにボールを送らず相手コートへ返してしまうだろう。しかし、N君はHさんにトスを上げ続けた。5回続けてHさんはアタックをミスし、5点失点した。そして6回目のN君のトスでようやくHさんのアタックが相手コートへ返った。しかもそれがきまり、得点になったのでみんな大喜び。そしてその後がすごかった。この時間、その後もHさんに何度かトスが上がったが、Hさんのアタックはすべて相手コートへ返るように

なったのである。試合の中で、N君のトスがHさんを上手くさせた。誰のおかげで人は上手くなり、あるいは下手にさせられるのかを考えさせられる事例であり、みんながうまくなる感動を味わえた事例である。

4．バレーボールクラスマッチ

　本校では約2ヶ月、17時間ほどのバレーボール学習のまとめとして、各学年毎に1日かけてクラスマッチ形式のバレーボール大会を実施している。1年生は4人制、2、3年生は6人制である。準備から当日の運営、そして全ての審判を生徒たちの手で行う。1年生でも単元の第2時間目から審判をつけて1対1の試合をしてきているので笛を吹いて審判ができるようになっている。先生方が笛を吹くことはない。
　バレーボール大会の目標として次の3つをあげている。
（1）体育授業で学習してきたことを精一杯発揮し、バレーボールを楽しむ。
（2）バレーボール大会を自分たちの手で運営する。
（3）協力し合ってプレーし、競い合い、自分たちで運営することを通してクラスや学年の仲間が一層仲良くなる。
　特別ルールとして定着させているものとしては、サービスはサービスの精神を尊重してアンダーハンドとする（エンドラインの後ろからではなく、入れやすい所から打ってよい）。アタックラインは使用せず、後衛のプレーは公式ルール以上に制限する。つまり後衛はジャンプして返球してはならず（アタック、ブロックの禁止）、後衛はネットを越えてくるボールを1回で返球してはならない。
　近年、仲間との関わりの苦手な生徒が多く、体育の役割が期待されている。そうした子どもたちに対してもこのような指導過程は有効であり、学級作りのためにもありがたいと感謝されている。

4

3年間を見通した
バスケットボールの指導過程

1．中学校入学時の実態と、卒業までにつけさせたい力

　中学校へ入学してくる生徒たちの多くは、小学校時代に一応バスケットボールの授業を経験してきており、最初から試合を進めることは可能である。しかし、試合中ほとんどボールに触れない生徒、シュートチャンスをつくれない生徒、コートの中をうろうろしているだけの生徒が必ずいる。また、ゴールの高さが3m05cmと高くなっており、基本的なことからきちんと学習させていく必要がある。

　一方で小学校時代から地域のミニバスケットクラブなどで活躍してきている生徒もおり、こうした生徒たちが共に学習を深めていくためには、どのような共通課題を設定していくかがポイントになる。

　3年間かけてバスケットボールの学習を進める場合、卒業時のイメージとして、具体的には次のようなことができる生徒たちにしていきたい。

①ゴール付近でノーマークのチャンスと思ったら、自分からゴール下へ入ってシュートができる。

②ゴール付近でボールを保持した際にディフェンスにつかれたら、フリーな仲間をみつけて、コンビネーションからシュートに持ち込む方法をいくつか知っており、合図を出して実行することができる。

③チームとしての練習計画が立てられ、協力しあって練習ができる。

④速攻と遅攻、コート空間の使い分けや、試合運びについて理解し、練習や試合ができる。

⑤自分たちが楽しむ程度の試合については、ルールを理解し、笛を吹いて審判ができる。

2．30秒シュートから2：0へ

　バスケットボールの学習の中核は「コンビネーションからのシュート」と考えている。そのために、①どの位置からシュートすれば確実に入るのか、②どのようなコンビネーションによって、その位置へボールを運び込むのか、という2つのことが具体的な学習課題になる。
　しかし、思春期の中学生たちは、この課題にすぐには興味を示さない。休み時間のバスケットボール遊びでは、より遠くからシュートを入れることに関心が向き、授業中の試合場面でも歓声が上がるのはロングシュートが成功した瞬間である。チームプレーよりも個人プレーで喝采を浴びる方へと走りがちである。「どこからシュートすると一番入りやすいか」というシュート調査をしても、「自分はミドルやロングの位置からの方が入りやすいはずだ」とこだわり続ける生徒が結構いる。
　そんな生徒たちに対して、30秒シュートを何回か行わせれば、どこから打てば確実に入るのかということが否応なしに分かってくる。1人で30秒間に何本シュートが入るかに挑戦させるのである。目標は最低5本以上（6秒に1本なので、2本打って1本入るペース）。バスケット部員なら10本以上（90％以上入るペース）が目標。ゴールのすぐ下から打たないと目標は達成できない。その位置をシュートポイントとして全体で確認する。
　次はそのシュートポイントへパスを送ってのシュート練習。つまり、2：0だ。ゴール近くへの入り方（右、正面、左）、パスの出し方（チェスト、ショルダー、バウンド）、キャッチ、ピボット、フェイク、シュート、リバウンドなどの基礎的な動きをここで習得させていく。
　ここまでの学習は、バスケット部員が見本を見せる場面になる。やり方が分かってきたら、1、2年生の単元の最初の頃は、これらを毎時間の準備運動として、最初の10分くらいで行っていく。終わったところで全員を集め、30秒シュートは何回入ったか、2：0練習については、「ピボットを意識した人は？」「バウンズパスをした人は？」など、いくつかの項目についてそれを行ったか手を挙げさせてふり返らせる。そして班員全員の手が挙がるように意識させていく。

3．1年生の学習課題

（1）2：1で攻めのパターン作り

　1年生では単元の多くの時間をハーフコートでの遅攻の練習と試合にあてる。いわゆる3 on 3と同じ要領である。シュート位置が分かっても、試合になるとそこにディフェンスが来てしまい、フリーでのシュートがなかなかできない。そこで2：1でシュートに持ち込むパターンをいろいろ考えさせて練習し、3対3または4対4の試合の中で使えたかどうかを検証させていく学習を行う。

　図1を見ていただきたい。2：1を最初にやらせると、ほとんどが最初のAの図のようになる。2：1なのでこれでもシュートはできるが、これを練習して3：3の試合に使おうと思っても、Bの図のようにゴール下に密集し、このパターンは使えないことが分かってくる。そこでゴール下を空けるための別の方法を考えさせる。それが

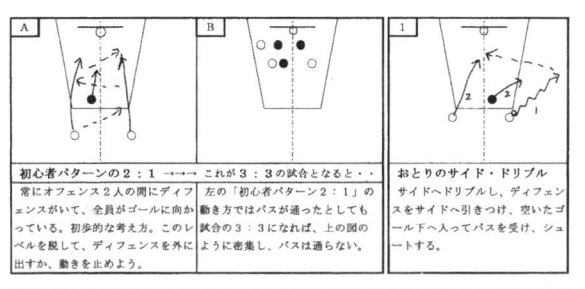

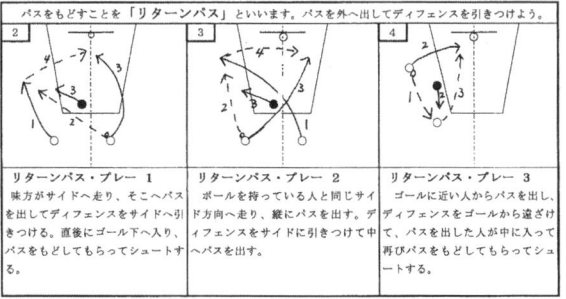

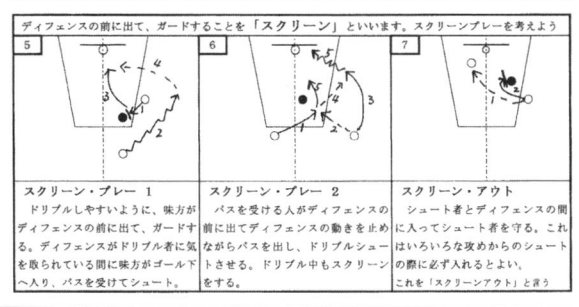

図1　2：1でノーマークを作る方法

図の1〜7である。1はサイドへのドリブルによってディフェンスを引きつける方法、2、3、4はサイドへパスを出してディフェンスを引きつける方法、5、6、7はディフェンスとボール保持者との間に味方が入ってディフェンスの動きを止めるスクリーン。大きくこの3種類に分けられる。実はこの1〜7は全てこれまでの私の授業で生徒たちが考え出してきたものであり、それを私の方で整理した。最近ではこれを事前に生徒たちに配布し、生徒たちが課題を解決していくための学習資料として参考にさせている。

(2)「作戦盤」と「再現盤」

自分たちで計画して練習したパターンが試合で出せたかどうかを確認させるため、お菓子の缶箱などとマグネットで作った盤を、「作戦盤」と「再現盤」という名称で分けて使用する。練習前に「作戦盤」を使って攻めのパターンを計画し、試合が終わった後にはそれを「再現盤」として確認のために使う。グループノートにも、「今日の作戦（練習パターン）」と「今日の再現盤」という欄を作っておく。練習したパターンが試合で一度も出せず、「今日の再現盤」に何も書けないチームも出てくる。これがちょっと屈辱的だから、生徒たちはここに書けるように頑張る。

(3) 1年生の後半は4：4、そしてオールコートへ

3：3の攻めが分かってきたら、今度は4〜5人のチームでも同じことができるようにしていく。まずはセットオフェンス（遅攻）の際のメンバーのポジションを決める。ポジションが決まれば、隣りどうしの2人で、今まで2：1でやってきたパターンが使える。図2は、ある班の4人の攻めの練習計画である。ドリブルでサイドへ出るだけでは通用しなくなった次の段階のチームの攻めを考えている。計画ができたら、最初は4：0でフロアーバランスを意識させながら動きを確認する。その次に4

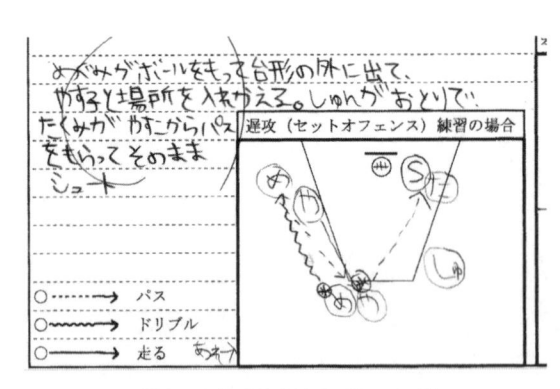

図2　4人での攻めのパターン例

人の中の1人か2人がディフェンス役になり、自分のポジションからパターンを使ったディフェンスの抜き方を練習させていくようにする。班の練習計画の作成→班での練習→試合での検証、という学習パターンが進んでいく。

単元のまとめとして、オールコートでの試合に進む場合は、速攻についても扱う。

4．2年生ではオールコートの使い方

単元の前半はハーフコートで、1年生の時の復習を最初から4：4又は5：5で行う。攻める4人または5人の中の2人のコンビネーションで、ディフェンスをサイドへ引きつけたり、スクリーンで動きを止めるなどの方法でノーマークを作り、シュートに持ち込む方法を考える。作戦盤と再現盤による検証は1年生の時と同じである。攻めのパターンをチームで3つくらいはできるようにし、リーダーの合図で組織的に動けるようにしていく。

それができてきたら、学習の中心をオールコートの使い方にもっていく。無計画に試合をすると、一部のドリブル好きな生徒によるドリブルとその追いかけっこ競走が中心になってしまう。

速攻では、次の点を押さえる。

①ドリブルで進む人より、何も持たずに走るディフェンスの人の方が速い（追いつかれる）。
②ドリブルで運ぶより、先にいる味方にパスをした方が早くボールを送れる。
③従って、守りから攻めへの切り替わった瞬間に、攻めのゴールに最も近いところにいる人を速攻に使うことが有効。

速攻の練習では、4～5人のチームメンバーを3：1又は3：2に分け、ディフェンス役の1～2名がフリースローを打つところからスタートする。フリースローのリバウンドボールを攻め側がキャッチし、15秒以内に自陣のゴールへ運んでシュートを決めるのである。デジタイマーを使って15秒毎にブザーを繰り返し流し、入れ替わり班毎の練習をさせていく。

よくある作戦は、チームリーダーのA君が相手ゴールのリバウンドを取り、すぐにそれをフロントコートにいる女子Bさんにロングパスする速攻（居残り作戦）。しかし大抵はこんなロングパスはキャッチできず、Bさんが非難されがちだ。短時間でこれを解決するにはA君のパスの出し方自体を改善しなければ

ならない。それが分かると、A君はリバウンドをとった直後に速攻でドリブルし、センターライン近くまで来てからBさんにパスを出した。しかし、これもダメ。相手チームはA君の動きから速攻を察知し、素早く戻ろうとしてしまう。A君に要求されるプレーは、速攻と察知されないようにディフェンスをうまく引きつけつつセンターライン近くまでドリブルで進み、そのすきにBさんをゴール近くへ走らせ、タイミングよくパスを出すことである。その上でゴール近くでの2：1程度の抜き方も必要だし、A君はすぐにリバウンドを取りに走る必要もある。あくまでも彼らの立てた練習計画を尊重し、その線で問題点を指摘しながら、部活のレベルとは質的に違った高度なレベルを要求していく。

　2年生の単元の後半では、速攻か遅攻かを選択して練習計画を立てさせていく。教師側は事前に提出された計画書を見て、速攻の練習をする班はこのゴールを使って、遅攻の練習をする班はこのゴールで、というように練習場所を割り振って練習させ、試合で検証させていく。

5．3年生では単元計画を自分たちで立てる

　3年生では単元計画の立案からほとんどの計画を生徒たちにゆだねていく。班で作った単元計画をもとに毎時間の練習計画の細案は当番制で立てていく。ただし、単元の最初の数時間は遅攻のパターン練習を考えさせるようにしている。最初に遅攻をやっておかないと、ゴール付近でディフェンスに止められた時にどうしていいか分からなくなってしまうからである。その後の時間は、速攻か遅攻かが班の単元で決められており、具体的な動き方を当番の生徒が提案していく。

　図3は、3年生のあるチームの攻めのパターンである。このチームは最終的に1番～6番までの6つの遅攻パターンを持つようになった。試合中はリーダーの「○番！」という指示で組織的に動き、チームとしての攻めを楽しんでいた。

　単元の最後の方は試合中心になるが、「戦略」を考えさせる。6～7分の試合運びをどうもっていくかの計画である。速攻、遅攻、あるいはそこでのディフェンスの抜き方というのは、チームとしての攻めの「技術」である。それらを駆使して最終的に勝利に導くための方法としての「戦略」が必要になる。事前に対戦するチームを知らせておき、戦略を計画させる。ここまで考えて、チームプレーを楽しむことができるようになり、しかも審判まですることができれば、バスケットボール学習は卒業できるのではないかと考えている。

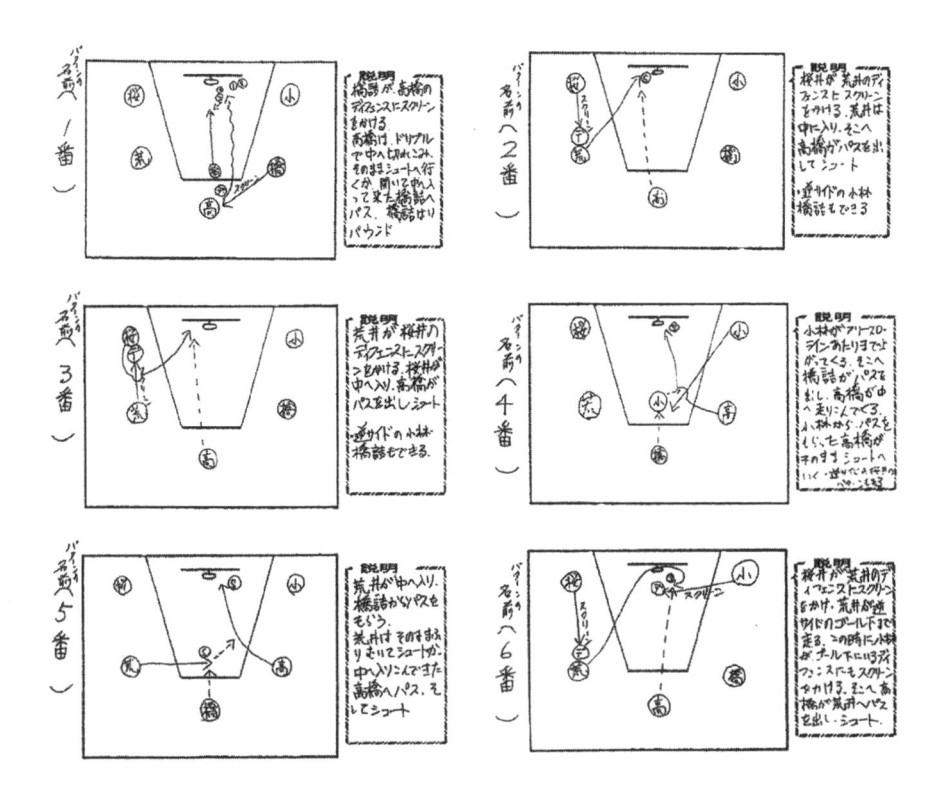

第6章　バレーボール、バスケットボール　　165

図3　あるチームが使っていた6つの攻めのパターン

6．ゴールの数と笛の工夫

　こうした授業をグループ学習で進めるためには、班に1個のゴールが必要である。普通の体育館には多くても6個のゴールしかない。4～5人のチームで班毎に自分たちで計画した練習を進めさせるには体育館に8個はゴールが必要である。ちょっと大変な作業ではあるが、自家製ゴールを作る。班に1個のゴールがあれば、授業の雰囲気はガラッと変わる。必要に応じてゴール下での話し合いが余裕をもってできるからだ。

　審判が自分たちでできるようにさせていくには、1年生の時から笛を吹くことに慣れさせていくことが大切。前に紹介したストローを短く切ったものを使うと抵抗なく笛が吹けるようになる。

7．バスケットボール大会の運営

　私の中学校では、3月初旬に1日を使ってバスケットボールクラスマッチを実施してきた。授業で学習してきた成果を発揮して1日バスケットボールをクラスマッチ形式で楽しむ。体育授業の延長なので基本的な計画は教師側が立てるが、大会の運営は全て生徒たちの手で行っている。1年生から審判も生徒が全て行う。そこでは特別ルールをどうするかがポイントになる。中学生ともなると個人の技能差が大きいので、バスケットボール部員や男女によって点数に差をつけることがよく行われる。あるいはチームメンバーが全員シュートしたらボーナス点を与えるというものもある。こうした特別ルールは生徒たちと話し合う中で設定していくことが望ましいが、男子が女子よりも能力が高いとは必ずしも言えない。また、バスケットボール部員といえども全員が高い能力を持っている訳ではない。こうした特別ルールは生徒たちからはあまり歓迎されない。逆差別の感があるからだ。

　試合の勝ち負けは通常のルール通りにチームの得点数によって決めたほうがよい。そして1日の全試合で勝ち数の多いクラスが上位になる。これは「総合」として表彰する。この線は崩さない方が自然だ。それに加えてこれまで私が行ってきたことは、各試合での「得点者数」を記録していき、チームとしての勝ち数とは別に「チームプレー賞」として評価・表彰する。各試合でチームの何人が得点したかを記録係が記録していく。1つの試合で5人全員が得点したら得点者数は5になる。能力の高い生徒が1人で点数を稼いでその試合に勝利しても、勝ちは勝ちだが、その試合の得点者数は1である。これをクラス毎に集計していく。例えば1チーム5人のチームがクラスで6チームあり、それぞれが1日に5試合行ったとする。各チーム5人全員が全試合で得点したとすれば、総得点者数は、5人×6チーム×5＝150になる。これが満点である。その数字により近いクラスがチームプレー賞を得ることになる。毎試合だれが得点したかを記録係が記録していくという作業が必要だが、試合をしている生徒たちにとっては、各試合に勝つと同時になるべくたくさんの人が得点するという2つの目標をもって競技を行うことになる。

　授業の中でも、クラスマッチが近づいてきた頃にはこの評価をしていく。1時間の授業の中で各チームが2試合を行ったとき、授業の終わりに生徒たちに聞く。

「2試合とも得点した人は両手、1試合の人は片手を挙げてください」この数をチーム毎、そしてクラス全体で合計すると生徒たちの満足度が簡単に評価できる。こうした課題を与えて授業を進めていくと、中学生は「メンバーみんなで得点して勝ちたい」という願いを自然に持つようになる。

　私が教師生活の中で非常に優秀だったチームの話を生徒たちに時々する。A君はバスケット部のキャプテンだった。彼は相手チームからリバウンドをとって攻め、ゴール近くに走らせたバスケットの苦手なチームメイトにコンビネーションからのシュートをさせる。しかし、そのシュートは入らないことも多い。その時にはすでにA君はゴール下に走り込んでいてリバウンドを取り、自分でシュートして得点してしまう。その後相手チームがゴール下からのスローインで攻めてくる時にはすでに自陣に戻って守り、カットあるいはリバウンドを取って攻め、再び仲間にシュートさせる。そして入らなかったボールはまた自分でリバウンドを取って入れてしまう。時には自分から攻めてワンマンプレーを披露することもある。彼は常にオールコートを全力で走って守り、攻める。その結果、彼のチームは必ず試合に勝ち、かつ全員シュートすることができていた。とかく体育の時間は手を抜きがちなバスケット部員たちだが、彼らが全力で動くことでここまでできるということを紹介して励ましている。

第7章

武道

1

武道の必修化にどう向き合うべきか

　学習指導要領で武道が必修になった。武道のみならず、運動種目の「必修化」という問題は、我々体育教師に対して、必修に値する教育内容の提示を求めてきている。必修の授業を受ける生徒たちの中には、段位を持った剣道部員や柔道部員もいるだろう。彼らに対して、段位を持たない体育教師は必修としての武道の何を教えることができるだろうか。この問題は外部講師を呼んできても解決するものではなく、体育教師自身の手でこそ、必修に値する教育内容を明らかにしていかなければならない。

１．武道文化とは？

　武道における「我が国固有の伝統文化」とはいったい何であり、それをなぜ全ての生徒に学習させる必要があるのか。武道の未経験者から、地域の武道教室へ通う有段者の生徒までを含めた共通の学びの内容を明らかにしなければならない。キーワードは「文化」である。学校教育は文化を仲間とともに学ばせることを通して発達を保障していくとともに、文化の継承・発展の力をつけさせていくことにある。学習指導要領に示された「伝統的な行動の仕方」「伝統的な考え方」を論議するとき、しばしば礼の仕方や特有の所作などが話題になってきた。しかし、これらの発生について調べていくと、それぞれに理由はあるものの、古くから伝統として受け継がれてきているものは意外と少ない。

　現代剣道の礼は明治39年に制定された「大日本武徳会制定剣術形」からきており、陸軍式の立礼に蹲踞を加えた妥協の産物であるという。そして「礼の形式は明治末期から大正期にかけて整えられ、立礼における頭を下げる角度まで厳しく言われるようになった」[1]というのであるから、とても「伝統的な行動の仕方」や「伝統的な考え方」と言えるものではない。武道における様々な行動様式は流派や時代によっても異なる。剣道における右足を前に出した構えや「踏み込み足」も流派や形によって違いが見られる。

　つまり現代の剣道や柔道は、近代以前からの剣術や柔術をもとにしながらも、

明治期に生まれたいわば「日本版近代スポーツ」であり、その有り様は時代と共に変化してきている。そのことを私たち体育教師はまず自覚すべきであるし、自らの手で指導内容を十分吟味していく必要がある。

2．武道とは何か

　2011年、広島で行われた日本体育学会の改訂学習指導要領に関わるシンポジウムに、私は現場教師・コメンテーターとして参加させていただいた。フロアーから大学の研究者の方がパネラーに対して、「武道のコンセプト（概念）をどうとらえているか話してほしい」という発言があった。大学の先生方からこうした質問が出されてくること自体、武道のコンセプトに対する共通理解がなされていないことを意味する。明快な答えが出てこない中で、私は武道を次のようにとらえていると答えた。

> 　武道とは、本来相手を攻撃する暴力、あるいは護身のために行われていた武術が、安全に練習や試合ができるための用具の開発やルールの考案を通して、平和な社会においても競い合うことができるようになったもので、相手に危害を加えないからこそ、その技のありかたや行動様式に「道」としての様々な思いや願いをこめつつ発展してきている運動文化である。

　安全に練習することができるために、まず生まれたのは形（型）による稽古法である。どの武道・武術にも形がある。しかし、相手を攻撃する目的で武術が行われていた時代において、形だけでは相手にどの程度の危害を加えられるか検証できないため、その打ち方、投げ方、そしてその時の心の有り様に様々な願いを込めてきた。時代は進み、剣道の竹刀や防具、柔道着や畳、現代においては空手の防具なども開発され、実際の攻撃により近い動きができるようになってきた。しかし、平和な時代であればなおのこと、相手に危害を加えることは許されず、だからこそ、その打ち方、投げ方には、「道」としての様々な願いを込める文化へと一層発展してきたのである。武道が「我が国で生まれた固有の文化」であるとするならば、まさにこの点を特長としてとらえるべきではないだろうか。

　近代スポーツとしてのボクシングでは、相手に加えた危害の程度によって勝敗が決する。競技スポーツとしては残ってきているものの、大衆スポーツとしての

広がりはいま一歩の感がある。一方、日本の武道は相手に危害を加えてはならないからこそ、三世代で親しめる生涯スポーツとしても発展してきている。武道にこめる「思い」や「願い」は様々であり、年配の方が心身の鍛練を願って庭先で木刀を素振りするのも武道のひとつの在り方であると考えたい。剣道や柔道における「見事な一本」を極めようとする過程は、まさにその打ち方、投げ方に対する願いや道の表れである。

　武道をこのようにとらえてみると、必修としての武道教育の在り方が見えてくる。相手に危害を加えてはならないものの、相手を打ったり、投げたり、多少の痛みを伴うからこそ、その痛みを最小限にする配慮や、必要な礼を教えなければならない。一方その投げ方や打ち方に、暴力・殺傷という願いを込めたとき、それは戦争にも利用され、そのために戦後の一時期は武道教育が禁止された。現代においても、武道に暴力的な願いを込めた傷害事件が起これば、関係者の武道活動は禁止される。こうした現代武道の成立過程や課題は体育理論としても是非学ばせる必要がある（後述）。

3．現代剣道の課題、「斬る」から「打つ」へ

　武道の必修化に向けて様々な授業実践が試みられる中で、木刀を使った日本剣道形の授業がしばしば紹介されるようになってきている。相手を実際に打ってはならないから、その木刀の振り方に願いを込める。しかし、その願いを指導する際に、「そんな振り方で人は斬れない」という指導がなされるとしたら、それは「必修」どころか、学校教育としてあってはならないことを教えていることになる。宗教的理由で武道の授業を拒否する人たちの理由はまさにここにある。残念ながら、全日本剣道連盟で制定された「剣道の理念」は、「竹刀は日本刀である」とする刀法観念に立っている。「そんな振り方、打ち方では人は斬れない」「日本刀だと思って振りなさい」という指導を実質推奨する理念である。

　これに対し故大塚忠義氏はその著書『剣士に告ぐ　日本剣道の未来のために』[2)]の中で、現代剣道の大きな課題として、「竹刀は刀である」という観念から決別すべきであり、「竹刀は竹刀」ととらえるべきことを提唱した。私もこれに同感である。剣術の時代に日本刀の代わりとして生まれた木刀や竹刀ではあったが、その使用者たちの思惑とは別に、日本刀とは異なる木刀・竹刀操作（斬るから打つ）へと変化してきた。その違いが剣道を生んだのであり、それこそが教えるべ

き内容ではないかと考えたい。

　私はこれまで、「剣術から剣道、そして KENDO へ」というテーマで剣道の歴史を追体験させる授業を行ってきた[3]。他流試合が禁止され、流派毎に形を稽古する江戸時代の追体験から授業に入り、その形を使って実際に打っていく竹刀剣道を体験していく。「竹刀が当たっただけでは一本にならないのはなぜか？」。「その一本にどんな願いをこめた打ち方をすべきか」ということが学習の中心になる。

　その中で最近疑問に思い始めていることがある。これまで私は、江戸時代の木刀による稽古は、「斬る」を想定した動作であり、竹刀が登場してからは、その軽さと長い柄によって、剣士たちの思惑とは別に「打つ」動作へと変わってきたととらえてきた。しかし、木刀による稽古においても、相手に危害を加えず、安全で素早い木刀さばきや次の技への切り返しを考えれば、寸止め、あるいは軽く当てて止めるといった「打つ」動作が中心になる。とすれば、近世天下太平の世に、人を斬ったことのない武士や町民が増える中で、木刀の操作法も、すでに「斬る」から「打つ」へと転換し始めていたのではないだろうか。

　しかも、最近の研究によると、江戸時代後期には、武士のみならず町民や農民も広く剣術を行っていたという。私の地元長野でも、豪商・豪農であった高井鴻山邸に剣術所跡があり、100 人を越える使用人が武術の稽古を行っていた。また、松代藩下の農民武術では、演武性の高い剣術が神社などで楽しみ事とし行われていたという。日本刀など持ったことのない多くの庶民が、木刀や竹刀で打ち合う（斬るのではない）ことを楽しむ「日本版近代スポーツ」としての剣道の萌芽は、すでにこの頃から木刀の操作技術としても見られていたととらえる方が正しいのではないだろうか。

　この点について、剣術・剣道の文化史を詳細に研究されている南山大学の榎本鐘司先生に私のレポートを送ってお聞きしたところ、次のようなお返事をいただいた。

> 「剣術の流派毎に理念と技法に違いがあるので一律ではないでしょうが、江戸時代の剣術が、軍事訓練という目的から離れてしまった訳ですから、木刀を持って剣術を行う形剣術が、『斬る』ではなく、『打つ』によってその技法を構成していた、と考えることには合理性があると思います。
> 　…相手を打突するという暴力的なことを、安全に、しかも全力で、真剣に、競技としてできる。このことが剣道の本質であると考えるのですが、このよ

> うな自己目的化された『剣道』を、すでに江戸時代の人々がいろいろな文化的価値を賦与して愛好していたと考えればよいのではないかとするのが、現在の私の捉え方です。」

　竹刀は竹刀、木刀は木刀であって日本刀ではない。剣術・剣道を楽しんでいた庶民たちの自然な意識に対して、「日本刀としての意識を持たせるべきだ」としたのは、為政者たちではなかっただろうか。

4．必修だからこそ、刀法観念から決別すべき

　2003年に全日本剣道連盟が作成、普及している「木刀による剣道基本技稽古法」の冊子、およびDVD[4]の中に登場する演者は中学生である。青少年への教育を意識しているのだろう。その基本的な目的の第一には「竹刀は日本刀であるという観念を理解させ、日本刀に関する知識を養う」とある。連盟の「剣道の理念」自体が「『剣の理法』、すなわち日本刀の理法ということ」としているから、連盟としては当然のことなのだろう。しかし、これらが必修としての義務教育に持ち込まれてよいとは思えない。DVDの中で中学生が演じている木刀さばきは竹刀剣道とほぼ同じであり、かけ声も「メン」「ドウ」と言っているのに、そこになぜ日本刀としての思いを重ねなければならないのだろうか。
　私はこれまで、武道の授業における平和教育の意義を大事に考えてきた。「武道とは何か」という体育理論の授業では、銃や砲弾で戦争が行われるようになった時代において、無抵抗な中国人を日本刀で斬り殺していった残虐な日本軍のことについても触れてきた。現代剣道が、「いつか来た道」を再び歩まないために、そして平和を願う全ての人々に理解され、愛好されていくためには、「人を斬る刀法観念から、理念的にも技法的にも決別した（決別すべき）」ということをこそ教えなければならないと考える。

【引用参考文献】
1）財団法人全日本剣道連盟（2003）『剣道の歴史』。
2）大塚忠義（2005）『剣士に告ぐ　日本剣道の未来のために』、窓社。
3）小山吉明（2005）「実技と体育理論で学ぶ武道文化の授業」『体育科教育』11月号、大修館書店。
4）財団法人全日本剣道連盟（2003）『木刀による剣道基本技稽古法』。

2

剣道で武道文化を学ぶ

　もう20年近く前になる。面が臭いといって防具をつけない女子中学生たちに直面した。そうした生徒たちに対して、武道に素人の私には何ができるのか、というところからこの実践は始まっている。また、宗教的な理由から剣道の授業を拒否する生徒にも出会い、そこで何を学ばせることができるかについても考えてきた。私は有段者ではなく、武道については素人であるが、文化研究から導き出された授業内容は必修に値するものだと確信を持つようになってきている。ここでは、武道文化を剣道で学ぶ授業を紹介する。

1.「日本版近代スポーツ」としての剣術
　　―「龍馬伝」から見えるもの―

　2010年に放送されたNHK大河ドラマ「龍馬伝」を剣術から剣道への発展という視点から見てみよう。第5回「黒船と剣」あたりがみどころだった。江戸の千葉道場で剣術の稽古に励む龍馬は、黒船来港に接し、剣術修行の無意味さに悩み始める。黒船を追い払えと剣術修行に励む攘夷論者に対し、「黒船にこの剣で立ち向かうのは、楊枝の先でつつくようなものだ」と言うくだりがある。千葉道場を去ろうとする龍馬は何のために剣術を習うのかに悩む。しかし、最終的に龍馬は剣術を捨てない。剣術を戦争に使うのではなく、別の意味での剣術修行の意味を見つけ出したからだ。自分の生きる道、生きる支えとしての剣術の価値に気づく。幕末のこの時期、相手の殺傷目的とは違った別の意味での武術の価値が芽生えつつあることをこのドラマからも読み取ることができる。日本の近代化の幕開けの時期、武術も「日本版近代スポーツ」として生まれ変わりつつあった。それは、軽い竹刀剣術において、「そんな打ち方では人は斬れない」というのではなく、その打ち方に別の意味や願い（見事な一本となる打突、あるいは精神修養や鍛錬など）を付加するようになってきている。
　相手の殺傷、あるいは命がけの状況から生まれた剣術の考え方や剣の操作技術は、安全に行おうとする稽古の過程で、相手に危害を加えない「打った直後に止

める」という動作に変化し、そこにこめる願いも、しだいに「きれいな一本」といった技を極める道としての考え方に変わっていった。そのことをこそ私は教えるべきではないだろうかと考える。

2．地域のことを調べてみよう

　今の武道が、相手の殺傷術（暴力）からどう離脱し、相手を尊重し、技を高めあったり、楽しむ「道」としての武道になっていったのか、その資料は全国各地にある。幕末において、武術はすでに武士の独占物ではなくなっていた。農民や町民も精神・身体修養や楽しみ事、あるいは護身のために武術を楽しむようになっていた。そのことを調べてみよう。しかしながら、後に武道が戦争に利用されたことから、戦後にGHQの指示で剣道などの道具や資料の多くが焼却処分されてしまい、現在まで残っている物が少ないのが残念だ。以下は長野近辺に残されている資料である。

（1）長野市篠ノ井、二ツ柳神社

　農民武術として研究者たちの間では紹介されている。ここに木刀が奉納されている。この地域は庶民の文化水準が高く、俳諧などもが楽しまれていたという。それと同じように武士以外の階級の人たちは剣術も楽しんでいた。木刀とともに無双直伝流の額が奉納されている。当時の剣術がどのような動きだったのかは分からない。

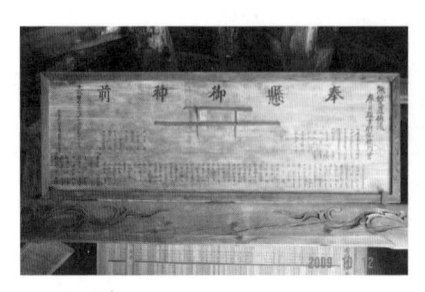

（2）松代文武学校

　剣術所、柔術所、弓術所が残されている。ここは武士の藩校だが、柔術所が板の間であることが興味深い。ここにあった木刀や竹刀、防具などの多くは終戦直後に焼却処分されてしまったという（学芸員さんの話）。また、幕末期にはここ

でも竹刀剣術が普及してはいたが、木刀による剣術の形も重視されていたという。重い木刀で武士としての精神修養、体力強化をねらっていたと考えられる。

(3) 小布施の高井鴻山邸

ここに「武道場跡」があり、当時 100 人もいた使用人たちに武術を行わせていたと記されている。武士ではない人たちが武術を日常的に行う時代になっていた。須坂藩や松代藩の藩士を迎えて武術の指導を受けていたという。

(4) 須坂藩の剣術

幕末期、須坂藩では小林季阿が直心影流を広めた。直心影流は、江戸中期に竹刀防具を開発して積極的に打ち合う剣術を始めた流派である。最近では須坂市立博物館で免許目録や門人の名前等が展示され、市民に紹介された。その子孫の方々が須坂市内に現在もおられる。剣術所のあった奥田神社には、小林季阿の子息小林季定の像がかつてあり、現在ではその台座だけ残されている（像は戦中の鉄の供出のために撤去）。

3.「斬る」と「打つ」動作の違いを歴史的な過程から考える

すでに述べたように、木刀の操作技法の段階で「斬る」から「打つ」動作への変化が見られると私は考えている。「斬る」動作とは、刀を振り下ろす際に両腕も一緒に振り下ろすことによって、刀に加える力を大きくしようとするものである。これに対して「打つ」動作とは、刀に加える力よりも刀の動きの素速さを優先し、そのためにテコの原理を使って下の手を引きながら上の手で押すようにして刀を振り下ろす。その際「斬る」動作のように両腕を大きく振り下ろすこともあるが、両腕はあまり動かさず、手先の動きだけでこれを行うことができる。こうした「打つ」動作は「打って止める」ことも容易で、力の加減もできるので安全に稽古を行う上でも必要な動きとなる。この剣の操作技術の違いは、農民武術として今も伝承されている愛知県の「棒の手」の映像からも見て取ることができる。

「斬る」動作から「打つ」動作への変化はなぜ起きてきたのだろうか。私はそれを木刀を使った武士による剣術の稽古から来ているのではないかと考えている。相手を攻撃する目的で行われてきた武士の剣術の稽古では、実際に使えるように速く、鋭く、力強く剣を振らなければならない。しかしながら、それを日々安全に稽古していくためには、「斬る」動作ではなく、「打って止める」動作にしなければできない。相手に打ち込んだ直後に反撃に備えたり、次の技を連続して出して行くには、切り返しなどの素早い対応が求められるからだ。そうした動きは、真剣よりも軽い木刀や竹刀の稽古で一層加速し、「剣術の楽しさ」もそこから生まれてきたのだろう。「戦場における実戦」のために行っていたつもりの剣術ではあったが、「日々の稽古における実戦」によって当初の思惑とは別の動き（「打つ」動作）を増幅させる結果となっていったと考える。こうした状況の中で、居合や真剣による形、獅子舞における剣舞などでは、ゆっくりとした動きの中で、「斬る」動作が大事に残されてきている。
　日本剣道連盟の「日本剣道形」の動きは非常にゆっくりとした動作で行われている。素人が見ると、なぜこんなにゆっくりと行うのだろうと不思議に思う。私はこれを日本剣道連盟が斬る動作を伝承させようとしているからだと考える。切る動作の必要性を考えなければ、もっと素早く打って止める剣道形があってもいいはずだ。そうした観点から、私は木刀を使って剣道の歴史を追体験させる際に、「日本剣道形」を紹介するが、「日本剣道形」よりも素早い動作で「打つ」「止める」という動作技術を最初から教える。その動作技術が習得されないと安全に稽古ができないし、竹刀剣道へもつながっていかないのである。それが「日本版近代スポーツ」としての剣道が歩んできた本当の歴史なのだと思う。
　加えて、現代の剣道には農耕民族として「ナンバ」の動き（踏み込み足）や打突部位呼称（「コテ！」「メン！」といった発声）、そして近代的な背筋の伸びた姿勢など、武士の戦場における実戦ではあり得ない要素が多く含まれている。これらは、スポーツ化しつつあった武士の剣術と農民武術が明治期の近代化に耐えうる「日本版近代スポーツ」として生き残る過程で複雑に融合してできあがってきたものであり、特殊な文化であると言える。指導要領作成者たちが言うような「日本の伝統文化」とか、「伝統的な行動の仕方」などと簡単に言えるものではない。こうした歴史的な過程を研究者の方たちには今後もっと明らかにしていただきたいと思う。

3

授業実践「剣術から剣道、そしてKENDOへ」

1．学習のねらい

　剣術から剣道への発展過程を歴史的に追体験することを通して、なぜ今の武道が成立し、残されてきたのかを理解するとともに、武道にこめる願い（見事な一本、相手の尊重、安全、平和）を大切にして現代剣道の技能を高め、楽しみつつ、武道の課題についても自分の考えが持てるようにする。

2．授業展開

（1）第1、2時　オリエンテーション
①剣道クイズ…以下の問題から、他の競技スポーツとは違った面に気づかせる。
　○剣道は実力があって地区大会を勝ち抜けばだれでも全日本剣道選手権大会に出場することができる。
　　　　　　　　　　Yes…○　　　No…×
　○剣道の試合で一本をとった直後ガッツポーズをした。これは一本取り消しになる。
　　　　　　　Yes…○（残心（闘う心を残す）が必要）　　No…×
　○剣道で段位をとるには、試合形式での実技試験、木刀による形の演技試験、そして筆記試験としてのレポートなどに、それぞれ合格しなければならない。
　　　　　　　　　　Yes…○　　　No…×
　○剣道の試合で、竹刀が正確に面（あるいは胴や小手）にあたっても一本にならないことはたくさんある。
　　　　　　　　　　Yes…○　　　No…×
　○初心者にも簡単に身につけられて使いやすいきれいな防具がほしいが、業者は伝統文化を尊重する立場から開発していない。
　　　　　　　　　　Yes…○　　　No…×

…防具メーカー数社へ問い合わせたことがある。紐の縛り方をこそ、授業できちんと教えて欲しいとの回答があった。

②**全日本剣道選手権大会決勝戦（1994年）のVTRを見せる。**
　毎年11月3日に剣道の日本選手権大会が行われ、テレビ放送される。その1994年の決勝戦の映像がよい。延長戦5回目にしてようやく面が決まるが、そこで映し出されるスローの映像では、負けた選手の竹刀の方が早く相手に当たっている。それを見て、生徒は「え〜っ？」とびっくり。解説者の弁護は、「前に出て、攻めているんですねぇ」。さあ、この疑問に答えられるように学習していこう。

③「宮本武蔵の生き方から殺人剣法の運命を学ぶ」
　NHK大河ドラマ「宮本武蔵」（2003年）全48回の放送を全てビデオに撮り、その中で授業に使えそうな部分だけ40分程度に編集した。宮本村出身の若者武蔵（たけぞう）は、関ヶ原の戦いでは負けた西軍側に所属していた。なんとか生き残り、「強くなりたい」という願いから剣術の道を歩み始める。1人で修行し、道場破り、他流試合を繰り返すことで強くなっていく。しかし、強くなればなるほど敵が増えて人を殺さなければならなくなり、修羅の道へと入り込んでいく。1612年、巌流島の決戦。佐々木小次郎を倒し、日本一になるが、そこには笑顔はない。苦渋に満ちた表情で、次の追っ手から逃げていく場面でドラマは終わる。現代においてスポーツで日本一になることとは大きく違うことを理解させる。武蔵は剣を捨て、のちに「五輪書」を書く。
　小次郎のように有能な人物が真剣勝負で命を落としては幕府や藩にとって大きな痛手となる。そこで幕府は真剣勝負や他流試合を禁止する。各藩の道場では流派ごとに形の稽古が中心となっていく。ここから剣術の歴史を追体験していこう。
　◇宿題…五輪書の現代剣道に通ずる部分の抜粋プリントを読んでくる。
　◇次回からの授業内容を説明し、教師が作った巻物（秘伝書）を配る。

（2）第3〜7時　歴史の追体験、木刀による剣術の形づくり
　天下泰平、江戸幕府は他流試合、真剣勝負を禁止した。各流派ごとに木刀による形の稽古に励む。授業では各班を流派・道場とし、師匠を決めて門弟とともに形を作っていく。巻物を与える。教師が須坂藩の藩主。形は3つ行うが、ひとつはこちらで考えておき、すでに巻物に書いておく。

①**日本剣道形について**
　日本剣道形のビデオを見せ、心得や演武の仕方や挨拶、歴史的な背景やイメー

ジをつかませる。
②願い
　天下泰平、相手の殺傷以外の願いを剣術修行にこめさせる。相手に絶対に怪我をさせてはならない。ふざけ半分で怪我をさせると授業自体が成立しなくなる。気力、体力作り、技を極める等、巻物にもこちらで考えた願い（学校目標にこじつけて）を書いておく。他流試合（他の班の人との稽古等）は禁止。封建時代であり、一番偉いのは藩主（先生）。命令には従うべし。
③形の作り方
　後で現代剣道につなげることを想定しているので、打つ部位はメン、コテ、ドウに限定する。仕太刀、打太刀の役割分担。打つ部位をねらっていくことによってスキが生まれるので、そこをねらうことができるという原理を理解させる。挨拶の仕方は現代剣道のやり方として教えておく。
④使用する木刀
　市販されている木刀でなく、丈夫な棒を用意する。長さは1m、直径3～4cm程度。市販されている木刀は先が尖っていて危険である。また、この授業では実際に木刀を打ち合うので木刀に傷がつく。時には折れることもある。宮本武蔵のドラマには武蔵が木刀を削って作っているシーンもあり、それも参考にしながらできるだけ各自で用意させる。山へ行って切ってきてもよいし、モップなどの木の棒でもよい。
⑤剣道連盟の「日本剣道形」との違い
1）声について
　剣術の声に関する研究資料プリントを配布し、班で考えさせていく。「五輪書」に記されている武蔵の「3つの声」も紹介して参考にさせる。これまでの研究では、この時代に発生されていた声は「イ」「ヤ」「ハ」「ト」「エ」の5つに分けられるという。これらの発生が結合して「イヤー」「エイ」などとなっている。「ヤー」「トー」「メン」等にこだわらず、班（流派）で声を決めさせ、元気よく声を出させていく。
2）素速い剣さばき
　剣道連盟の「日本剣道形」の動きはとてもゆっくり。「そんなにゆっくりやっていたら、相手に打たれてしまうよ」と指導する。日本剣道形を参考にはしているが、打太刀が空振りして剣を振りおろした直後にはすでに面が入っている（寸止め）ようにさせる。後の竹刀剣道で実際に使える動きとして指導する。

⑥**技術指導**

　木刀による剣術の稽古において、すでに「斬る」から「打つ」に変化してきていることを教える。素早い振りからの寸止め、あるいは相手の木刀を鋭く打って直後に止める「打ち止め」の練習をさせる。そのために、この段階から両手でてこの原理を使い、振り下ろす時に上の手の押しと下の手の引き、戻すときの上の手の引きと下の手の押しを意識させる。いわゆる「切り返し」の練習も取り入れていく。

　授業の最初から竹刀を使うと、力まかせに打ってしまう生徒が必ず出てくる。力の加減ができないだけでなく、どの程度の力で、それがなぜなのかが分からないのである。それに対して最初に木刀で形の授業を行い、特に木刀を打ち合うことで「止め」の動作や力の加減を教えると、その意味が分かってくる。力任せに打つと木刀は折れる。木刀が折れるような打ち方はいけないと指導する。「カーン」という高い、心地よい音で木刀を打ち合うことで安全に、しかも次の技への切り返しが容易にできることを指導することができるのである。

　木刀の基本練習として、最初に「剣先打ち」を行う。お互いに中段に構え、剣先が触れる程度の間合いに立つ。そして片方が上段から大きく素速く木刀を振り下ろし、相手の剣先に自分の剣先を当てる。正確に振り下ろさないと最初はなかなか当たらない。当たらないと下に振り下ろしてしまう。ここでは、自分の木刀の先が相手の剣先に当たろうが当たるまいが、当たった直後、あるいは外れた直後に素速く止め、中段の構えを崩さないでいることを指導する。空振りして木刀が下がってしまえば、試合ではその一瞬に相手に打ち込まれるからである。木刀の技術も竹刀の技術も同じ。しかも、重い木刀で練習しておけば竹刀になったときにはもっと素速く振ることができる。

　次に間合いの指導を行う。実際に木刀が相手の面や胴に届く間合いを大切に指導する。初心者は届いていない距離感で打とうとしていることが多い。

　踏み込み足については、その発生の歴史が分かっていないので、特に取り上げない。生徒が自主的に行っている場合は現代剣道につながるものとして奨励する。

⑦**稽古と巻物への記入**

　声、剣さばき、間合いなどを指導しながら、演武会に向けて修行をさせる。できてきた形を巻物に記入させていく。

〈巻物例〉
常盤藩清心流剣術秘伝書
その一
　我の構えは上段、相手は中段とす。相手が我が身の右胴へ打ち込むならば、我は身を後ろへ送り、相手が剣を空振りしたすきに、すかさず踏み込んで面を打つべし。
●留意すべきはかくのごとし
　前足に体重をかけ、相手の打ち込む瞬間をじっと待つ。打ってきたらすかさず前足で床をけって下がりながら剣をよけ、相手が剣を空振りした直後にすばやく前足を踏み込んで面を打つべし。
その二
　我も相手も構えは中段とす。相手が我が剣を続けて繰り返し払ってくるならば、我は二度目には剣を引いて空振りさせ、そのスキに相手の小手、続いて面を打つべし。
●留意すべきはかくのごとし
　相手の一度目の払いに対しては動じずに力強く応じ、二度目には左手を押して右手を引き、てこの原理を使いつつ、剣先を上げて相手の剣を空振りさせる。すかさず、小手を打つとともに、続いて一歩前に踏み込んで面を打つべし。
その三
　我の構えは上段、相手は中段とす。まずは我から二歩前に出て相手の面へ打ち込むならば、相手は剣で止めて応ずる。その直後、我は後ろへ下がりつつ相手の右胴を打つ。
●留意すべきはかくのごとし
　我は上段から大きく二歩前へ踏み込み、接近して面を打っていく。つばぜり合いに近い間合いに持って行き、相手をにらみつける。相手の剣を大きくすりあげるようにして胴を十分に空けてから一気に後ろへ下がって剣を切り返しつつ相手の右胴を打つべし。

（3）第8〜11時
①第8時　常盤藩剣術大演武会
　当時行われていたであろう演武会を想定して行う。最初に巻物の奉納儀式。紅

白の鉢巻きをしめる。そして2班ずつ出てきて、それぞれ師匠の号令で形3つを続けて行わせる。これを「仕合」という。まわりで見ていた人たちでどちらの班が強そうだったのかを判定し、各師匠が紅白の旗を揚げる。勝ち抜き戦で仕合を進める。

演武会終了後、強そうに見えた条件・基準を各自学習カードに書かせる。生徒たちからは「声が大きい」「気合いが入っている」「姿勢がいい」「剣の振り方が鋭い、力強い」「ちゃんと入っている」などという記述が出てくる。これを次回教師側が整理し「気」「剣」「体」に分ける。次の竹刀剣術では、「竹刀が当たっただけではダメ」であり、「気・剣・体が一致した打ち方」にしていく必要性を理解せる。

②第9時　江戸後期、竹刀・防具が開発された

防具の開発の歴史を説明。防具のつけ方、しまい方、手ぬぐいのかぶり方、竹刀の扱い方の指導。ただし、これらの扱い方は現代剣道のやりかたで教える。

③第10時　形を使って実際に打つ練習

防具をつけ、形の1、2、3を使って実際に打ってみる。「気・剣・体」が一致した打ち方になるよう指導する。

④第11時　他流試合

いよいよ他流試合。他の班と試合を行う。すでに試合前のしぐさ等は形でやっているので、審判をつけて試合を行わせる。男女混合の学級単位で授業を行っている。班員を上級と初級に分け、相手の班の上級どうし、初級どうしで試合をさせる。試合は2分間。一本になるかならないかは審判の主観で決めて良い。ここで審判が迷うことが大事な学習。何本取っても、2分間は気を抜かずに試合を続けさせる。「教育的指導」ということを教え、試合態度、防具のつけ方等について審判が指導するよう教える。

（4）第12～18時　練習と他流試合の繰り返し

　　―「打たれても死なない」剣道の楽しさを学ぶ―

初心者は打たれることを怖がり、逃げ腰になったり、堂々と打っていけない。そこで「打たれても死なない。面対胴の早打ち勝負」という練習法。これを防具をつけた最初の頃に指導する。真剣勝負では、いかに自分が先に相手を制しても自分がやられたら終わり。竹刀剣道はそうではない。自分が打たれてもいいから、遅れてもいいから、自分らしい打ち方をしよう。打ち方にそうした願いを込めさせる。そこが「真剣勝負」との違い。そこでまず、「面対胴の早打ち勝負」とい

う練習を行う。面を打つか胴を打つかをお互いに役割分担しておき、面を打つ人は上段に構え、胴を打つ人は中段に構える。相手に打たれていいから、自分らしい面、または胴を「気・剣・体」の一致できちんと決めよう、と指導して勝負し合う練習。

> **流派の消滅と共通技術の誕生**
> 　今まで考えてきた形の3つが使えるかを練習の中で考えていくようにさせる。使えないものは修正させたり、捨て去っていく。実戦のなかで使えない技は淘汰されていくのであり、歴史的にも流派は消え、竹刀剣道として使える共通技術が広まっていく。この過程を体験させる。しだいに現代剣道の面白さに近づいていくようにする。

（5）第19時　体育理論「武道とは何か」（教室）
　※第8章4節に掲載。

（6）第20時　レポートのまとめ（教室）

> **レポート課題**
> 　以下の点について学習したことやあなたの考えをノートにまとめて提出してください。
> 1) 昔、武術として行われていた剣術から現代の剣道が生まれるまでの歴史をあなたが理解した範囲でまとめてください。
> 2) 剣道を習い始めた外国の人に「I hit your "Dou". Why can't I get "Ippon"?」と聞かれたら、あなたはどのように説明しますか？　日本語でいいので、その人が納得いくようにわかりやすく説明してください。
> 3) 「武道とは何か」について、学んだことをまとめてください。
> 4) 剣道はオリンピック種目になると思いますか？　オリンピック種目になるために必要な条件や現代の剣道の課題をあげ、あなたの考えや気持ちをまとめてください。
> 5) 剣道を学習して分かったことや感想を自由に書いてください。

「剣道はオリンピック種目になるか？」という質問には毎年様々な意見が出て

くる。ルールをわかりやすくしてオリンピック種目にしてほしいという意見が出る一方で、オリンピック種目にしなくていいから、日本の文化として大事にしていきたいなどという意見。生徒ひとり一人が様々な見解や感想を持って武道について学んでくれている。ある剣道部員は次のようにまとめた。

> 「剣道の授業を通して私はたくさんのことを学びました。剣道の歴史について学べたことは一番うれしかったし、ショックも受けました。相手を殺すために生み出された剣道、でもこういう歴史があったからこそ、今の剣道があるのだと思います。礼儀を重んじ、打たせてもらうことに感謝する。そしてそこから友好が生まれる。こういうことを知らずにただ剣道を習っていたんだなぁと思いました。剣道の授業をやってから、剣道をやっている時に、いろいろなことを考えてやれるようになりました。それから、私はこういうことを習っているんだと色々な人に知ってもらえて良かったです。剣道の授業の前になると、『やだなぁ』と言っている人がいて、なんだかそれを聞くと悲しかったです。自分のやってきたことを『やだ』と言われるからです。でも何回も試合とかやっていると、あんまり『やだ』という言葉も聞かれなくなってきたし、『剣道って楽しいね』とか言っている人もいて、すごくうれしかったです。私はこういうことをやっているんだ、と胸を張って言えるような感じがしました。剣道の授業を通して色々なことを学んだり、考えたりできたのでよかったです。」

【引用参考文献】
1) 稲垣正浩編（1991）『先生なぜですか　武道編　柔道にはなぜ黒帯があるの？』、大修館書店。
2) 酒井一也（2008）「須坂藩直心影流剣術師範　小林要右衛門季定について」須高第66号、須高郷土史研究会。
3) 日本武道学会剣道分科会編（2009）『剣道を知る事典』、東京堂出版。
4) 財団法人全日本剣道連盟（2003）『剣道の歴史』。
5) 財団法人全日本剣道連盟（2003）『木刀による剣道基本技稽古法』。
6) 重岡昇監修／剣道日本編集部構成（1987）『全解　日本剣道形　増補版』スキージャーナル社。
7) 大塚忠義（2005）『剣士に告ぐ　日本剣道の未来のために』、窓社。
8) 甲野善紀（2003）『「古の武術」に学ぶNHK人間講座テキスト』10月～11月期。

9) 小山吉明（2005）「実技と体育理論で学ぶ『武道文化』の授業」、『体育科教育』、大修館書店。
10) 小山吉明（2009）「いま、体育教師は武道の必修化にどう向き合うべきか」、『体育科教育』12月号、大修館書店。
11) 小山吉明（2001）「武道とは何か」、『たのしい体育・スポーツ』5月号、学校体育研究同志会編。
12) 榎本鐘司（1995）「江戸時代の村落社会における武術」、稲垣正浩・谷釜了正編『スポーツ史講義』、大修館書店。
13) 榎本鐘司（1994）「北信濃における無雙直傳流の伝承について」、『スポーツ史研究』第7号。
14) 榎本鐘司（1991）「剣道における『掛声』の史的研究」、『スポーツ史研究』、第4号。
15) 榎本鐘司（1997）「日本スポーツ史における『武』の問題〜技法としての武・表現としての武〜」、『(財)水野スポーツ振興会助成金研究成果報告書』。
16) 和田哲也・友添秀則（1994）「近代後期における剣術のスポーツ的展開：武田家関口流における野稽古を中心に」、『体育学研究』第28巻第5号。
17) 松代小学校編（1975）『松代文武学校』、文武学校開校120周年記念実行委員会信濃教育会出版部。
18) 小布施町教育委員会（1991）『北斎を小布施につれてきた男　高井鴻山』、銀河書房。
19) 宮本武蔵著、渡辺一郎編（1985）『五輪書』、岩波文庫。
20) VTR「棒の手」愛知県豊田市猿投町、棒の手会館。
21) 斉藤明信（2003）『復刻　直心影流剣術極意教授図解』、島津書房。

4

体育理論「武道とは何か」

1．学習のねらい（一時間扱い　教室授業、剣道単元の後半に実施）

　相手の殺傷や護身目的から生まれた武術は、安全で効果的な練習のために「形」を生み出し、その後の用具の開発やルールの確立によって試合もできるようになってきた。こうした経過に加え、時代背景の変化によって、殺傷という当初の目的は180度転換し、逆に相手を尊重しながら技を楽しんだり、自分の生き方を求める道としての武道に変わってきている。しかしながら、現在の武道においても相手に危害を加える危険性はつねに持っており、武道のあり方は今後も問われ続けることになるだろう。そうした過程や課題を理解し、武道のあり方に対する考えがもてるようにさせたい。

2．授業に使う資料

- 空手競技の試合のビデオ（型競技と組手競技の両方）
- 松代文武学校の柔術所の写真（筆者撮影）
- 嘉納治五郎の顔写真
- DVD「術から道へ」2013年発行企画・制作：（公財）講道館
- 戦時中、国民学校で行われていた剣道の授業風景の写真[2]
- 昭和天皇や軍人が帯刀している写真[3]
- K大学剣道部員の暴力事件に関する資料（インターネットより）

3．授業の流れ

（1）知っている武術・武道をあげよう
　T「君たちの知っている武道・武術の名前を挙げてください」
　S「柔道」「剣道」「弓道」「空手」「なぎなた」「ボクシング？」「フェンシング？」

「K1？」

　格闘技はいろいろ出てくるが、ここでは日本の武道として歴史のあるものに限らせる。

　T「いろいろ出てきましたが、これらは昔の武術として、どんな目的で生まれたのかな？」
　S「相手を倒す」「戦争のため」「けんかに勝つ」「身を守るため」…
　T「そうだね。しかし、時代とともにその目的も変わってきました。そのあたりを今日は学習しよう」

（2）形・用具・ルール
　T「武術の目的は相手を倒すためであっても、練習では、けがをしたり、相手を傷つけては困ります。安全な練習や試合のために、どんな方法が考えられてきましたか？」

　すでに剣道の実技を通して体験してきているので、剣道の場合については、形、竹刀や防具の開発、ルール（打ち方）が出てきた。これを整理して板書する。

　T「では、他の武術・武道についてはどうかな？　空手はどう？」
　S「空手にも形があります」
　T「そうだね。空手の場合は『型』と書くことがあります。また、実際打ち合うのを『組手』と言って、今の競技では2つに分かれているんだよ」

　ここで日本選手権の型競技と組手競技のビデオを見る。組手競技では防具をつけている。また、打ち方は相手を殴り倒すのではなく、寸止めをしていることなども解説する。
※空手はまだルールが統一されておらず、流派によって違いがあったり、組手競技であっても防具をつけない場合がある。

　T「柔道はどうだろう？」
　形・用具・ルールの3点から考えさせる。
　S「畳」「柔道着」
　T「昔の柔術は板の間でやっていました」
　松代文武学校柔術所の板の間写真を掲示する。
　T「柔道のルールについてはどうかな？」
　柔道の歴史自体を生徒たちは知らないので、嘉納治五郎の顔写真を掲示し、以

下の観点から解説する。講道館のDVD「術から道へ」も部分的に使用。

- ・1882年　・講道館　・嘉納治五郎　・当て身（殴る蹴る）の禁止
- ・技の三種類（投げ技、絞め技、固め技）　・形と乱取り
- ・「柔よく剛を制す」　・「精力善用自他共栄」

　昔の柔術には、素手で相手を倒すためのあらゆる手段があったが、形・ルール・畳の使用によって技が限定されてきたことをおさえる。

（3）武道の目的も変わってきた
　T「武道では安全な練習や試合ができるようになりました。そして平和な時代になり、武道の目的も変わってきています。現在武道を志す人はどんな目的でやっていますか？」
　S「心身を鍛える」「道を究める」「試合に勝って強くなりたい」
　T「求道精神という言葉があります。だから『道』なんだね。○○君は剣道をやっているけど、どうして始めたの？」
　S「礼儀正しくなりたかった」
　教室にいる数名の武道経験者たちからいくつか価値ある願いが出てきた。

（4）「武道とは何か」
　ここで武道とはどういう運動文化なのか、小山の説を紹介する。

　　武道とは、本来相手を攻撃する暴力、あるいは護身のために行われていた武術が、安全に練習や試合ができるための用具の開発やルールの考案を通して、平和な社会においても競い合うことができるようになったもので、相手に危害を加えないからこそ、その技のありかたや行動様式に「道」としての様々な思いや願いをこめつつ発展してきている運動文化である。

（5）武道が禁止される時
　T「さて、現在の武道は様々なよい面があるけれど、逆に武道が禁止されることがあります。これから2つの例を示すので考えて下さい」

> **事例1**
> 1945年から1951年、日本中で武道が禁止されました。

　禁止される直前、つまり戦時中の国民学校の剣道の授業写真（木刀を使用）を示す。本校で生徒がやってきた木刀の授業シーンとよく似ている。
　T「このように日本中の学校で行われていた剣道ですが、その後全面的に禁止されました。なぜですか？」
　S「戦争？」という声。
　T「そうだね。武道が戦争にという目的のために使われていたからです」
　ここで中国での日本の軍人が日本刀を持っている写真、そして昭和天皇が帯刀している写真を掲示する。鉄砲やミサイルで戦争をする現代、武器もなく抵抗するアジアの人たちに対して日本軍の怖さを示すために日本刀が使われたこと、日本軍に抵抗することは天皇に反抗するものとして殺されていったことを解説する。

> **事例2**
> 1999年　K大学の剣道部員暴力事件と剣道部の解散

　部員どうしの傷害致死事件をきっかけに解散を余儀なくされた事例。まず事件の概要をつかませた後、インターネットのホームページから、ある大学研究者の意見と、事件の対応にあたった関東学生剣道連盟副幹事長（学生）の意見を紹介した。
　生徒に配布した資料プリントの一部より

> 「剣学ばざらんと欲すれば心を学べ」〜ある大学研究者の意見から〜
> 　…僕のひとつ先輩で日本を代表する剣道の指導者がいます。学生時代から全国級の選手でした。そのころの話です。ある日、彼は街で不良どもにめちゃくちゃ殴られ、彼は何の抵抗も出来なかったという噂がたちました。僕は後日彼の真意を確かめました。彼は言いました。「棒きれ持てば、何人の大男に取り囲まれても僕はたたきのめす自信がある。しかし剣道をやっている者はそれをやってはいけないのだ」と。…

> 「今回の事件はまたどこかで起こるかもしれない」〜関東学生剣道連盟役員の学生〜
> 　…剣道で有名な大学へ進学する生徒は、高校時代からの激しい練習と、先輩、あるいは監督からの体罰に耐えてきている。これは事実。しかし、大学に入って上級生になったとき、それまでの不満を後輩にぶつける。……だが、自分はこれまで、剣道のおかげでここまでの人間になれたという思いがある。今回の事件で剣道のイメージがひどく傷ついたことは事実だが、何とかしたいと考える。そうでなければ、ただK大学を犠牲にして自分は関係ないという態度になってしまう。…

4．まとめ

　実技としての歴史の追体験、及び体育理論の授業を通して、生徒たちは武道の奥の深さやそのよさ、そして課題について考えることができた。

> 〈生徒の感想〉
> ○「歴史の話を聞いて、すごい恐ろしい歴史があるんだなと複雑な気分になった。今の武道の目的は、身につけばとてもいいことだけれど、一歩間違えば人を傷つけてしまうということが分かりました。ビデオを見て空手もかっこいいし、剣道以外の武道もやってみたいと思いました。」
> ○「思ったより剣道は複雑で面白かったです。防具も思ったより軽くてビックリしました。武道をやっていて、それをけんかとかで使わずにじっと耐えるのは難しいと思うけど、とっても偉いと思う（ボクシングとかけんかに使う人がいるので）。武道やっている人はかっこいいと思いました。」

【引用参考文献】
1) 拙稿（1997）「剣術から剣道、そしてKENDOへ」『体育科教育』9月号、大修館書店。
2) 平和教育実践資料集刊行委員会（1995）『写真集戦時下の国民学校の姿』、エムティ出版。
3) 石渡延男編（1992）『戦争と平和の実物資料』、桐書房。

第8章

体育理論

1

体育理論の内容構成

1．体育理論の授業作りのポイント

　現在の中学校学習指導要領に「体育理論」が登場した。しかし、週3時間ほどの保健体育の授業の中に教室の授業を組み込んでいくことは、運動欲求の高い子どもたちを前にすると容易なことではない。しかも、学習指導要領に示されている体育理論の内容はこれまでの実践によって検証されてきたものではない。私たち学校体育研究同志会では、すでに1990年代から体育理論の授業作りを精力的に進めてきており、その成果としての書籍も発行してきている。以下に示すものは、そうした研究実践から学んできた私の実践である。

　大方の生徒たちは体育の時間というのは運動場で汗をかき、運動欲求を発散させる場だと思っている。教室で授業をするというのは、こうした運動欲求に対して我慢を強いるものである。従ってそれなりの価値があり、子どもたちが「なるほど、これはおもしろい」とか「今日は考えさせられた、大事なことだ」といった感想を持たない限り教師側もその後の実践意欲を喪失させてしまうだろう。

　教室での1時間の授業をどう作り上げていくか。これは産みの苦しみでもあるが、方向性が見えてくると創造的な楽しい仕事に変わる。これまでの授業作りの経験から、「嫌いにさせない」、「おもしろい、なるほど」「考えさせられた」という授業作りのために次の3点が重要ではないかと考える。

　①スポーツを創造、発展させてきた人たちのすばらしさ、及びその歴史や科学のすばらしさ・面白さに感動できる資料や教材を用意する。

　②身近な問題として、自分の体の仕組みや自分たちの日常のスポーツと関係させて考えられる。

　③体の仕組みやスポーツについて新しい気づきがあり、これまでの考え方を再構成させられる。

　日ごろ自分たちが行ったり見たりしているスポーツのルールや用具には歴史やエピソードがあり、スポーツ技術を開拓した人の発想や努力は感動的である。ま

ず、教師が日々スポーツに興味関心をもち、いろいろな角度から調べていきたい。また、子どもの身近な問題で、学んだことがこれからの自分たちのスポーツ生活に何らかの関係を及ぼすものでありたい。「なるほど、知らなかった」というだけでは、時間とともに忘れ去られていくだろうし、子どもたちから「そんなこと勉強したって何の役に立つんだよ！　それより運動させろよ」と抗議されてしまう。「それより運動させろよ」の彼らの行う「運動」にやはり関連した説明ができるものでありたい。

2．中学生の実態と授業づくり

　スポーツ情報が氾濫している時代ではあるが、中学1年生の段階では、まだまだスポーツのことを知らない。自分がスポーツ少年団などで専門にやってきた種目を除けば、中学校でこれから経験していくスポーツ種目のルールや行い方の基本的なことさえ知らない生徒は多い。例えばバレーボールのルールについて、その歴史的な変化を学習させようと思っても、バレーボールの現在のルール自体を知らないのである。また、バレーボールの本質的な楽しさを体験したことのない生徒たちにバレーボールの歴史を学ばせてもなかなか興味が湧かない。最初からバレーボールのルールの変化などを扱えば現在のルールと混同してわけがわからなくなってしまう。

　体育理論の学習内容として歴史的な視点は欠くことができないが、大学で行われているいわゆる体育・スポーツ史の講義のような授業をしても生徒はついてこない。ある程度現在のスポーツについて理解し、楽しさやすばらしさを体験してきた段階で歴史的な視点を与えてあげると興味が湧くものである。こうした実態から、中学校における体育史・スポーツ史に関する学習は、できるだけ実技で学習する個々のスポーツ種目にからめて扱ったり、それぞれのねらいをもった体育理論の学習の中で、歴史的な視点をできるだけ意識して扱ったりしていく事が望ましいと考える。こうした理由から、以下に示した中学校の体育理論には「体育・スポーツ史」という独立した領域は設けていない。

3．体育理論の4つの領域とテーマ

　これまで私が実践してきた体育理論の授業を4つの領域で考え、整理してみた。

この領域で考えてみれば、扱える内容はまだまだ出てくるだろう。なお、Ⅰの体力科学の授業については、すでに紹介したように、教室での体育理論だけでなく、体を動かして実習的に学ぶものである。学年配当については先に示した保健体育学習の学年テーマに合わせている。

〈中学校における体育理論の領域と実践例〉

Ⅰ　体力科学を学ぶ
実践例
　①柔軟性の学習（1年）②持久力の学習（2年）③筋力・瞬発力の学習（3年）④運動のエネルギー・栄養・ダイエット（保健の領域でもある）

Ⅱ　スポーツの仕組みを学ぶ（主に1年生）
実践例
　①スポーツとは何か②ボールの学習③ゴールの学習③ルールの学習

Ⅲ　スポーツのあり方を考える（主に2年生）
実践例
　①競争・ルール・勝敗②オリンピックの歴史と精神③スポーツと国の問題（国家主義）④スポーツとお金（商業主義）⑤武道とは何か

Ⅳ　みんなのスポーツについて考える（生涯スポーツ、主に3年生）
実践例
　①スポーツを楽しむために必要なこと
　（自分がスポーツに親しんできた過程を、施設・用具、家庭環境・学校環境・地域環境、仲間、時間、指導者などから振り返り、あるべき方向を考える）
　②生涯スポーツを実践していくために
　（地域のスポーツ施設・環境の状況や条例、スポーツ基本法などの学習）

2

ボールの授業

　スポーツが行われる時、そのプレイ場面に限定して考えれば、スポーツをする人、場所、道具、ルールが存在する。これらがなければスポーツのプレイ自体が存在しない。また、その背景として、スポーツをする時間（余暇）や費用（経済力）等も考えなくてはならない。前者の「人、場所、道具、ルール等」について、いくつかのスポーツ種目に共通した教養としての内容（文化的法則性？）が存在するのではないか、そしてそのことを学ぶことが運動文化の継承・発展のための基礎的教養になるのではないかという考え方から授業作りを試みてきた。ここでは「スポーツの仕組みを学ぶ授業」として、「ボールの授業」と「ゴールの授業」を紹介する。

　体育理論としてのボールの授業を最初に実践提案したのは出原泰明氏である。その後何人かが追試を行っている。ボールの規格は球技の様相を左右する重要な用具であるにもかかわらず、私たちは日頃のプレイ場面であまりボールのありようについて意識していないように思う。ボールの歴史やその構造を学ぶことは、スポーツの楽しみ方をも変えることにつながる。

1．教材研究と授業構想

　ゴムチューブに空気を入れたボールが開発される以前は、中に空気を入れるボールの場合には牛や豚の膀胱が使われていた（フットボール系種目）。あるいはおおかたは皮袋に布や羽毛を詰めた物、またはコルクなどに糸を巻いた物が使用されていた。

　1888年アイルランドの獣医ダンロップが自転車チューブを開発し、ゴム栽培の拡大、大量生産へと導かれていく。これがボールへも応用される。ゴムの使用はチューブだけでなく、野球やゴルフボールで芯にゴム糸を巻き付ける方法によってもボールの弾力性を増した。ボール革命はゴムの使用によって起こされた。球技の普及発展に大きな貢献をしたのである。

　しかし、当時はゴムをチューブに加工することが精一杯で、硬さや厚さの調節

は難しかったと思われる。そこで彼らの願う硬さ、重さ、丈夫さに合わせるために表面に布を貼るという加工の試みがなされたのである。現在の公式ボールを分解してみれば、中のゴム球よりも表面を覆っている材質こそが「公式球」たらしめていることがよくわかる。

　バスケットボールやバレーボールで考えてみよう。大きなチューブは必ずしも完全な球形には膨らまなかったかもしれない。しかし、1891年にバスケットボールをネイスミスが考案した3年後の1894年にはすでにバスケットボールの専用ボールが生産されるようになり、周囲が76cm以上、81cm以下とルールに明記されるようになる。この周囲規定は、チューブ球の開発よりも外を覆う皮や布の大きさを正確にすることによってこそ実現できたのではないか。

　現在はチューブ自体の材質を様々に変えることができ、様々なボールが大量生産される時代になった。チューブとそれを覆う材質という二重構造は必ずしも必要なくなってきている。その先駆けが野球の軟式ボール、テニスの軟式ボールといえる。単に練習球としてではなく、ひとつの独立した球技種目となった背景には均質なボール、しかも硬式とは違うボールが大量生産できるようになった人工ゴム関係の工業技術の発展がある。

2．学習のねらい

　スポーツ（球技）種目によってボールには様々な形、大きさ、材質や作り方があることを知るとともに、ボールをいくつかの観点から分類する事を通して、ボールの大きさ、重さ、硬さ（材質）によってスポーツ種目の行い方や技術、ルールが規定され、その種目の面白さも変化してくることを理解する。

3．授業展開（1時間扱い）

(1) 準備品

　ビー玉、パチンコ玉、卓球ボール（硬式、軟式）、ゴルフボール、軟式野球ボール、硬式野球ボール、ソフトボール、テニスボール（硬式、軟式）、バレーボール、ソフトバレーボール、ハンドボール、バスケットボール、サッカーボール、ドッジボール、ラグビーボール、アメフトボール、バドミントンシャトル、インディアカボール、セパタクローボール、アイスホッケーパック、ユニホック、そ

の他珍しいボールがあれば用意する。
　テニス、ゴルフ、野球、バレーボール、バスケットボールについては普通のボールと、分解して中の作りのわかるボールの両方を用意する。バレー、バスケットでは中のチューブだけ取り出したものがあればなおよい。
・スポーツルールブック（公式ボールの規格が載っているもの）

（2）**対象**　中学1年生または2年生

（3）**学習指導案**

段階	学習内容	教師の発問や指導	予想される生徒の反応	時間
導入	1. ボールの名前、競技を知る。	・段ボール箱から次々とボールを取り出し、どんなボールか名前を言わせる。珍しい競技については解説する。	・セパタクロー、インディアカ、ユニホックなどには特に興味を示すだろう。	10分
展開	2. ボールによって競技が分類されることが分かる。	・「それではこれらのボールをある観点から分類します。どんな観点か答えてください」 ①ネット型とゴール型の競技で分ける。	・だれかが気づくだろう。 ・道具を使う、大きさ、などの観点が出る。	13分
展開	3. ボールの大きさが、道具の使用や手の大きさとの関係から重要であることがわかる。	②手足で直接プレーする球技と、道具でプレーする球技に分ける。結果的に前者のボールは比較的大きく、後者は小さいことに気づかせる。 ・ハンドボールとバスケットボール、バスケットボールの小学生用と中学生用、野球の中学生用と一般用を示し、ボールの大きさによって扱い安さに違いがあることも説明する。	・道具との関連にはすぐ気づくが、大きさとの関係の発言も出るだろう。 ・同じ球技のボールでも使用する年齢に合わせて大きさが違っている事を知らない生徒もいるだろう。	10分
展開	4. ボールの開発によって新しいスポーツが生まれてきた事が分かる。	・野球（硬式、軟式、ソフト）、テニス（硬軟）、卓球（硬軟）、バレーボール（正規、ソフト）の群と、これ以外のボールに分けて置き、観点を当てさせる。 ・歴史的にどちらが古いか考えさせる。 ・野球ボールを分解したものを見せて説明。	・扱い安さの違いについて感じを出し合う。 ・同じ名前の球技なのにボールによって違う競技になっている。	7分

展開	5. ボールの重さ、材質が競技様式を変えることがわかる。 ボール革命	・まとめの板書 ┌─────────────┐ │「ボールの違いが球技を変える」│ │ ①大きさと形…扱いやすさ　　　│ │　　　　　　飛ぶ速度（空気抵抗）│ │ ②重さ…取り安さ、投げ安さ　　│ │　　　　　　飛ぶ距離（空気抵抗）│ │ ③硬さ…受け安さ　　　　　　　│ │　　　　　　（痛さ・安全性）　　│ │ （材質）弾力性（はずむ、飛ぶ）│ └─────────────┘ 　ゴルフボール、野球ボールの分解したものを示し、弾む工夫の跡を見る。 　バレーボールのチューブの部分を取り出し、ボールの改良と普及で決定的な革命が起きたのは、ゴムの使用とチューブの開発であることを説明する。チューブ型のボールでは、大きさ、形、重さ、硬さをチューブの外に巻く材質によって変えている。 　ボールの開発と競技ルールの確立の年表を黒板に示す。新しい素材、工法の開発がさらにボール革命を起こしてきていることにも触れる。	・それぞれの項目について具体的に考える。 ○大きさと形……バレーボール、野球、バスケットボール、ラグビーボール ○重さ……ゴルフボールと卓球、ボールの飛ぶ距離比較 ○硬さ……テニスボール、ゴルフボール、野球のボール ・分解したボールで、チューブの外に巻く材質が大きさ・形、重さ、硬さにどのようにかかわっているか確認する。 ・各種ボールを分解したものを手に取り、興味をもって見ていくだろう。	15分
まとめ	6.私たちのボールを考える。	まとめ 「球技をやるとき、より楽しめるように使うボールの大きさ、重さ、弾性は今のままでよいか、考えてみよう」	・授業の感想とともに各自がカードに書く。	5分

3

ゴールの授業

　ボールとともにゴールはスポーツを行う上で重要な施設・用具であり、また目的物・目的地点でもある。スポーツ種目によってゴールが異なり、そのスポーツの特色となっている。そこでゴールに関する基礎的概念とは何かを検討しつつ授業を構想した。

1．教材研究と授業構想

　競走や球技などで用いられるゴール（goal）という言葉は、土地や領地の境界線とその境界線を示すために置かれたものを意味するゴル（gol）から来ている、と言われる。競走のゴールと球技のゴールは異質のように思われるが、かつてのフットボールでボールを持った人がそこへ到達する目標地点であったことを想起すれば、発生的には同じものと考えられるだろう。
　現在の球技のゴールは、かつて「人がボールとともに到達する目標地点としてのゴール」であったものが、「ボールだけを入れる特殊な空間」へと進化したものと考えてよいのではないだろうか。次項の表に示したように、いくつかの球技では、かつてはゴールとゴールの距離が現在の公式ルールと比べるとかなり離れていた。ゴールは建物や橋、木の切り株などでまだ「シュート」という行為は存在せず、ゲームの楽しさの中心は遠く離れたゴールとゴールの間でのボールの奪い合いであった。それが校庭などの狭い場所で日常的に行われるようになり、ルールも整備されてくる。ゴール間の距離が近くなったことによりボールは簡単にゴール近くへ運ばれる。そしてゴール近くでの攻防、得点競争の激化、そして勝敗へのこだわりが狭い空間としての一定の規格のゴールを生み出すことになる。そのことは、遠くゴールから離れた位置でボールを奪い合う楽しさに加えて、ゴール近くでシュートする、させないという攻防の技術や楽しさを新たに生み出す結果となった。
　球技種目によってゴールの大きさやシュートにかかわる攻防の技術やルールが工夫され、その球技種目独自の面白さを生み出してきている。ラグビーでは、ゴ

スポーツ種目	ゴール間の距離	
	統一ルール以前	現在の公式ルール
サッカー	数km（フットボール）	90～110m
ラグビー		100m以内
ホッケー	270ヤード（247m）	100ヤード（91.5m）
アイスホッケー	200ヤード（183m）	56～61m
ラクロス	480m～800m～5km	72m（エンドラインは100m）

ールに至る（トライ）までの攻防の楽しさとシュート（ゴールキック）の楽しさが完全に分かれた状態で存在している点も興味深い。

　ゴールとゴールの距離が最も近い身近なスポーツとしてはバスケットボールがあげられる（28m）。ゴールが近いだけあって、ゴールの形や位置は他の球技種目のゴールと比べて一層工夫され、シュートの楽しさやそれに対する攻防がバスケットボールの大きな魅力となっている。

　遠く離れたゴール地点まで、どちらのチームが先にボールを到達させるかという一回勝負であった球技が、しだいに狭いコートでゴールを近くして行うようになる中で、シュートによる得点形式のゲームに発展してきた。そのためにゴールの形や位置は種目によって独自の工夫がなされている。このあたりがゴールの授業での中心的な学習内容になるのではないかと考え、1時間扱いの授業を試みた。

2．学習のねらい

　ゴールから遠く離れた地点でのボールの奪い合いが中心であった球技は、狭いコートでの得点競争化と勝敗へのこだわりによってシュート空間としてのゴールを生み出し、ゴールの規格の違いがそれぞれのスポーツ独自の攻防技術や楽しさを生み出してきていることを理解する。

3．授業の展開（1時間扱い）

(1) 準備品
- ストリートフットボールに関するビデオテープまたは写真、地図。今回は吉田文久氏のレポート「今も残るストリートフットボール」よりゴール位置を示した地図、競技の写真を使用した。
- 球技のゴールの20分の1の模型（自作・写真、それぞれ170cmの身長の人

の形も厚紙で作って添えた）
- サッカー・ラグビー・ハンドボール・アイスホッケー・水球・ホッケー・バスケットボール（これのみ10分の1）
- 19世紀後半、グラウンドで行われるようになったサッカー競技の様子を示した図

（2）対象　中学1年生

（3）学習指導案

段階	学習内容	指導及び予想される生徒の反応	時間
導入	1. ゴールのあるスポーツ、ないスポーツ。	T「スポーツを楽しくしているあるものについて考えよう」たくさんのスポーツ種目名をあげさせ、教師がゴールのあるなしで分けていく。分けた基準について考えさせる。数が増えていくと気づく生徒が出てくる。 T「そう、今日はゴールについて学んでいこう」	5分
展開	2. ゴールの距離が数kmも離れたストリートフットボール。	・ストリートフットボールの地図を提示、何の競技か考えさせる。ゴールが2つある点に注目させる。 ・サッカー、ラグビーの前身としてのストリートフットボールについての話。VTR、写真。	10分
	3. ゴール間の距離が近くなりどんな変化が起きてきたか？	・校庭で行われるようになり、ゴールも近くなった。そのことでどんなルール変化が起きてきたか考えさせる。 S「人数の変化と規制、審判をつける、暴力の排除、競技時間の短縮、得点競争、等」	5分
	4. 得点競争、勝敗へのこだわりがゴールの変化を生み出した。	・得点競争はゴール近くでのシュートに対する攻防の楽しさや技術を生み出し、ゴールが四角に囲まれるようになったことを説明する。	3分
	5. 様々な球技におけるゴールの大きさや形がそのスポーツの得点方法にかかわって楽しさを特徴づけていることがわかる。	・20分の1のゴール模型を次々に見せ、何のゴールか当てさせる。ゴールの特徴について理解させていく。 ・サッカー・ラグビー・ハンドボール・アイスホッケー・水球・ホッケー ・シュートにかかわるルールや技術の特徴をあげさせていく。	12分
	6. ゴール間の距離が最も短いスポーツであるバスケットボールのゴールの特徴を理解する。	T「ではゴールとゴールの最も短い球技は何でしょう？」 S「バスケットボール？」 ・バスケットボールのゴール模型を取り出す。 ・ゴール間隔が短いため、シュートに関する攻防が最も楽しくできるように特殊なゴールとなっていることを説明する。	5分

まとめ	7. ゴールは進化する。	・ゴールの高さについて説明。シュートの楽しさが高さによって変わることに気づかせる。世界のトップレベルの選手の使うゴールと同じ高さでよいか考えさせる。ミニバスケット、ストリートバスケット、セストボール等にも触れる。 ・今日の授業の感想を記入し、発表しあう。	5分

〈生徒の感想〉

「ふだん何げなくサッカーのゴールやバスケットのゴールを見てきたけれど、私たちがゲームを楽しめるのは先人たちが経験をつんでより洗練されたものを使っているからなのだなあということが分かった」

「スポーツはいつも進化してより楽しくなるようにしているということが分かった」

「そのスポーツを一番おもしろいものにするためにゴールにいろいろな工夫がしてあることが分かった」

「ゴールはみんな似たものだと思っていたら、そのゲームに合わせて工夫して生まれたんだと分かった。ゲームのルールとか知らなかったけど、ゴールを見るとそのゲームの特徴を見ているようでおもしろい」

　ストリートバスケットボール（3 on 3）はゴール近くの攻防の楽しさだけを取り出したものであり、ゴールの距離の変化という点から進化（？）の延長線上のものとしてとらえられるかもしれない。

4

オリンピックの歴史と精神

　オリンピック大会はただ単に世界のトップアスリートを決めるための大会ではなく、人間にとってのスポーツの価値を再認識し、世界の平和と友好を願って行われる祭典である。このオリンピック精神は、私たちの日頃のスポーツ活動や身近なスポーツ大会への参加の在り方にも通ずるものがある。

　古代オリンピックが1000年以上にもわたって続いたのに対して、近代オリンピックはまだようやく120年になるところである。オリンピック精神を正しく理解し、これからのオリンピックのあり方や自己のスポーツへのかかわり方を考えていくことは、中学生のみならず人類にとっての大きな課題であると考える。最近のオリンピックにかかわる様々な問題、招致疑惑、商業主義、ドーピング、メダル主義等はオリンピック否定論にもつながりがちだが、私たちがスポーツを教育の手段として用いている限り、その理想をオリンピック精神に求めることは否定できないだろう。

　私たちは日々多くのスポーツ情報に接しているが、オリンピック大会を単にメダル争いのスポーツ大会としてしか見ていない子どもたちも多い。今の子どもたちはオリンピック精神どころか、古代オリンピックの存在や近代オリンピックの父といわれるクーベルタンの名前さえ知らない。

　以下は1998年の長野冬期オリンピック大会を控えて、長野の地元の中学生に実施した授業内容である。上記の観点から長野五輪後も、長野の生徒のみならず世界中の子どもたちに学習させたい内容であると考え、毎年実施している。

1．単元のねらい（2時間扱い）

　ギリシャにおける古代オリンピックの歴史、および近代オリンピックの誕生とその精神について学習することを通して、現代のオリンピック大会およびオリンピック運動が単に競技を通して技を競うだけのものではなく、平和を願い友情を育む教育運動であることを理解する。

2．授業の流れ

　単元は2時間扱いだが、この2時間を1時間に短縮してもよい。社会科での歴史学習が進む中学2年生の後半から3年生にかけての時期に実施したい。
　第1時は、オリンピックが他のスポーツ大会とは違う側面をもっていることに気づかせ、オリンピックという言葉がギリシャのオリンピアから来ていることから、古代オリンピックについて学習を進めていく。ギリシャ神話や古代ギリシャの神殿・遺跡については関心をもっている生徒たちもおり、古代オリンピックが神の前で競技を行う宗教的行事であったことを理解させる。神の前で競技をするということは古代ギリシャに限らず、日本においても奉納相撲や綱引きの例があることに気づかせたい。そしてオリンピアの遺跡や壺などに描かれた競技の様子を示しながら解説していく。
　オリンピック休戦については、同じ宗教を信ずるギリシャ人どうしが、神の前で戦争をすることを禁じたことからきているが、これが現代においてもオリンピックの平和主義へと引き継がれていることを理解させる。また、古代オリンピックが宗教行事であったゆえに宗教的理由からその幕を閉じることになる。それはキリスト教の広まりであり、ギリシャを支配していたローマがキリスト教を国教とした西暦392年の翌年が古代オリンピック最後の大会となる。約1500年後、クーベルタンによってオリンピックは復活し、1896年、第1回近代オリンピックがギリシャで開催されることになった。古代オリンピックから近代オリンピックに誕生について数分のビデオを見せて第1時を終わりにする。
　第2時は近代オリンピックが誕生してきた背景について考えることから入る。近代スポーツといわれるいくつかの種目でルールが整備されつつある時代であり、蒸気機関の発達、新聞の発達なども想起させたい。次に近代オリンピックの目的について考えていく。オリンピック憲章に示されているオリンピックの目的を学びながら、現代のオリンピックの目的に沿っている事、沿わないことについて知っていることを挙げ、考えさせていく。ドーピングや勝利至上主義が後を絶たない一方で、平和のためのオリンピック・エイドやフェアープレイに徹した選手たちのすばらしい活動についても伝える。

3．学習資料や機器

（1）第1時：古代オリンピックについての資料
- 中学校の社会科地図帳（社会科で各自が使っているものを用意させる。オリンピアの地名が出ている）。
- オリンピック関連の新聞記事で、他の国際的スポーツ大会とは違う部分をもっていることを示す記事。例えば…リレハンメル・オリンピックの開会式でのサマランチ会長の停戦の訴え。五輪大会毎に国連から出される停戦決議の資料。
- 古代ギリシャの遺跡の写真。
- 『ギリシャ神話』（学校の図書館にあるもの）。
- 古代オリンピックの競技の様子が描かれている壺の写真や像など。
- クーベルタンの顔写真。
- VTR『オリンピックⅠ～その歴史と精神～』（文藝春秋社）。古代オリンピックのことから近代オリンピックの誕生までを紹介している部分（数分）。

（2）第2時：近代オリンピックについての資料
- オリンピック関連の本より、第1回オリンピック大会の会場写真や100mスタート写真。
- オリンピック憲章の中のオリンピックの目的を表した部分。オリンピック憲章については1990年に改正され、オリンピックの目的の表現も大幅に変わっている。しかし、授業では改正以前の第1条（オリンピックの目的）がわかりやすいため、こちらを用いた。
- オリンピックの目的から逸脱した選手や関係者の事件を扱った新聞記事。例えば…ドーピング事件、アトランタ・オリンピックでの爆弾テロ事件など。
- オリンピックの目的に沿った選手や役員のすばらしい行為を伝える記事。例えば…リレハンメル大会で反戦の舞を演じたドイツのビット選手の活躍。
- VTR『オリンピックⅠ』（前出）。オリンピック精神を示した選手たちのこれまでの行動をまとめて紹介している部分（3～4分）。

（3）対象　中学2年生

4．第1時の学習指導案

（1）学習のねらい

　古代、ギリシャのオリンピア地方を中心として運動競技が宗教行事として行われていたことを知るとともに、その競技の様子に思いを馳せながら近代オリンピックの構想がここから出発していることを理解する。また古代オリンピックが宗教行事であったからこそ終わりを告げることになり、約1500年後、クーベルタンによって近代オリンピックとして復活することを理解する。

（2）授業の展開

	学習内容	教師の発問や説明	予想される発言や反応	時間
導入	1. オリンピックが他のスポーツ大会と違う点に気づく。	・オリンピック大会が他のスポーツ大会と違う点について考えさせる。 ・リレハンメル大会開会式でIOC会長が平和を訴えた新聞記事、長野オリンピックの文化プログラムの記事などを示す。	・一番大きな大会 ・種目が多い ・4年に一回 ・五輪の輪 ・メダルがある。 ・なぜ平和のことや、芸術が関係するのか。	10分
展開	2. 古代オリンピックの発生について知る。	・オリンピックという言葉はどこから来た言葉か考えさせる。世界地図を調べ、オリンピアの地名を探す。 ・古代オリンピアの遺跡の写真を見せながら古代オリンピックの説明をする。出土した壷などに描かれた競技の様子を示す。	・オリンピアはギリシャにある。 ・円盤投げややり投げなどの絵は見たことがある。 ・なぜ裸なのか、男だけなのかという疑問も出る。	15分
	3. 古代オリンピックの目的を考える。	なぜこんなことをしていたのか、目的を考えさせる。 ・神殿の遺跡やギリシャ神話の本を示しヒントを与える。 ・日本でも神の前で運動競技をすることがあること思い浮かばせる。 古代オリンピックは神に捧げる競技であり、芸術オリンピックも行われていた。	神の前で行っていた事に気づく。 ・神社で相撲や綱引きが行われている。	5分

	学習内容	教師の発問や説明	予想される発言や反応	時間
展開	4. オリンピック休戦についての理解。	・宗教行事であるからこそ、同じ神を信ずる者どうしが大会期間中は戦争をやめていた。また、戦争をやめなければ集まることさえできなかった。	・このオリンピック休戦が現代のオリンピックにも残されていることを理解。	5分
	5. 古代オリンピックはなぜ終わったのか。	・古代オリンピックが行われていたBC776年～AD393年の間に起きた宗教にかかわる世界的なできごとについて考えさせる。	・キリスト（教）の誕生であり、ギリシャ人の宗教が変わったことによりオリンピックも終わっていったことを理解する。	5分
発展	6. 近代オリンピックの誕生。 7. 次時の課題をもつ。	・近代オリンピック誕生の経緯についてクーベルタンの顔写真を掲示して話す。VTR『オリンピックⅠ』 ・近代オリンピック誕生から120年、どのように現代に受け継がれて来たか、次回に勉強していこう。	・顔写真を見せてもほとんどの生徒が知らない。 ・近代オリンピックが誕生した当時のように感動する。	10分

5．第2時の学習指導案

（1）本時のねらい

　古代オリンピックが宗教上の目的から行われていたのに対して、近代オリンピックの目的はスポーツを通しての人間形成と、国際理解を深め平和を願う教育運動であることを理解する。また、選手や役員たちのすばらしい行動が見られてきたのに対して、目的から逸脱した行為も起きており、オリンピックの理想を実現していくためには今後どうしたらよいか自分の考えがもてるようにする。

（2）授業の展開

	学習内容	教師の発問や説明	予想される発言や反応	時間
導入	1. 近代オリンピックの誕生について考える。	・前時に見たVTRをもう一度見る。クーベルタンの写真も掲示。 ・なぜクーベルタンはオリンピックを復活させようと考えたのか。 ・19世紀後半のスポーツ状況を板書。 サッカー（1863）、テニス（1873）	・古代オリンピックから近代オリンピックの誕生までを思い出す。 ・スポーツが好きだった。 ・世界の一番を決めたかったなど。 ・身近なスポーツがこの時期	10分

導入		の統一ルールできる。オリンピアの発掘終了（1881）。バレーボール（1891）、バスケットボール（1895）の誕生など。 ・蒸気機関による交通網の発達、通信（新聞）の発達についても考えさせる。 ・第1回大会の種目について説明する。	に生まれたり、学校でも盛んに行われるようになってきたことを思い出すだろう。	10分
展開	2．近代オリンピックの目的について考える。	・古代オリンピックが宗教目的であったのに対して近代オリンピックの目的を考えさせる。 ・オリンピック憲章の第1条（1990年改正以前のもの）のオリンピック運動の目的を示した文を配布、説明。	・スポーツはよいことだから世界に広めたい。世界平和のため。世界一を決めるため。	15分
		第1条　オリンピック運動の目的は次の通りである。 ・スポーツの基盤となる肉体的、道徳的資質の向上をはかる。 ・深い相互理解と友情によってスポーツを通じて若人を教育し、よりよい平和な社会の建設に寄与する。 ・世界中にオリンピック精神を広め、国際親善を深める。 ・4年ごとに開かれるスポーツの一大祭典オリンピック大会に世界中の選手を参集させる。		
	3．オリンピック精神にてらして具体的に考える。	・この目的にてらしてオリンピック精神にそった選手や役員の行動、違反している行動について知っていることをあげさせる。 ・ドーピングについては内容を知らない生徒もいるので説明する。 ・それぞれの行為がオリンピック憲章のどの文面に当てはまるか確認していく。	・メダルを獲得した選手が報奨金を寄付した話。 ・オリンピック・ボランティア活動など。 ・ドーピングやテロ事件なども思い浮かぶ。	15分
	4．オリンピック精神を示す過去のすばらしい選手たちの姿に学ぶ。	・リレハンメル大会のカタリナ・ビット選手の話。 ・その他、VTR『オリンピックⅠ』より、いくつかのすばらしい行為を見せる。このVTRにはつぎのコメントが入っている。	・世界のトップレベルの選手たちの中に、こうした目的をもって参加している人がいて驚くだろう。	

第8章　体育理論

		「スポーツによる闘い、その本質は健全なる精神のもとに参加し、勝利を目指すことである。それは友情の精神であり、フェアープレイの精神である。」 新しい憲章にはフェアープレイとかドーピングの問題など具体的に示されてきていることも付け加える。		
まとめ	5．これからのオリンピックやスポーツのあり方を考える。	・VTRや資料の感想を出し合う。 「オリンピック運動」とは、世界中の人達がこの精神を日々のスポーツや生活に生かしていく運動であると説明する。 ・今後のオリンピックへの願いや自分のスポーツとのかかわりを考えよう。	・メダルよりも大切にしていることを実行していてすごいと思った。 ・自分の日々のスポーツの目的をもう一度考え直してみたい。	10分

〈お話〉

勝敗を度外視して"平和"を訴えた、カタリナ・ビット選手

　サラエボ（1984年）、カルガリー（1988年）の両冬季大会、フィギュアスケートの金メダリストとなったカタリナ・ビット選手はその後アメリカでプロに転身していた。しかし祖国ドイツが統一を果たした一方で、思い出のサラエボは戦火にみまわれていことに心を痛め、もう一度オリンピックに出て自分自身の演技で世界に平和を訴えようと決意した。リレハンメル大会（1994年）の曲は反戦歌『花はどこへ行ったの』。導入部では戦火が絶えないサラエボ市民の悲しみの表情をあらわし、中間部でこぶしを振り上げて軍隊の愚かさを示し、最後は未来の平和の喜びを表現して演技を終えた。すでにメダル争いを演じるレベルにはないことを十分に知りながら、オリンピックという大舞台で彼女は再び自己の限界に挑戦し、平和へのメッセージを世界に送ったのである。
（『近代オリンピック100年の歩み』ベースボールマガジン社、P.268より）

　1998年に長野でオリンピックを迎えようとしていた地元の中学生たちはこのオリンピックの授業を受けて、次のような感想を書いてきた。

　「近代オリンピックと古代オリンピックの違いが分かって面白かった。10年くらい前まではボスニアで平和にみんな暮らしていて、オリンピックもあ

ったのに、今では競技場がボロボロになった近くには十字架が立っているなんて悲しいと思った。長野オリンピックでは自分でも何かしたいと思った」

「マラソンで3時間半もかかってゴールした人はすごいと思った。その人は自分のことだけ考えるのではなく、『私の国の人は自分をゴールさせるために送り出してくれた』と言った言葉にはすごく感動した。金メダルを取ることだけがみんなに感動を与えるのではないということが分かった」

「オリンピックはただ1位を決めるだけじゃなく、選手がほかの選手と交流をもったりオリンピック・エイドなどの活動もあることがわかった。反面、オリンピック精神にふさわしくないことあることもわかって残念だった。僕もボランティアとして長野冬季オリンピックに参加したい」

パラリンピックの歴史とその目指すものについても、オリンピックと同様に学ばせていく。

【引用参考文献】
1) 日本オリンピック委員会（1994）『近代オリンピック100年の歩み』、ベースボールマガジン社。
2) 伊藤公（1986）『オリンピックの本』、サイマル出版会。
3) 「ビデオ・オリンピックⅠ〜その歴史と精神〜」、文藝春秋社。

5 スポーツと「国」の問題

1．はじめに

　オリンピック憲章（第9条）では「オリンピック競技大会は、個人もしくは団体種目間の競技であり、国家間の競技ではない」としている。これは近代オリンピック大会が、世界の平和と友好を願って始まったにもかかわらず、国家間の対立に利用されていった教訓から生まれた条項である。しかし現在でもオリンピック大会が始まるとマスコミ各紙は国別メダル数を表示し始め、相変わらず「国家間の競技」をあおっている。「国別メダル数」というのはIOCが公式に出しているものではなく、マスコミが勝手に算出しているのである。
　「国どうしの闘い」に利用されてきたオリンピックは、過去に数々の悲劇を生んできた。1936年ベルリン大会、マラソンでの孫基禎選手の「日の丸抹消事件」、1968年メキシコ大会を控えての円谷選手の自殺、そして1980年モスクワ大会ボイコット等。1998年長野冬季大会ではどうだっただろうか？　目立った問題はなかったように思われるかもしれない。しかし、ジャンプ団体の金メダル獲得について考えてみよう。原田選手の一回目の失速のあと、大逆転で見事優勝したものの、もしそうならなかったら数万人の大観衆は、そしてテレビを注目していた日本国民はどう受け止めただろうかと考えてみたい。あるテレビ局のアナウンサーはジャンプ団体の表彰式で「国どうしの闘いに間違いはありませんが…」との前置きをした上で原田選手個人の健闘を讃えた。もし負けていたら「国どうしの闘い」に敗れた彼らにどんな仕打ちがなされていたかわからない。
　オリンピックと国の問題についての授業を長野冬季オリンピック大会直前に済ませ、大会の様子を生徒たちに検証させたところ、次のような感想が出てきた。

　「選手どうしの競技であって国どうしのではないというが、これって本当にこういうふうになっていけるのかなあって感じました。ノルディック複合はメダルはとれなかったけど、すごく感動して、5位だけどがんばりは金だ

よって思いました」
　「会場に行けなかった人も見たいからテレビで放送するけれど、マスコミ（アナウンサー）が好き勝手なことを言っていてちょっといやだった（勉強してない人はあまり気にならないかもしれないけど）。他の国の選手をカットしないで全部そのまま見たかった」

2．学習のねらい

　テーマ：「国家や政治がオリンピック（スポーツ）を変えた時代から、オリンピック（スポーツ）が世界を変える時代へ」
　クーベルタンのオリンピックの理想に反して、国家や政治によってオリンピックやスポーツが歪められてきた事例を学ぶことを通して、本来のオリンピックやスポーツのあり方について考える。そして現在ではオリンピックやスポーツが世界を変える力も持ちつつあることを理解する。

3．教材研究と授業の流れ

　この授業は岩波ブックレットの「日の丸抹消事件を授業する」に学んでいる。1936年のベルリン大会にまつわる日の丸抹消事件を題材として、社会科の「日韓併合」を教えようとしたものである。「オリンピックにかかわるこんな深刻な事件なのに、体育の授業では扱わなくてよいのか?」、「もし体育の授業で扱うとしたら、生徒たちに何を学ばせることになるのか」ということを考え続けてきた。
　「国の問題」にかかわって近代オリンピックの歴史を学んできているうちに、歴史の流れとその転換点が見えてきた。「日の丸抹消事件」は国がオリンピックやスポーツを歪めた象徴的事件だが、その後も国にかかわる問題として、円谷選手の自殺、メキシコ大会表彰台上でのアメリカ黒人選手のアピール、ミュンヘン大会でのテロ事件等、後を絶たなかった。その最たる事件が1980年のモスクワ大会ボイコットではなかっただろうか。国家や政治のために、オリンピックやスポーツそのものが成立しなくなる事件である。しかし、結節点とも言えるこのモスクワ大会で、新しい動きが始まる。ボイコット策動によって「国の代表」としては参加できなかった人たち、あるいは「国の代表として」参加したくなかった人たちが、開会式の入場行進や表彰式で、国旗の変わりに五輪旗を使用したので

ある。この時ちょうどオリンピック憲章は、使用する旗・歌を「国旗・国歌」ではなく、「選手団の旗・歌」と改めていた。選手たちは五輪旗を使い、「国の代表」としてでなく、「スポーツマンの代表」として参加した。

その後の先進的な動きとして、リレハンメル冬季大会では、開会式でサマランチ会長がサラエボの停戦呼びかけをし、カタリナ・ビット選手がフィギュア・スケートで「反戦の舞」をテーマに演技した。平和募金としてのオリンピック・エイドも始まった。スポーツが世界に影響を与えようとする動きの始まりである。長野冬季大会ではどうだろうか？ オリンピック・エイドを引き継ぐオリンピック・ハーモニーが始まり、開会式では地雷廃絶を訴えるNGOのクリス・ムーンさんが最終日の聖火ランナーを務めた。地元新聞は「世界は変えられる」というタイトルで報じた。国家や政治がスポーツを変えた時代から、スポーツが政治に影響を及ぼす時代になりつつある。こんな展望をもって授業を仕組んでみた。

授業は次のクーベルタンの晩年の予言から始まる。

「みなさんを悲しませる事になるかも知れないが、私は一つの予言をしておきたい。もし私が100年後に再び生を受けることになるなら、私が築き上げてきたオリンピックを破壊することになるかもしれない。」

4．授業で使う資料

- クーベルタンの顔写真
- VTR「民族の祭典」（1936年ベルリン大会の記録映画、マラソン競技から表彰式の部分）ベルリン大会マラソン表彰式写真・メキシコ五輪陸上男子200m表彰式写真
- VTR「悲劇のランナー」（かつての番組「驚きもものき20世紀」で放送されたもの）
- 東京五輪マラソン表彰式写真
- 五輪停戦決議、オリンピック・エイド、オリンピック・ハーモニー等のニュース記事

5．学習指導案

対象 中学2〜3年生（1時間扱い）

段階	学習内容	指導及び予想される生徒の反応	時間
導入	1. クーベルタンの予言。	・クーベルタンの顔写真を掲示し、彼の業績を確認。晩年の予言を読む。 T「なぜだろう？ 実はその後の五輪大会では悲しい事件もいくつか起きてきたのです」	5分
展開	2. 悲しい表彰式 ・ベルリン五輪マラソンの孫選手について。	・1936年ベルリン大会マラソンの表彰式の写真提示。 T「うつむいて悲しそうな様子です。なぜでしょう？」 ・VTR「民族の祭典」のマラソンから表彰式の場面を見て、確認する。孫、南という名から日本人ではないことに気づくだろう。 ・1910年の韓国併合から1945年の解放までの歴史について解説。	10分
	・メキシコ五輪の黒人選手のアピール。	・1968年のメキシコ五輪、表彰台での黒人選手のアピール写真掲示。T「何をしているのだろう？」選手個人を讃えるべきものが国がからんでくると複雑な問題が生ずることを理解させる。	5分
	・円谷選手の自殺事件。	・円谷選手、東京五輪表彰式写真掲示。T「これは誰だか知っていますか？」円谷選手の話。遺書を読む。VTR ・何が円谷選手をここまで追いつめたのか考えを出し合う。本来スポーツマンの代表としての選手なのに、国と国との争いにや国の宣伝に利用されてきた点をおさえる。	10分
	3. 国の代表でなく、スポーツマンの代表として五輪大会に参加した人たち。	・T「スポーツが国や政治に最も利用された例、それがモスクワ五輪大会です」。1980年のモスクワ五輪。アメリカや日本などのボイコット。選手たちの悲しみや抗議のVTR。感想や、意見を出し合う。 ・開会式に国旗でなく、五輪旗を掲げて参加したイギリス、オーストラリアなど、国の代表としてでなく、「スポーツマンの代表」として参加。五輪旗での入場写真。この時に五輪憲章では国旗、国歌ではなく、選手団の旗、歌となっていることを説明。	10分
	4. 五輪大会やスポーツで世界を変えようとする動きが出てきていることを理解する。	板書 ┌─────────────────────────┐ │ 国や政治が五輪やスポーツを変えてしまった時代 │ │ ↓ │ │ 五輪やスポーツが世界を変えようとする時代へ │ └─────────────────────────┘ T「知っていることがあればあげてみよう」 ・リレハンメル大会開会式での停戦呼びかけ、停戦決議 ・オリンピック・エイド、ピース・アピール ・長野五輪開会式でのクリス・ムーンさんの走りなど	5分

まとめ	5. 私たちはどんな視点でスポーツを観戦していったらよいだろうか。	・それぞれのスポーツが選手主体になっているだろうか？　五輪の選手へのプレッシャー、サッカーの中田選手の国外移籍原因などから考える。 ・私たちは選手の立場に立って、どのようにスポーツを観戦したらよいのだろうか？　感想や意見を出し合う。	5分

　1968年メキシコ五輪の陸上200mでメダルを獲得した黒人選手2名が、表彰台の上で黒い手袋の握り拳を振り上げた。政治的主張をしたとして彼らはメダルを剥奪され、五輪から永久追放されたが、実は黒人解放運動の先頭に立っていたキング牧師が暗殺されたのが1968年の4月であり、メキシコ五輪はその年の10月に開催されているという点に注目したい。

　この授業の内容は生徒たちの日常のスポーツの問題ではない。しかし、長野冬季五輪大会の時期にいくつか授業を実施したなかで、生徒が大事な問題として最も重く受け止めた授業だった。それはスポーツ選手の選手生命の問題にとどまらず、選手のひとりの人間としての命にもかかわる問題だったからではないだろうか？　スポーツはだれのためにあるのかという根本問題を理解する上で、「国の代表」としての選手たちの悲しい歴史的事実をいくつかとりあげた。しかし、問題を子どもたちのスポーツに引き寄せて考えてみれば、学校の代表選手、地域の代表、県の代表などの場合でも同様に考えられるだろう。国の問題で言えば、五輪大会だけでなく、ワールドカップ、世界選手権等各種国際大会がテレビを通して茶の間の身近な出来事になりつつある。「観るスポーツ」における「サポーター」という言葉もスポーツへのひとつの関わり方として定着しつつあり、授業を進める上での資料は日常的に得られるのではないだろうか。これからの国際社会を生きていく子どもたちの「スポーツ観」を育てる上で大事な授業になると考える。

　長野冬季五輪後も、「オリンピックの歴史と精神」を短縮して1時間、「スポーツと国の問題」を1時間、体育理論の授業として毎年続けてきている。その後、中学校の学習指導要領に「体育理論」が登場し、五輪に関することも扱いやすくなってきた。2020年の東京大会に向けて是非参考にしていただきたい。

【引用参考文献】
1) 山本典人（1994）『日の丸抹消事件を授業する』、岩波ブックレットNo.334。
2) 川本信正（1976）『スポーツ賛歌』、岩波ジュニア新書。

6

運動のエネルギー・栄養・ダイエット

1．「1粒300m」は本当か？

「このお菓子を食べたら何キロ太る？」、「食べたらその分走らなくちゃ」。こんな会話をよく耳にする。若者たちにとって運動、栄養、ダイエットは大きな関心事である。一方、ダイエットについて間違った考え方をしている若者も多い。そこで身近な題材を使って、健康教育とも関係させながら運動とエネルギーについて学ぶ1時間である。

2．教材研究と授業構想

グリコキャラメルの箱には「1粒300m」と書かれている。ランニングシャツに短パン姿の若者のグリコマークから察すれば、「1粒で300m走るカロリーがある」という意味だろう。これは本当なのだろうか。日常の素朴な疑問から授業構想がスタートする。もう何十年も前からこの商標でキャラメルが販売されている。誇大広告ならとっくに姿を消しているはずだ。たぶん確かだろう。そんな思いで計算をしてみた。

店頭で販売されている食品にはカロリーが表示されている。グリコキャラメルの箱にも次のような表示がある。

> 国産5粒入り
> 成分表示　1箱当たりエネルギー 77kcal

ここから本当に1粒で300m走れるのか計算してみよう。計算には保健体育の教科書（『中学保健体育』学研）に載っている運動や作業のエネルギー消費量の表を使う。

まずキャラメルの成分表示より、1箱、つまり5粒で77kcalなので1粒では、「77kcal ÷ 5 ＝ 15.4kcal」、この15.4kcalでどのくらいの運動ができるかを計算

すればよい。

　教科書の表には、体重50kgの場合として、ジョギング160m／分では1分間に約9kcal消費される、とある。キャラメルは1個で15.4kcalあるのだから、15.4÷9＝1.71つまり1.71分ジョギングできることになる。それは、160m×1.71分＝273m走れることになる。

　300mにはやや足りないが、体重を45kgとして計算すれば300mになる。

　この授業のねらいをどこに置くか？　運動によるエネルギー消費量の計算ができること、そして食べた分は運動によって消費されないと太ってしまう。「食べた分だけ計算して運動しろ」という学習の中身でよいのだろうか？　計算してみると、余分に食べた分だけ運動するというのはかなり大変である。ショートケーキ1個食べたら30分近く走らなければ摂取エネルギーは消費されない。こうした内容の授業を進めると、生徒の意識は必然的に食べることを控える方向、つまりダイエットへと進んでいく。よほど運動習慣の身についている生徒でない限り、理論と実践が一致していかない。それが「食べない方が楽だ」という意識を生み、ダイエットの意識が拒食症へと導かれていく危険性もある。

　エネルギー消費量が計算できるという学習を進める一方で、ダイエットや健康を考えた学習内容が必要だろうと考えた。そこで参考になるのがかつて「美白」などの流行語で有名になった鈴木その子さん（故人）の理論。鈴木さんは長男を拒食症で亡くしている。この悲しみを二度と起こさないために独学で栄養学や料理について学び、独自の理論を確立した。鈴木さんの理論は簡単に言えば、食べる物はしっかり食べて体で燃焼させ、燃焼効率の高い健康体にしていく、そのことが結果としてダイエットにもつながるということ。これは現在の栄養学でも通説となっている。短時間の運動で消費するエネルギーに比べれば、1日の基礎代謝量の方がはるかに多い。健康や運動の基礎的知識として、運動や消費のカロリー計算ができる一方で、1日の総代謝量との関係から健康体について考えていく方向がよいのではないか。授業の導入としてはグリコのカロリー計算から入り、最後は基礎代謝を高めて燃焼する健康体を目指すことへの理解に導く。そんな授業展開を考えてみた。

3．学習のねらいと準備するもの

（1）学習のねらい

食事による摂取エネルギーと身体運動による消費エネルギーは資料を使って計算することができることを理解するとともに、収支のバランスには基礎代謝の量も大きく影響し、健康的な体はよく食べ、よく動いて燃焼効率の高い体になってこそつり合っていくことを理解する。

（2）準備するもの
- 箱入りグリコキャラメル（1人1粒配れるように数を用意）
- 保健体育の教科書（各種運動に必要なエネルギー表の載っているもの）
- 電卓

4．学習指導案（1時間扱い）

展開	学習内容	指導及び予想される生徒の反応	時間
導入	1.「一粒300mとは何か？」	・グリコキャラメルを1人1粒ずつになるように箱ごと配る。おまけのおもちゃもついているのでみんな喜ぶことは必至。食べさせながら進める。 T「さて、今日は何の勉強をするのでしょう？」 ・箱の「1粒300m」の表示に目をつける生徒が出てくる。S「1粒で300m走れるのでは？」 T「どうやったら調べられるかな？」 S「実際に走ってみる!?」	5分
展開	2. 摂取カロリーと運動による消費の計算方法を理解する。 3. 消費されなかった余分なエネルギーは脂肪として蓄積されることが計算から理解できる。	T「本当に1粒で300m走れるのか計算で確かめられるのです」 ・1粒のカロリーを算出し、教科書の運動エネルギー消費量表を使って何m走れるか黒板に計算してみせる。 T「ご飯1杯だったらどのくらい走れるのかな？」 これも計算させる。ごはん1杯は220kcal。 T「では食べた分運動しないでいたらどうなる？」 S「太る！」 T「実は何グラム太るかも計算できるのです」 ・脂肪が1グラム9kcalのエネルギーを出すことから逆算し、余剰カロリーから太る重さも計算できることを説明する。ただし体脂肪には20％の水分が含まれるため、1グラム7kcalとして計算。	10分

第8章 体育理論

展開		問題…花子さんはやせようと思って毎日20分のジョギングを始めました。しかし、おなかがすくので毎日ご飯を今までより1杯余分に食べるようになりました。1ヶ月後のBさんの体重はどう変化しているでしょう？ ※ごはん1杯240kcalと教科書にある。 Bさんの体重を50kgとする。 ※体重は日に日に変化し、エネルギー消費量にわずか影響を及ぼすが、計算が複雑になるので50kgの人の運動として計算。 <計算式> 1日のジョギングによる消費エネルギー 　9kcal × 20分 = 180kcal ごはん1杯分との差し引き 240 − 180 = 60kcal 1か月後は 60 × 30日 = 1800kcal 余分に摂取。 体脂肪は1グラム7kcalなので 　1800 ÷ 7 = 257　答え 257g 太る …正解の生徒にはご褒美としてキャラメルをあげる	10分
	4. 結局若者は、運動することよりも食べない道を選ぶことが多いことを理解する。	T「さあ、やせたい君だったらどうする？」 S「20分も毎日走ってもやせないなら、食べるのを我慢する方がましだ」 T「ショートケーキを1個食べたら何分ジョギングしなければならないだろうか？」 S「約27分の計算になる。走らなければ太る」 T「あなたは食べて走りますか？　それとも走らず太りますか？　あるいは食べるのを我慢しますか？」 ・食べたい、でも走らない、という回答が多い。 ・若者たちが拒食症の道へ陥っていく原理を説明する。 我慢→食べてしまう→自己嫌悪→吐く→そのうち食べられなくなる ＝食欲中枢の麻痺	
まとめ	5. 基礎代謝量と活動代謝量との関係から、基礎代謝量を増やす健康づくりについて理解する。	・1日の摂取カロリーに対する消費カロリーとして、基礎代謝量と活動代謝量のおよその割合を示す。 中学生男子総エネルギー量　2300～2600kcal | 基礎代謝量	活動代謝量
---	---
1400～1500kcal	1000kcal前後	 T「ジョギングで消費する部分は活動代謝量の方です。運動する方法以外で消費エネルギーを増やす方法は考えられないかな？」 ・それが食生活の改善で基礎代謝を高める体作りの理論であることを説明する。食事療法の紹介。	5分

5．鈴木式ダイエット・健康法の原理

　一時期、「やせたい人は食べなさい」「常識革命・食べなければやせられない」というキャッチフレーズで有名になった鈴木式理論の根本は、「燃焼する体作り」にある。数字が示すように、じっと安静にしているだけでも1日の基礎代謝量は活動代謝量をはるかに超える。もともと人間の体は燃焼によって成り立っているのである。従ってしっかり食べてよく燃える体にしていけば、カロリーの蓄積（肥満）などはなくなり、健康的な体になるという理論。基礎代謝量の多い体に変えていくと考えればよい。例えば「冷え性」の人は、冷える部分の血液循環が悪いのであり、そこで十分な燃焼が行われていない証拠。安静時にカロリーを十分使っていないことは太る原因にもなる。よく燃焼する体にしていくためには、炭水化物（ご飯がよい）を中心にした、低脂肪・低塩分の食事にする。野菜、魚などをおかずとし、脂肪分を控え、ご飯を主食にした昔からの日本の質素な食事を大事に考える。甘い物でも脂肪分の少ない和菓子などはよい。脂肪分の多い洋菓子や油料理は大敵。柔軟性で学習した「体の硬い人は太りやすい」ことや運動の必要性は、運動による消費エネルギーの問題だけでなく、血液循環をよくして常時燃焼する体にしていくことに意義がある。

　炭水化物をなどのカロリー摂取を控えるダイエットでは、摂取された蛋白質などまでカロリーとして燃焼に回されてしまい、栄養不足が肌の荒れや不健康を引き起こすという。鈴木式の場合はきちんと食べてやせられるので、健康的な体で肌も若々しくなるという（これが「美白」）。

【引用参考文献】
1）　鈴木その子（1984）『鈴木その子のスーパーダイエット』、小学館。
2）　鈴木その子（1992）『奇跡のダイエット』、小学館。

第9章

保健の授業づくり

1

「水の思想」を学ぶ

1．「地域に根ざす」視点

　保健の学力や授業作りについて考えるとき、若い頃に歴史教育者協議会の書物から学んだことが今の私の考え方の支えになっているように思う。例えば「"地域"が社会と歴史の系統性のなかで位置づけられている教材を学ぶことによって、生徒は"地域"の側から社会と歴史を捉える」、「地域に根ざす教育は、歴史教育や社会科教育に限定すべき提起ではなく、自然科学も含めた教育全般にあてはまる提起なのである」など。ここで「地域に根ざす」とは、単に子どもの身近な生活圏が経験主義的な学習内容として存在するという意味ではなく、国政の問題や歴史の発展法則、あるいは科学を学ぶ上での素材が地域にはあり、地域を学ぶことによって広い世界のことが分かっていくということである。環境問題に関する保健の授業のあり方もこの視点から考えていきたい。

2．世界史で見る「水の思想」

　環境と健康を守る思想は古代から現代へと脈々と受け継がれてきている。水質汚染について勉強を始めた時、『水道の思想』という本に出会った。これまで私は「水道橋」という建築物の意味を深く考えたことがなかった。古代ローマ遺跡の水道橋の写真、これは人が渡る橋ではなく、水が渡るための橋だ。水のためになぜ巨費を投じて橋を造るのか？　その下を流れる川の水を使えばいいのに。しかも、その水道橋は二段、三段になっており、別々の水源から引いて来た水を分けている。汚染水が出た場合に混合配水を避ける仕組みなのだ。
　ドイツ・ハンブルグの水道の歴史は興味深い。1892年、コレラによって数週間で8500人もの死者が出たという。しかし、同じエルベ川の水を飲んでいた下流のアルトナの町ではコレラ患者が全く出なかった。アルトナではエルベ川の水を緩速濾過していたのである。ここからがすごい。翌年にはハンブルグでも緩速

濾過施設が完成してコレラは終息したが、ハンブルグではエルベ川からの取水停止を決意する。そしてその後59年もかけて計530本の井戸を掘り、全ての水道水を地下水からの取水に切り替えた。古代ローマの「水道橋」に見られる「近くの川の水よりも…」という思想は、その後のヨーロッパで着実に受け継がれてきている。現在でもパリやウィーンでは、100km以上も遠くの山あいから湧水を引いてきているという。

　一方、日本や私たちの住む地域の水道水はどうだろう。都市部での人口増は水不足をもたらし、広大な敷地と濾過時間を必要とする緩速濾過施設は、近くの川の水を短時間で大量に浄化できる急速濾過施設へと様変わりした。その結果、高度経済成長とともに、水道水から洗剤が出ただの、かび臭いなどというニュースが聞かれるようになる。日本では、「外国旅行に行ったら飲み水に気をつけろ」とよく言われるが、日本の場合は水道法によって塩素消毒を義務づけているから「一応安全」であるに過ぎない。どちらの水が安全安心といえるだろうか。

　現在の日本では、おいしくて安全な水を守る運動もまた各地で起きている。大量の川の水を飲料水にしなければならない現実と、安全でおいしい水を水道水にしようとするせめぎ合いが地域を調べる中で見えてくる。

3．教師自ら地域を調べる

　新しい学校へ赴任したら、まずは役場の水道課へ行ってみよう。地域の水道の専門家が必ずいて、その地域の水の歴史を教えてくれる。水源地の地図があり、各家庭の水がどこから来ているのか全て分かる。

　私の勤務校は長野県須坂市にある。カンガルーのハッチで有名になった須坂動物園は学区内にあり、園のすぐ隣りを流れる百々川（どど川）は魚の住まない死の川である。上流の水源付近には江戸時代から昭和にかけて栄えた米子鉱山跡があり、今でも強酸性の水が流れ出している。須坂の水の歴史を調べてみると面白い。養蚕と製糸の町として栄えた須坂では、明治19年までは百々川の水を製糸と生活用水に使っていた。住民に胃腸障害や歯がぼろぼろになったという健康被害が伝えられている。明治19年の全国的なコレラ流行は須坂にも及び、その蔓延をくい止めるために百々川からの用水路を止めた。そのことが思いがけない展開となる。製糸できずに残った繭を岡谷へ送って製糸してもらったところ、輝くような絹になって戻ってきたのである。ここで初めて百々川の水が酸性水であり、

絹も人の体も蝕んでいたのだということが明らかになる。須坂の水道の歴史はここから始まっている。

私は市の水道課でいただいた水源地図、デジカメ、そしてプール用のPH測定器をもって須坂市内を流れる川や水源地を回った。明治のコレラ騒ぎ後、百々川からの用水路の代わりとして初めて水道が敷かれた時の灰野川伏流水源、その水を浄化するために大正時代にできた今は使われていない広大な緩速濾過施設跡、現在までに掘られてきた20ヵ所以上の地下水源地。ここまではヨーロッパの「水道の思想」と同じである。しかし現在では使われていない地下水源や緩速濾過施設がいくつかあることに気づいた。須坂市は1990年代、人口増による水不足を予測して灰野川上流に豊丘ダムを建設、水量調節して得た川の水を大量に急速濾過して配水する体制に切り替えたのである。遠くのきれいな水より近くの川の水へと逆戻りしている。

4．保健の授業として、「からだ」とつなげる

　保健の授業では、環境問題が人の体にどのような害を及ぼすのか、そのメカニズムと防ぐ方法を学せたい。今回の単元の第1時では、須坂の水の歴史と百々川の水が酸性水であることを取り上げた。当然生徒たちからは、「酸性の水はなぜ飲めないのか、どんな害があるのか」という疑問があがってきた。ここから授業をどのように展開していったらいいのか、私は次のように考えてみた（化学は苦手なので間違っていたら教えていただきたい）。

　レモンや酢、梅干しは酸性であり、からだによいと言われている。酸性の水だから体に悪いとは言えないだろう。酸性水の問題は、まず第一に物を溶かす性質があるということ。胃酸は食べたものを消化するために必要だが、胃酸過多は消化器官に害を及ぼす。酸性雨がコンクリートを溶かしている教科書の写真は、百々川の水を飲んでいた人たちの間で胃腸障害が起き、あるいは歯がぼろぼろになっていたという話とつながる。

　酸性水の第二の問題は、ものを溶かす酸性の性質により、酸性雨や自然界の酸

川（すがわ）には、有害物質が溶けている可能性があるということだ。特に鉱山や精錬所から流れる酸川にはどんな有害物質が溶けているか分からない。それが何であるかによって被害の病状が異なってくる。百々川の上流には江戸時代からの硫黄鉱山とその精錬所があった。生徒たちは社会科ですでに学んでいる足尾鉱毒事件や神岡鉱山のイタイイタイ病のことを思い出した。しかし百々川の水の成分と健康被害の因果関係については具体的な資料がない。明治のコレラ騒ぎによって百々川からの取水を早期にやめたことが、結果的に鉱毒水被害の拡大を防いだと言えるのかもしれない。酸性雨の問題も、そこに溶けている有害物質から、どんな健康被害が起こるのかについて考えさせることができる。

5．「水の思想」の復活

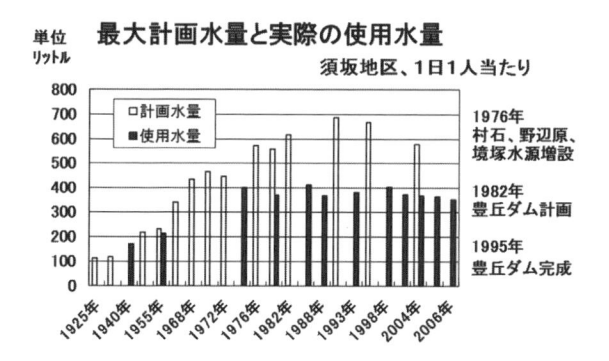

最大計画水量と実際の使用水量
須坂地区、1日1人当たり

1976年 村石、野辺原、境塚水源増設
1982年 豊丘ダム計画
1995年 豊丘ダム完成

　須坂市の水道の計画給水量と給水人口の年代変化からグラフを作成してみて気づいたことがある。1980年代、須坂市は後の人口増を予測し、計画水量を増やすために豊丘ダムと大規模浄水場をセットに建設した。しかしその後は人口が増加しなかった。人口6万人に耐えうる計画給水量を実際の給水人口で割って一人あたりの給水量を出してみると、1日600〜700ℓも使えることになる。保健の教科書には一人400ℓもあれば十分であることが示されている。ダムはいらなかったことになる。
　今、須坂では湧水を使った緩速濾過施設復活の動きが始まっている。かつて、「須坂の水はうまい」というのが市民の自慢だった。山あいの浄水場で湧水を緩速濾過した水は「蔵っ水」という商品名でペットボトル販売されるようにもなった。須坂の水と浄水方法について学ばせた後、私は「利き水」の授業を行った。各自

自宅の水道水をペットボトルに詰めて持ち寄り、学校の水道水、「蔵っ水」、私の自宅の水（長野市の犀川が水源）を飲み比べた。自分の家の水道水以外はどこの水か分からないようにしておいたが、「先生の家の水はまずい」とすぐに当てられてしまった。生徒たちは「同じ水道水でもこんなに味が違うとは思わなかった」と感想を書いてきた。

6．水の汚染から日本、世界のことを考える

　単元の後半は地域の水から学んだ視点で日本や世界の水問題を考える。人は水の汚染にどうやって気づいてきたのだろう。灰野川の水を大量に処理する急速濾過の塩野浄水場では集中管理室の水槽で金魚が飼われており、浄化された水はつねにこの水槽に供給されている。農薬等の有害物質の水質検査は月に一回、あとはこの金魚が元気でいればよしとするのだという。

　水俣病も水の汚染である。水俣の人たちは元気な魚を食べ続けて発病しており、その因果関係が証明されるまでに何年もの月日を要した。水の中の有害物質が被害者の体の中にも存在し、どのようなメカニズムで蓄積されたのかということが証明されない限り、汚染は放置され続ける。

　食物連鎖による濃縮と水俣病について学ばせた後、改めて百々川の水について生徒たちに考えさせた。酸性のためにプランクトンや水中昆虫が生息せず、魚も住まない死の川である。しかし、魚がいないから人は魚を食べることも水を飲むこともせずにきた。もし酸性でなく、微量毒物を含んだままの川に生物が生きてきていたら、人もその水を利用し、魚を食べ、食物連鎖によって大きな健康被害が出ていたかもしれない。浄水場の金魚の健康は水俣病と私たちの健康をつなぐきっかけになる。

　人は水がなければ生きていけない。しかしその水によって命を奪われることがある。ベトナムの枯れ葉剤問題、世界の貧困地域での水問題も、地域の水問題とつなげて考えることで、切実感をもって受け止めることができると思う。

【引用参考文献】
1) 本多光栄（1980）『社会科の学力像』、明治図書。
2) 鯖田豊之（1990）『水道の思想』、中公新書。
3) 長野県須坂市水道局（2008）『須坂の上水道120年の歩み』。

2

放射能汚染問題の授業づくり

　中学校の保健の単元に「健康と環境」がある。福島原発事故が起きたとき、「いったい自分は保健の授業で何をしてきたのか」という自責の念にかられた。1986年のチェルノブイリ原発事故が起きて以降、しばらくは年に1時間程度放射能問題を扱ってきたが、様々な環境問題を扱わなければならない状況の中でしだいにやめてしまっていた。2011年の春、事故の深刻な被害状況が刻々と明らかにされつつある中で再び手探りの授業実践を始めた。

1．授業構想

　まずは事前に生徒たちからアンケートをとってみた。多くの生徒が原発・放射能問題に不安や疑問をもっていることが確認できた。しかし、ある生徒は次のように書いてきた。「原子力発電をなくせと言っている大人はアホだと思う。火力や水力だけでやっていけると思っているのか？　原子力発電は確かに危険があるかもしれないけど、今さらなくして日本の発電はどうするのか。家の人も『大丈夫でしょ』の意見をつらぬき通しています。みんな気にしすぎです」。私はこの生徒の記述をみんなで考えることから授業を始めようと決めた。原発や放射能のことをよく知らないのだからこうした意見が出てきても当然かもしれない。それを教師の私が否定することよりも、福島の子どもたちの思いを知らせていくことで、「放射能のことを真剣に考えなければならない」という思いにさせていく事が大事だと考えた。

　私は福島へ行ってきた知り合いの先生から、現地の中学生が書いた作文の写真をいただいていた。そこには、暑い夏に窓を閉め、プールにも入れず、マスクをしての生活、避難のために転校し、バラバラになっていく友だちとの別れ、基準値（年間1ミリシーベルト）を20倍にも引き上げて安全だと言い張り、原発再稼動を進めようとしている政府の人たちへの怒りが綴られていた。これを第1時間目に使わせていただくことにした。本番の授業で私がこの作文を読み上げたとき、教室が静まりかえった。こうして始めたその年の放射能汚染の授業は5

時間に及んだ。しかし、この実践を毎年続けていくことは時間的に厳しい。大事なことは、事故による汚染が続いている限り、保健の「健康と環境」単元では放射能の問題を毎年扱い続けるべきだということだ。ここでは、この5時間単元を2時間に精選、整理しなおしてここ数年毎年続けている授業について紹介する。授業はネットからとりだした豊富な写真等を使ってパワーポイントを作成し、進めている。

そんな折、文科省作成の放射線に関する副読本「知ることから始めよう放射線のいろいろ」が学校に届いた。この副読本を一読して驚いた。この冊子では、広島・長崎のことやチェルノブイリ事故のことについては一言も触れられていない。そしてキュリー夫人など放射線の研究を進めた一線級の科学者たちの多くがガンで死亡しているという事実にも触れていない。この副読本については多くの批判が噴出し、改訂版が出された。私たちの授業作りは、広島・長崎、第5福竜丸、そしてチェルノブイリから始まる。そこが違うのだと思った。

2．第1時　放射線の性質と人体への確定的影響

保健の授業であるから、大事なことは、放射線の性質を理解した上で、放射線は身体にどのような害を及ぼすのかという医学的な問題を理解させなければならないと考える。また、微量被曝（低線量被曝）の身体への影響については様々な情報や考え方があり、その中で安全に対する判断・行動が自分なりにとれるようにさせたい。そこで第1時間目では、まずは放射能に関する基本用語や放射線の性質を理解させた上で、強い放射線を浴びたときに身体への影響（確定的影響）について学ばせることにした。そして第2時間目には微量被曝（確率的影響）の問題と対処の仕方について学ばせることにした。

第1時の導入では2020年の東京オリンピック招致が決定した際のIOC総会での安倍首相のプレゼンテーション（2013年9月）のVTRを使った。「福島原発による汚染は港湾内で完全にブロックされている」というスピーチに対して、地元の人たちの怒りの声や新聞記事などを紹介した。まだ汚染は広まりつつあり、自分たちはどう考えるべきなのだろうか、放射能について学んでいく必要に迫られていることを導入として確認した。

そしてチェルノブイリ原発事故の映像や広島、長崎の原爆などから、放射線は見えない、感じないということや、放射性物質は非常に長い期間放射線を出し続

け、細胞の遺伝子を傷つけ続けているということを学ばせた。分かりやすい例として、長崎大の研究グループによる 2009 年の研究がある。1945 年に長崎で被曝した人の腎臓のホルマリン標本がアメリカで保存されていた。その細胞の中では内部被曝によるα線が現在でも放出され続けており、それを顕微鏡写真で撮影することに成功したのである。その画像はインターネットでも見ることができる。

　強い放射線は細胞の遺伝子を破壊し、その後の細胞自体が再生していかない。それは強い放射線被曝をすれば誰にでも起こることであり、「確定的影響」と言う。その典型的な例として、1999 年に起きた茨城県東海村の JCO（核燃料加工施設）臨界事故を取り上げた。確実に死に至るという強烈な放射線を浴びてしまったら、人はどうなるのか。原子爆弾のような熱線はなく、純粋に強い放射線だけを浴びた場合については日本では過去に例がない。『朽ちていった命、被曝治療 83 日間の記録』（NHK 取材班、新潮文庫）にはその詳細が綴られている。当時 JCO に勤務していた大内さんらが浴びたのは致死量を超える強烈な中性子線。レントゲンのように一瞬だけである。放射線は一瞬にして細胞内の染色体を破壊したが、細胞自体は生きている。しかし、その細胞は新陳代謝によって再生すべき時期が来ても再生していかない。被曝後数日間の外見は全く正常で、手は少し赤くなって陽に焼けたようになっていただけだった。医師や看護師とも普通の会話ができていた。担当の医師は、この人は助かるのではないかと思ったという。しかしながら、白血球を作る骨髄細胞の染色体はズタズタに破壊されており、数日後にリンパ球はゼロとなった。皮膚細胞、腸内粘膜などの細胞は正常に見えるが再生していかない。被曝 8 日目の写真では正常だった手の皮膚が、26 日目には血まみれの手に変わっていった。皮膚や様々な臓器の細胞が再生していかないために体中から出血が起こり、多臓器不全で死に至る。83 日間の本人、医師、看護師、家族の壮絶な苦しみの様子が描かれている。強い被曝によって髪の毛が抜けたり、新陳代謝の旺盛な胎児や幼児に障害が起こるということもこのことから理解できる。

3．第 2 時　低線量被曝の問題

　ここでは微量被曝（低線量被曝）の問題を扱う。3.11 の原発事故当時、繰り返し報道された当時の官房長官枝野氏の記者会見の様子を導入に使った。生徒たちの中にも会見を覚えている生徒がいた。そこで彼は、放射線量の状況について、

繰り返し次のように述べていた。「この線量はただちに健康に問題となる量ではありません」。彼はその続きとして言うべきだった大事なことを言っていない。言うべきだった言葉は、「心配なのは今後数ヶ月、数年以上たってから出てくる病気の問題です」ということだ。つまり微量な被曝によって、全員にではないが確率的に影響が出てくる問題だ。

私たちは多かれ少なかれすでに被曝している。私の勤務する学校の校庭も市の職員によって線量測定が行われた。それは2011年の10月28日のことだった。市内の各小中学校でも測定されており、市のホームページでその結果を知ることができる。この授業作りを進めながら生徒たちに学ばせていくべき大事なことに気づいた。それは原発事故が3月11日に起きているにも関わらず、市の放射線量測定は半年も後の10月末になっているということである。なぜこんなに遅くなってからなのか？

それは、枝野氏による政府見解の問題でもある。政府関係者は汚染の広がりを甘く見ていた。それに対して事故の深刻さにいち早く気づいた専門家や民間の人たちが独自に各地で線量測定を始めていた。そしてその結果をネットを通して交流し合い、独自の汚染地図を作り始めた。公園の中でも滑り台の下や側溝の中の線量が高いということや、地域によってホットスポットがあることなどが情報交換されていった。その結果、汚染は予想外にも関東や中部地方まで広がっていた。自分の住む地域も危ないのではないかという情報が行き交う。ここでようやく行政が動き、測定を始めたのだ。行政が私たちの健康を守ってくれるのではなく、私たち自身の手で健康問題を明らかにし、行政を動かしていくことが大事だということをこの事実から学ばせたい。

さて、被曝被害の確率的影響を学ばせていく上での典型的な例としては、広島原爆の被害者佐々木貞子さんを取り上げた。須坂市では毎年中学生の代表を広島原爆祈念式典に派遣し、各校で折った折り鶴を原爆の子の像に供えてきている。その原爆の子の佐々木貞子さんの病状を学ぶことが確率的影響を理解することになる。彼女は2歳の時、爆心地から1.7kmの地点で黒い雨により被曝した。その時母親は体調不良になるが本人は元気だったという。その後も順調に育ち、運動神経は抜群、将来の夢は体育の先生になることだった。6年生の秋の運動会では

リレーで1位。ところがその後急性リンパ性白血病となり、ちょうど1年後の中学1年生で亡くなってしまう。

　この事例はどのように理解したらいいのだろう。微量被曝（貞子さんの場合、微量とはいえないかもしれないが）では、被曝した全員が病気になる訳ではない。ある程度の確率で病気になる人とならない人が出てくる。従ってこれを確率的影響という。被曝によってその確率が高まるのだ。強烈な放射線を浴びた場合は細胞内の多くの染色体が破壊されるので細胞自体が再生していかない。これに対して、微量被曝の場合は多くの染色体、遺伝子は正常のままである。しかし、遺伝子の中にはP53遺伝子というガン細胞の発生を抑制する遺伝子がある。こうした遺伝子が傷つくことにより、将来何らかの理由によってガン細胞が発生しやすくなるのである。それは5年、10年という歳月を経て起きてくる。

　このことについて、私はガンの発生を交通事故死に例え、ガンの抑制遺伝子を自動車修理工に例えて説明した。チェルノブイリ事故後の小児ガンの発生状況を人口の割合で見ていくと、近年の日本の交通事故による死者数に近いことが分かる。私たちは交通事故による死者の現状を少ない、安全だと見ているだろうか。通常は自動車修理工（ガンの抑制遺伝子）がたくさんいて自動車の整備をしているので故障車は少なく、交通事故の増加を抑えている。しかし、この修理工が減り、整備が十分に行われなくなったらどうなるだろう。故障車（異常細胞）の発現率が増え、交通事故が多発するようになる。全員が事故に遭うわけではないが、確実に事故は増え、私たちが危険にさらされる確率は高まる。

4．被曝量を計算する

　では、どの程度の線量が危ないのだろうか。現在では日本各地の放射線量や食品に含まれる放射性物質の量が新聞に載っている。その線量の地域で生活し、あるいは放射性物質が検出される食物を体内に取り入れても大丈夫なのだろうかということを考えさせていく。放射線は自然界に存在し、またレントゲンなどで医療にも使われている。いたずらに危機感を煽るのでなく、正しい知識を身につけさせたい。その判断基準は年間被曝許容量1ミリシーベルト以下を守るということである。授業では各自に電卓を用意させる。

　まずは身近な例として、本校で測定された放射線量について計算してみる。2011年10月28日に校庭で測定された放射線量は、毎時0.06μシーベルトだ

った。人の受ける放射線の量を「シーベルト」という。通常新聞などで公表されている放射線量も1時間あたりのものである。これを年間被曝量に計算してみよう。それは、0.06 × 24 時間 × 365 日 = 525 μシーベルト = 0.525 ミリシーベルトとなり、校庭で1年間生活しても1ミリシーベルトには達しない。許容範囲内だ。ところが校内の側溝の中では 0.26 μシーベルト／時の放射線が測定されている。これを年間被曝量に計算すると、0.26 × 24 × 365 = 2.278 ミリシーベルトとなり、1ミリシーベルトを越えてしまう。側溝の中で1年間生活する人はいないが、放射線量から見て安全と言える場所ではないということが分かる。

次に食べ物や飲料などによる内部被曝について考える。物質に含まれている放射能の強さはベクレルで表示される。放射性物質を含む食品を摂取するとどの程度被曝することになるのか、それは「実効線量係数」というものを知っていると、摂取した食物に含まれるベクレルから被曝量のシーベルトを計算することができる。放射性セシウム 137 を 15 歳以上の成人が摂取した場合の実効線量係数は 0.000013msv／ベクレルである。例えば 1kg あたり 100 ベクレルの米を 1kg 食べたときの被曝量は 100 × 0.000013 = 0.0013 シーベルトの被曝になる。これを 365 日食べ続ければ 0.0013 × 365 = 0.4745 ミリシーベルトになる。つまりこれだけ食べ続けても年間被曝許容量の1ミリシーベルト以下であることがわかる。現在の放射性物質含有量の基準は一般食品で 1kg あたり 100 ベクレル以下となっており、その意味はこうした計算で理解することができる。

さて、生徒たちにこうした計算方法を使っていくつかの計算をさせていく。震災の年に放射性セシウム 137 を含む稲わらを食べさせて飼育した牛肉が長野県内のスーパーでも販売されていたことがわかり、大きなニュースになった。当時の新聞記事を生徒に配布する。そこにはそのスーパーで売られていた牛肉の測定値が 719 ベクレル／kg だったと書かれていた。何も知識がなければ、それを食べてしまった人は自分はガンになるのではないかと不安になるかもしれない。そこでこれを計算してみる。

例えば放射性セシウム 137 を 719 ベクレル／kg 含んだこの牛肉を 200g、1年間食べ続けた場合の被曝量を計算してみよう。それは、719 × 0.2 × 0.000013 × 365 = 0.682 ミリシーベルトとなる。これは年間被曝許容量の1ミリシーベルト以下である。つまり、この牛肉を食べてしまったからといってすぐに病気になる訳ではなく、心配する必要はないと考えられる。しかし、これが

牛肉だけでなく、米や飲料など様々な食品、飲料に含まれていてそれを摂取し続けたとしたら、それは年間の被曝量は許容量の1ミリシーベルトを簡単に越えてしまうことが計算できる。健康上問題が起きてくることが心配される。内部被曝は摂取した総量によって影響が出てくるので、食品に含まれる放射性物質は極力少なくしていかなければならない。福島原発周辺の海域に棲む魚介類からは何千、何万ベクレルもの放射性物質が検出されているという。食物連鎖による濃縮も進んでいることも学ばせる。

　こうした学習のまとめとして、私たちが考えていかなければならないことは4つある。

　①汚染された大地から放射線を浴びない。つまり、外部被曝を防ぐ。各地域で観測される放射線量に関心をもち、除線を進めなければならない。
　②汚染された空気や飲食物を摂取しない。つまり内部被曝を防ぐ。食品や飲料に含まれている放射性物質の量に日々関心を持つ。
　③私たちは既に被曝している。これから起こることへの対応。健康診断、健康管理を進める。
　④もう二度と放射性物質を地球上に拡散させない。つまり、原発を作らない、稼動させない。

　この実践では放射性廃棄物の問題を扱えずに終わっている。原発ゼロの社会が実現したとしても、これまで蓄積されてきた原発ゴミ、そして福島原発による瓦礫問題や廃炉処理から出る放射性廃棄物と私たちはずっとつきあっていかなければならない。環境汚染問題の重要な柱として、この視点からも授業作りを進めていきたい。

あとがき

　あと数年で定年を迎える歳になってしまった。体育教師の喜びとは何だろう。それは、スポーツに関わる子どもたちの笑顔に触れることだと思う。その笑顔が子どもたちの間で共有されたとき、スポーツは生活を豊かにし、幸せをもたらす文化となっていく。

　中学校教師は忙しい。夜遅くに家へ持ち帰るグループノートの数は 30 冊近くになる日もある。翌朝までに全て赤ペンを入れておかなければならない。それは辛い仕事であるが、生徒ひとり 1 人が書き綴った授業での思いを読み、それを私の授業メモと照らし合わせていくと、明日の授業構想が見えてきて元気になる。

　若い頃は授業の見通しが持てず、毎日学校へ向かう私の足取りは重かった。その私を支えてくれたのが学校体育研究同志会の諸先輩方であり、長野支部の活動である。まだ上信越高速道が開通していなかった頃、月に一度の長野支部例会は松本市近辺で行われていた。私は長野市の自宅から会場まで、往復 4 時間の道のりを先輩の町田重夫先生を自家用車に乗せて出かけていった。その運転中に体育の授業作りから学級経営、生徒会の運営、そして組合活動のあり方まで、様々なことを教えていただいた。本書に出てくる体育委員会の活動は、1970 年代の同志会実践の現代版生活体育だと評されたことがある。多くは町田先生の実践から学んだものであり、その評価は的を得ている。すでに退職されて久しいが、町田先生と同年代の三上彬文先生、小林直先生からもたくさんのことを学ばせていただいた。

　1980 年代後半から同志会では教科内容研究が大きく展開され、90 年代に入ると全国研究大会に「体育理論の授業作り分科会」ができた。その研究・実践の成果が出原泰明先生によって『教室でする体育』（2000 年、創文企画）としてまとめられた。私も多くの部分を執筆させていただき、出原先生には大変お世話になった。その後も「今度は小山実践の単著を出すように」と言われ、長野県教研の共同研究者をお願いしてきた平田和孝先生にも力添えをいただくことでようやく今回の出版へたどり着くことができた。本書の内容は同志会の研究・実践の小山バージョンであり、支えていただいた諸先生方に感謝したい。

　また、こうした自由な研究、実践ができるのは教育県と言われてきた長野の自由な雰囲気があるからとも考えている。長野県教職員組合が分裂せず、団結して

県教委と対等に交渉できていることの影響は大きい。私はここ何年か、体育主任、学級担任、学年主任、生徒会体育委員会顧問、部活動係主任、陸上部顧問、保健主事といういくつもの職務を任されているが、職場では健康面での配慮をいただきながら私のペースで何とか進めさせていただいてきた。体育委員会による自由参加のスポーツ企画には若い先生方が中心になって率先して職員チームを組み、生徒たちと張り合ってスポーツを楽しんでくれている。行事の精選が進む中で、授業日をまる1日使ったバレーボール、バスケットボールクラスマッチが実施できているのも私の体育に対する考え方に共感し、協力していただいてきた先生方のおかげである。職場の先生方に感謝したい。

　本書のタイトルを「体育で学校を変えたい」とし、「変える」とか「変えた」などとしなかったのは、私自身の力量不足で「学校を変えた」とまで言い切れるような実践にはまだ至っていないからである。体育で学校を変えたいと願う上でのひとつの方向性を示したにすぎない。若い力のある先生方が本書を参考にされ、まずは体育授業を変え、その授業とのつながりで子どもたちの日々のスポーツ活動のあり方を変え、そして学校や社会を変えていく実践に是非挑戦していただきたいと思う。

　最後に初めての出版にあたり、初歩的なことから教えていただき適切な編集・校正を進めていただいた創文企画の鴨門義夫・鴨門裕明両氏に深く感謝いたします。

小山吉明

初出一覧

第1章　教育課程

- 「中学校の体育に 8 年間かけて取り組んできたこと〜運動文化のトータルな実践〜」、『運動文化研究』2003 年 Vol.21、学校体育研究同志会
- 「義務教育終了までにつけたい体育の学力と教養と人格」、『たのしい体育・スポーツ』2010 年 2 月号、学校体育研究同志会
- 「学習指導要領と私たちが考える教育課程」、『たのしい体育・スポーツ』2011 年 6 月号、学校体育研究同志会
- 「スポーツ賛美だけの『知』でよいのか」、『体育科教育』2009 年 8 月号、大修館書店
- 「生徒会・スポーツ大会の自治内容」、『たのしい体育・スポーツ』2013 年 12 月号、学校体育研究同志会
- 「長野オリンピックの教訓から、2020 年に向けての提言」、『たのしい体育・スポーツ』2014 年 4 月号、学校体育研究同志会

第2章　体力科学の学習

- 『教室でする体育中学校編』出原泰明編、2000 年、創文企画

第3章　陸上競技

- 「公式レースの醍醐味 4 × 50m リレー」、『たのしい体育・スポーツ』2005 年 7 月号、学校体育研究同志会
- 「『より遠くへ』をテーマとした三段跳びの学習」、『たのしい体育・スポーツ』2001 年 1 月号、学校体育研究同志会
- 「日本人 9 秒台の夢と授業グラウンドをつなぐ〜中学校 50 m 走の実践〜」、『たのしい体育・スポーツ』1999 年 7 月号、学校体育研究同志会

第4章　マット運動

- 「ひとりひとりが光る集団マット」、『たのしい体育・スポーツ』2005 年 9 月号、学校体育研究同志会

第5章　水泳
- 「水と人体との関係を学ぶ水泳学習」、『たのしい体育・スポーツ』2013年7、8月合併号、学校体育研究同志会
- 「水中でも呼吸がしたい、人類の願いに挑む授業」、『たのしい体育・スポーツ』2003年6月号、学校体育研究同志会

第6章　バレーボール
- 「中学校3年間を見通したバレーボールの指導過程に関する研究」、『運動文化研究』2007年 Vol.24、学校体育研究同志会

第7章　バスケットボール
- 「中学校3年間のバスケットボール」『たのしい体育・スポーツ』2006年10月号、学校体育研究同志会

第8章　武道
- 「いま、体育教師は武道の必修化にどう向き合うべきか」、『体育科教育』2009年12月号、大修館書店
- 「実技と体育理論で学ぶ『武道文化』の授業」、『体育科教育』2005年11月号、大修館書店
- 「武道とは何か」、『たのしい体育・スポーツ』2001年5月号、学校体育研究同志会

第9章　体育理論
- 『教室でする体育中学校編』出原泰明編、2000年、創文企画

第10章　保健の授業作り
- 「『水の思想』を学ぶ」、『たのしい体育・スポーツ』2012年3月号、学校体育研究同志会
- 「原発・放射能汚染問題の授業作り」『どこでもドアⅢ』、2015年、学校体育研究同志会大阪支部健康教育プロジェクト

【著者紹介】

小山 吉明（こやま　よしあき）

1958年、長野県生まれ。
1980年、筑波大学体育専門学群卒業。
1983年、筑波大学大学院修士課程体育研究科修了。長野県に帰り中学校教諭となる。
2016年現在、須坂市立常盤中学校教諭。

〈主な著書〉

『体育実践に新しい風を』共著、1993年、大修館書店。
『SPASS（シュパース）：中学校体育・スポーツ教育実践講座』共著、1998年、ニチブン。
『教室でする体育　中学校編』共著、2000年、創文企画。
『みんなが輝く体育シリーズ⑤中学校体育の授業』共著、2008年、創文企画。

体育で学校を変えたい　〜中学校保健体育授業の創造〜

2016年3月15日　第1刷発行

著　者	小山吉明
発行者	鴨門裕明
発行所	㈲創文企画
	〒101-0061　東京都千代田区三崎町3－10－16　田島ビル2F
	TEL：03-6261-2855　FAX：03-6261-2856　http://www.soubun-kikaku.co.jp
装　丁	松坂　健（Two Three）
印刷・製本	壮光舎印刷㈱

©Koyama Yoshiaki　ISBN978-4-86413-078-3　　　　Printed in Japan